KB140061

재중 한인디아스포라
연 구 총 서

2

개혁개방 후
조선족 문학의
변화 양상 연구

이 저서는 2011년 대한민국 교육부와 한국학중앙연구원(한국학진흥사업단)의 한국학 총서 사업 지원을 받아 수행된 연구임(AKS-2011-ABC-112).

재중 한인디아스포라
연구총서

2

개혁개방 후
조선족 문학의
변화 양상 연구

김춘선(金春善) 지음

이 총서는 2011년 12월 한국학진흥사업단 해외한인연구 특별 기획과제로 선정되어, 5년간 진행된'재중 한인 디아스포라의 재구성과 발전적 통합' 사업의 각 학문분야별 연구 성과이다.

1992년 한중 양국의 수교를 계기로 재중 한인 사회는 새롭게 재구성되었다. 올드커머(old comer)인 '조선족'사회에 더하여 뉴커머(new comer)인'재중 한국인'사회가 새롭게 건설되었다. 한중 수교 후 초창기 주재원 중심으로 구성되었던 재중 한국인 사회는 이제 다양한 계층이 장기 거주하는 사회로 변화하고 있다. 자영업자, 대기업과 중소기업의 주재원에 더하여, 유학생과 불법 체류자 등 다양한 인구집단이 유입되면서 재중 한국인 사회가 내적으로 큰 폭의 계층 분화를 경험하고 있다.

조선족 사회 역시 매우 큰 변화를 겪고 있다. 1978년 중국의 개혁개방은 조선족으로 하여금 농토를 떠나 새로운 세상으로 이주하게 했다. 기존 동북3성에 형성되었던 민족 집거지역을 떠나, 중국의 동남부 연해지역으로, 나아가 한국으로, 일본으로, 미국으로, 심지어는 아프리카까지, 전 세계 곳곳으로 재이주의 범위를 넓혀가고 있다. 혹자는 더 나은 미래를 위해, 혹자는 학문을 위해, 혹자는 가족을 찾아, 그 재이주의 사유 또한 매우 다양하다. 재이주 경로와

재이주 후 현지사회에서의 정착양상 또한 그와 못지않게 다양하다. 밀입국에서 정상적인 이주까지, 불법체류자의 신분에서 영주권의 취득까지, 아주 다양한 신분과 삶의 모습으로 그들은 새로운 재이주의 삶을 개척하고 있다.

중국 국내에서 유동하는 조선족만 하더라도 동북3성의 기존 민족 집거지역을 떠난 이들은 예전과는 확실히 다른 삶을 꾸려나가고 있다. 베이징(北京), 텐진(天津), 칭다오(青島), 선양(瀋陽), 상하이(上海), 광저우(廣州) 등 중국의 주요 도시에서 재중 한국인과 더불어 재중 한인 사회의 또 다른 구성원으로서 분명한 역할을 하고 있다. 재중 한국인 기업의 직원으로, 재중한국인의 현지정착의 동반자로서, 또는 신생 기업인으로서 활동하면서 미래 조선족의 경제사회적 지도를 다시 그리고 있다.

이렇게 재중 한인 사회는 중국의 개혁개방, 한중수교와 더불어 두 가지 특징적인 변화를 보여주고 있다. 첫째는 조선족 중심의 사회에서 조선족과 재중 한국인이란 두 집단이 함께 구성하는 한인사회로 변화하고 있다. 둘째는 지역적 재구성이다. 기존에는 올드커머(old comer)의 집거지역인 동북3성이 한인사회의 중심이었으나, 한중수교 이후 뉴커머(new comer)인 재중 한국인의 진입에 따라 이 두 집단은 중국의 전 지역으로 확산되어가고 있다. 또한 한국, 미국, 일본 등지의 글로벌 지역을 향한 확산도 빠르게 진행되고 있다.

글로벌 환경의 변화는 재중한인 사회를 시시각각 변화하게 하고 있다. 따라서 이렇게 역동적으로 변화하고 있는 재중 한인 사회에 대한 총체적이고 종합적인 이해는 이미 선택사항이 아니다. 미래지향적인 한중 관계의 구축을 위해서도 한중관계의 유력한 중개자로서의 재중 한인에 대한 이해가 무엇보다도 중요한 시점이 되었다고 할 수 있다.

　이러한 재중 한인 사회의 확산과 재구성에 따라, 재중 한인사회에 대한 연구 또한 '조선족'과 '재중 한국인(재중 한상 포함)', 그리고 해외로 진출한 '글로벌 조선족'에 대한 연구로 확장되어야 했다. 하지만 그 동안의 '재중 한인'에 대한 연구는 동북3성을 집거지역으로 하는 조선족에 대한 연구에서 벗어나질 못했다. 최근 형성된 '재중 한국인 사회'와 해외로 진출한 '글로벌 조선족 사회'에 대한 연구는 절대적으로 부족했다. 특히 조선족 사회와 재중 한국인 사회 사이의 연계, 조선족 사회와 글로벌 조선족 사이의 연계에 대한 연구 및 그들의 초국가적 활동과 그것이 갖는 의미에 대한 연구는 매우 제한적이었다. 본 사업단은 이러한 기존연구의 한계를 극복하고 연구의 지평을 확장하는 데서 학술적 의의를 찾고자 노력했다.

　본 사업단은 재중 한인 사회에 관한 종합적이고 체계적인 자료의 발굴과 수집을 통해 기존 연구 자료의 자료집화를 진행하였으며, 연구 대상이 분포하는 광범위한 지역에 대한 현지조사와 설문조사를 진행함으로써 최초로 재중 한인 사회 전반에 대한 포괄적 조사연구를 완성하였다. 또한 기존의 단일성 주제연구를 벗어나 거주국 내 전체 유동인구 변화의 틀에서 재중 한인의 유동경향을 파악하고, 계층적 분화와 지위 변화에 대한 논의 등을 진행함으로써 연구대상을 비교연구의 대상으로 확장시켰다. 이러한 연구방법과 연구 설계를 통해 재중 한인 사회에 대한 체계적이고 학제적이며 통합적인 연구를 진행했다.

　그 결과 본 사업단의 연구총서는 연구대상별, 학문분야별로 균형적인 성과를 도출하였다. 우선, '재중 조선족'에 대해서는 역사학자인 김춘선(金春善) 교수가 '재중 한인 이주사 연구'를, 어문학자인 김춘선(金春仙) 교수가 '개혁 개방 후 조선족 문학의 변화양상 연구'를, 그리고 언어학자인 강용택 교수가 '개혁 개방 후 중국 조선어의 변화, 발전양상 연구'를, 정치학자인 우병국 교수가 '중국의 민족정치와 조선족'을, 경영학자인 백권호·문철주 교수가 '중국 조선족 기업의 발전과 새로운 이주'를 연구 출간하였다.

다음으로, '재중 한국인'에 대해서는 사회학자인 김윤태·예성호 교수가 '재중 한국인 사회의 형성과 초국가주의적 생활경험'을, 인류학자인 정종호 교수가 '재중 한인 타운의 형성과 발전: 베이징 왕징 한인 타운을 중심으로'를 연구 출간했다.

마지막으로 '글로벌 조선족'에 대해서는 사회학자인 설동훈 교수와 역사학자인 문형진 교수가 '재한 조선족, 1987-2017'을 연구 출간하였다.

본 연구 사업단은 이상과 같은 총서발간의 학술적 성과 외에도 적지 않은 성과를 내었다. 총18권에 달하는 자료집을 이미 출간, 연구자에게 제공하여 총서발간의 질적 담보를 기했고, 연2회 발간의 학술지'한중미래연구'를 2013년 여름부터 현재까지 발간하고 있다. 연2회의 국내/국제학술대회를 개최했으며 콜로키움, 전문가 포럼 및 특강 등의 개최를 통해 재중 한인 연구의 질적인 향상을 기했다. 그 밖에도 연구 성과를 KBS 한민족 방송에 소개하여 연구 성과의 사회적 확산에 기여했으며 조선족 마을사를 출간하여 조선족 마을의 자료보존과 학술적 기초자료 확보에 힘을 기울였다. 또한 재한 조선족의 대학방문 행사를 개최함으로써 조선족 동포의 정체성 확립과 통합적 한인사회 건설의 기초를 닦으려 노력했다. 총서발간 외의 이러한 노력과 성과들 또한 연구 성과 못지않은 중요한 자산으로 판단된다.

이 총서의 출간은 재외 한인 사회를 연구하는 학계와 관련기관, 그리고 재외동포의 큰 관심을 받게 될 것이다. 따라서 우리는 총서 발간에 더욱 많은 부담을 가졌다. 하지만 지금까지 연구된 재중 한인 사회에 대한 연구에 비해, 새롭게 재구성된 재중 한인 사회에 대해 종합적이고 학제적인 연구를 진행하였다는 점에서 최소한 후속연구의 토대가 될 수 있다는 판단, 후속세대의 재중 한인에 대한 관심 제고, 중국진출 한국기업과 한국유학생 등 재중 한국인 사회의 중국 정착에 긍정적으로 작용할 것이란 점, 재중 한인의 민족정체성 강화프로그램, 해외인적자원 개발 등 정부 및 공공기관에 대한 정책제언에 기여할 것이란 판단에 기대어 부족하지만 총서의 발간을 감행하였다.

이 총서가 발간되기까지 물심양면으로 지원을 아끼지 아니한 한국학진흥사업단 모든 분들께 깊은 감사를 드린다. 또한 수십 차례에 걸친 학술대회와 콜로키움, 전문가 포럼에서 훌륭한 조언을 아끼지 않으신 국내외 재외한인 연구자들께도 깊은 감사의 뜻을 전한다. 마지막으로 재중 한인 디아스포라 연구사업의 완성을 위해 함께 뛰고 함께 웃으며 땀 흘린 연구 사업단 식구들과 그 가족들 모두에게 심심한 감사의 말씀을 올린다. 아울러 이 연구 사업을 기반으로 향후에는 더욱 알차고 의미 있는 연구 성과를 지속적으로 생산할 것을 약속드린다.

2018년 11월
재중 한인 디아스포라 연구 사업단을 대표하여
동덕여대 한중미래연구소 소장 김윤태

중국조선족 문학이란 19세기 중엽부터 한반도(조선반도)에서 중국으로 이주하여 정착한 조선인들과 그들의 후손들, 광복 이후 중국 소수민족의 하나로 인정받은 조선족들에 의해 창작된 문학을 가리킨다. 그런 만큼 조선족 문학은 조선족의 삶과 역사와 조선족의 사고방식, 가치관, 표현의 양태 등을 구체적이고 전형적으로 살필 수 있는 풍부한 자료이다. 글로벌 시대에 들어서면서 조선족 문학에 대한 연구가 보다 활성화되고 심화되고 있다. 중국 국내에서의 연구가 대체로 조선족 문학사 범주 속에서 또는 중국 문학의 한 부분이라는 측면에서 연구되고 있다면 한국에서의 연구는 대체로 민족 문학의 범주 또는 해외 한인문학 범주 속에서 연구되고 있다. 중국에서의 연구가 조선족 문학사의 흐름 및 작가와 작품, 사상성과 예술성을 포함한 포괄적인 연구라면 조선족 문학의 실체와 속성을 연구하는 한국 학계의 연구는 민족 문학, 나아가서는 세계 문학 속에서 조선족 문학의 보편성과 특수성을 연구하는 것으로 볼 수 있다. 따라서 조선족 문학 연구에서는 괄목할 만한 연구 성과들이 도출되었다.

이 글은 조선족 문학 가운데서도 개혁개방 후의 문학을 중심으로 그 변화 양상을 고찰하였다. 지금까지 대학에서 『조선-한국 현대문학사』 중심의 강의 및 연구를 해 오면서 조선족 문학에 대해서는 그것이 자기 민족의 문학이라는 이유로 관심을 가져오던 필자가 이러한 글을 쓰게 된 것은 한국학중앙연구원이 2011년도에 공모한 한인 디아스포라 연구과제, 즉 동덕여자대학교 한중미래연구소에서 주관하는 연구과제인『재중 한인 디아스포라의 재구성과 발전적 통합』이라는 연구에 공동연구원으로 참여했기 때문이다. 이로부터 알 수 있는 바 이 책은 조선족 문학에 대한 연구이지만 문학의 예술적 측면보다는 조선족 문학에 대한 사회학적 접근을 통하여 문학에 나타난 조선족의 삶과 역사와 조선족의 사고방식, 가치관 그리고 조선족 사회의 현황 및 발전의 가능성을 고찰한 결과물이다.

본 연구과제의 수행에서 보다 효과적인 연구 성과를 도출해내기 위한 공동연구원들의 여러 차례 세미나에서 본 과제가 학문적으로 아주 의미 있는 작업일 뿐만 아니라 한국의 사회정책과도 관련되어 있다는 확인이 연구의 의욕을 드높여 주었지만 실제로 맡은 바 연구를 수행하는 과정에서는 자신의 한계를 절감했으며 연구결과를 책으로 발간함에 있어 망설임을 떨치지 못하게 하는 것도 사실이다. 개혁개방 후 중국사회의 성격이 이전의 사회에 비해 훨씬 복잡해졌으며 따라서 그러한 사회를 배경으로 하는 조선족 문학 작품의 질과 양도 그 사회적 현실만큼이나 복잡하고 방대하여 작가, 작품의 선택으로부터 작품에 대한 분석에 이르기까지 나에게는 참으로 힘겨운 작업이었다.

이 책의 체계는 다음과 같이 구성하였다. 제1장은 서론으로서 조선족 문학에 대한 선행 연구를 개괄하고 본 연구의 필요성을 제기하였다. 제2장에서는 중화인민공화국 건립 후 조선족 문단의 정착 및 적응 과정과 조선족 문학의 변화 양상에 대해 고찰하였다. 제3장에서는 개혁개방 후 조선족 문학에 나타난 갈등과 통합의 양상에 대해 고찰하였다. 조선족 사회의 현황 및 발전의 가능성을 고찰한다는 의미에서 개혁개방 후의 방대한 작품들 가운데서 가급적이면 보다 현재에 가까우며 학계에서 상대적으로 적게 다루어진 1990년대로부터 2014년까지의 작품들 중에서 논제에 부합된다고 생각되는 작품들을 분석의 대상으로 삼았다. 제4장에서는 개혁개방 후에 활약한 개별 작가들의 작품을 살펴 조선족 문학에 나타난 복합정체성에 대해 고찰하였다. 개혁개방 후 많은 작가들 중에서 행정 간부로도 활약했으며 한어와 조선어 두 가지 언어로 창작하는 작가, 조선족 학교에서 교육자로 재직하면서 창작하는 작가, 조선족 농촌마을에서 농사지으며 문학창작을 한 농민작가 등 세 명의 작가를 선택하였는데 이러한 선택은 이들의 문학이 어느 정도 대표성을 띤다고 생각한 때문이다. 마지막 제5장에서는 이 글의 논의를 요약, 정리하고 시사점을 제시하는 자리를 마련하였다.

이 책을 내면서 우선 본 연구 및 출판에 지원을 준 한국학진흥사업단에, 그리고 본 연구의 기회를 마련해 주시고 많은 관심을 주신 김윤태 소장님을 비롯한 본 연구과제 공동연구원 선생님들께 감사드린다. 다음 이 책의 집필 과정에 국내외 선행 연구 성과는 커다란 도움이 되었다. 이 자리를 빌려 조선족 문학 연구에서 길잡이가 되어 주신 여러 연구자님들께 심심한 사의를 표하며 아울러 독자들의 기탄없는 비평과 조언도 바라마지 않는다.

끝으로 이 책의 원고를 꼼꼼히 편집해 주신 한국학술정보(주) 출판사업부 선생님들께도 감사드린다.

2017년 5월

김 춘 선

목
차

제1장

서 론

1. 연구 목적 및 연구 동향

중국조선족 문학이란 19세기 중엽부터 한반도(조선반도)에서 중국으로 이주하여 정착한 조선인들과 그들의 후손들, 광복 이후 중국에서 국적을 취득하고 중국의 소수민족으로 살아가는 조선족들에 의해 창작된 문학을 말한다. 그런 만큼 조선족 문학은 조선족의 삶과 역사와 조선족의 사고방식, 가치관, 표현의 양태 등을 구체적이고 전형적으로 살필 수 있는 풍부한 자료이다. 조선족 문학에 대한 연구는 개혁개방 이후 1980년대에야 본격적으로 이루어졌다고 할 수 있다. 실제로 중국에서의 조선족 문학에 대한 연구는 1950년대부터 시작되었다고 하나 거듭되는 정치운동과 '문화대혁명'으로 말미암아 별로 진전을 보이지 못하고 있다가 체계적인 연구 성과들이 개혁개방 이후에야 출간이 되었다는 점에서 그렇게 말할 수 있다. 개혁개방 이후 중국이 그 이전에 존재했던 좌경오류를 전면적으로 시정하고 중국공산당의 민족정책과 문예정책이 시달되면서 문인들과 문학연구자들은 좌경사상의 질곡에서 해방되며 주체의식, 민족의식이 크게 각성된다. 아울러 중한교류가 활발해지면서 중국 내 학자들은 물론 국외 문학연구자들도 조선족 문학에 관심을 가지기 시작하여 연구의 범위나 깊이에 있어서 급성장을 가져왔다.

조선족 문학을 연구함에 있어서 혹자는 조선족 문학사 범주 속에서, 혹자는 민족 문학의 범주 또는 해외 한인문학 범주 속에서, 혹자는 비교문학 범주 속에서 연구를 진행하여 왔다. 최근에는 디아스포라적인 시각에서 조선족 문학을 재조명하는 움직임이 활발하게 진행되고 있다. 그리하여 괄목할 만한 연구 성과들이 도출되었다.

조선족 문학사 범주 속에서 조선족 문학을 연구한 대표적인 연구 성과로는 조성일·권철 주필 『중국조선족 문학사』, 장춘식 『일제강점기 조선족 이민문학』, 전성호·림연·윤윤진·조일남 공저 『중국조선족 문학비평사』, 오상순 주필 『중국조선족 문학사』, 김호웅·조성일·김관웅 공저 『중국조선족 문학통사(상·중·하)』, 오상순 『중국조선족 소설사』, 『조선족 정체성의 문학적 형상화』, 장춘식 『일제강점기 조선족 이민 작가 연구』, 리해영 『중국조선족 사회사와 장편소설』, 리광일 『해방 후 조선족 소설문학 연구』 등을 들 수 있다.

조성일·권철 주필 『중국조선족 문학사』[1]는 조선족이 이주하기 시작한 때부터 현재에 이르기까지를 근대문학, 현대문학, 당대문학으로 크게 나누고 이를 다시 모두 일곱 시기로 구분하여 19세기 말로부터 1980년대 중반까지 조선족 문학의 소설, 시, 극문학을 체계적으로 서술하였다. 이 논저는 최초로 조선족 문학의 발전 역사를 체계적으로 정리하여 사적으로 정립시켰다는 데서 그것이 가지는 학술적 및 현실적 가치는 대단히 크다. 이 논저의 출판은 이후 조선족 문학사에 대한 보다 전면적이고 보다 깊이 있는 연구를 위해 기초를 마련해 놓았다.

장춘식 『일제강점기 조선족 이민문학』[2]은 제목이 말해주듯이 일제강점기 조선족 이민문학을 집중 조명한 연구저서이다. 해방 전 시문학과 희곡, 비평부분에서 이룩한 저자의 최신 연구 성과를 묶은 이 논저는 해방 전 시문학과 희곡, 비평부분의 상당 내용을 새롭게 발굴하여 구체적으로 다루고 있을 뿐만 아니라 지금까지 조선족 문학사 연구에서 존재하는 문제점들, 이를테면 조선족 문학의 개념 정

---

1) 조성일·권철 주필, 『중국조선족 문학사』, 연변인민출판사, 1990.
2) 장춘식, 『일제강점기 조선족 이민문학』, 민족출판사, 2005.

립 문제, 광복 전 조선족 문학의 범위 및 설정 기준 문제, 조선반도 이주민의 민족적 정체성과 국민적 정체성의 관계 문제, 조선족 문학사와 관련된 개념 등 조선족 문학사 연구에서 가장 기초적이면서도 기본이 되는 중요한 문제들을 깊이 있게 다루고 저자의 명확한 견해를 피력하고 있다.

오상순 주필『중국조선족 문학사』3)는 오상순, 김동훈, 최삼룡, 장춘식의 공동 연구 성과로서 이 논저에서는 조선족 문학사를 크게 세 단계, 즉 이민시기의 문학(이주-1945년)/ 정치공명시기의 문학(1945-1978년)/ 다원화시기의 문학(1979-1999년)으로 나누어 조선족 문학의 발전 역사를 체계적으로 서술하였다. 이 논저는 조성일, 권철 주필의『중국조선족 문학사』를 참조하면서 이 논저에서 취급되지 않은 부분들, 이를테면 이 논저 집필 후에 발굴된 해방 전 작품들과 1987년 이후의 문학 그리고 1990년대 문학을 상당한 편폭으로 다루었고, 해방 후 30여 년의 문학도 긍정적인 측면뿐만이 아니라 소극적이거나 부정적인 측면도 지적하면서 객관적이며 전면적인 평가를 주어 조선족 문학의 총체적인 파악에 도움을 주었다는 점에서 조선족 문학사 연구의 폭과 깊이를 확대한 성과이다.

김호웅·조성일·김관웅 공저『중국조선족 문학통사(상·중·하)』4)는 중국조선족사회의 형성과 발전의 특점과 중국사회의 문화형태의 발전, 변화의 특점 및 조선족 문학발전의 구체적인 상황을 두루 감안하여 조선족 문학사를 이민시기문학-19세기 중엽 이후부터 1945년 8.15광복까지/ 정치공명시기-1945년 8.15해방부터 1976

---

3) 오상순 주필,『중국조선족 문학사』, 민족출판사, 2007.
4) 김호웅·조성일·김관웅 공저,『중국조선족 문학통사(상·중·하)』, 연변인민출판사, 2011-2012.

년 10월까지/ 개혁개방 전기문학-1976년 10월부터 1989년 6월까지/ 개혁개방 후기문학-1990년부터 2010년까지 네 시기로 나누어 서술 하였다. 이 논저에 기술된 내용상의 시간범위는 1860년대 중반으 로부터 2010년으로서 대략 150년의 조선족 문학의 발전 역사를 다 루었다. 지금까지 출판된 조선족 문학사 가운데서 기술한 시간이 가장 길고 또한 조선족 문학의 거의 모든 분야를 망라하고 있다. 기존의 조선족 문학사들에서는 민간문학, 문학비평과 문학연구, 영 화문학 같은 문학 분야를 취급대상에 넣지 않았는데 이 논저에서 는 처음으로 민간문학, 문학비평과 문학연구, 영화문학 등을 취급 대상으로 삼아 체계적으로 정리하여 다루었다는 것 또한 새로운 연구 성과로서 조선족 문학사 연구의 새로운 지평을 열어놓았다고 할 수 있다.

전성호·림연·윤윤진·조일남 공저 『중국조선족 문학비평사』[5] 는 시간적으로 20세기 초기에 조선족 문인들의 창출한 문학비평과 그 활동으로부터 시작하여 20세기 전반을 관통하면서 전개된 조선 족 문인들의 문학비평과 그 활동에 대하여 객관적이고 전면적인 시 점에서 사적인 고찰을 진행하고 정리함으로써 조선족 문학비평사를 새롭게 정립했다. 이 논저는 그때까지 아직 이루어지지 않고 있던 조선민족의 문학정신과 문학사상을 사적으로 정리하여 점검했다는 그 자체의 의의와 함께 이미 써진 『중국조선족 문학사』에 대한 보완 으로서의 중대한 의의도 갖는다.

오상순의 『중국조선족 소설사』[6]는 1931년부터 1996년까지의 조 선족의 소설문학을 사적인 시점으로 고찰하였다. 해방 전, 해방 후,

---

5) 전성호·림연·윤윤진·조일남 공저, 『중국조선족 문학비평사』, 민족출판사, 2007.
6) 오상순, 『중국조선족 소설사』, 료녕민족출판사, 2000.

개혁개방 이후 세 개의 시기로 나누어 매 시기의 작가와 작품을 그 시기의 사회, 역사 상황과 연계시켜 연구하고, 매 시기의 작품들을 주제적 측면에서 유형별로 나누어 고찰하면서 조선족 소설문학의 특성과 그 문학사적 의의를 제시하였다. 이 논저는 선행 연구 성과를 수용함과 동시에 저자의 다년간의 연구 성과를 토대로 하고 있을 뿐만 아니라 조선족 문학사 연구에서 처음으로 되는 '중국 조선족 소설사'라는데 그 의의가 크다.

오상순의 『조선족 정체성의 문학적 형상화』[7]는 저자가 발표했던 일부 논문을 묶어 펴낸 것인데 조선족 문학의 소설을 위주로 논의하고 있다. 해방 전 '만주'조선인 문학, 해방 후 조선족 문학, 1980~1990년대 조선족 문학, 2000년대 조선족 문학, 총 4부로 나누어 서술하고 있는 이 논저에서 특히 주목되는 것은 '만주 조선인 시문학에 나타난 디아스포라 특성 연구', '조선족의 디아스포라적 체험과 문학적 형상화' 등의 논문제목에서 보다시피 디아스포라적인 시각에서 조선족 문학을 재조명하고 있는 점이다.

장춘식의 『일제강점기 조선족 이민 작가 연구』[8]는 저자가 일관되게 주장해온 정체성 인식을 기본적인 근거로 하면서 속지주의 원칙을 감안하여 조선족 이민 작가를 선정하고 그중에서 대표적인 작가와 작품을 논의하고 있다. "조선족은 조선반도에서 중국에 이주해 정착한 과경 이민 민족이다. 따라서 조선족 문학 역시 이민문학일 수밖에 없다. 그렇다면 조선족 작가의 범위 역시 이민문학의 원칙에서 규정하는 것이 합리적일 것이다. 정체성의 이론에 근거하여 보면 이민자는 이민자적인 정체성을 가지게 되는데 따라서 문학작품을

---

7) 오상순, 『조선족 정체성의 문학적 형상화』, 태학사, 2013.
8) 장춘식, 『일제강점기 조선족 이민 작가 연구』, 민족출판사, 2010.

통해 이민자적 정체성이 확인되는 작가라면 당연히 조선족 작가가 되는 것이다."[9] 이러한 관점을 근거로 장춘식은 이 논저에서 최서해, 주요섭, 김광주, 강경애, 박계주, 현경준, 안수길, 김창걸, 유치환, 김조규, 함형수, 송철리, 천청송, 이학성, 윤동주, 심연수 등을 일제강점기 조선족 이민 작가의 범주 속에서 그들의 작품을 실중적으로 다루고 있다.

리광일의 『해방 후 조선족 소설문학 연구』[10]는 조선족 소설 전반을 사적인 맥락과 조선족의 문화의식 등의 측면에서 살펴보았다. 해방 후의 조선족 소설문학 연구에 초점을 맞추면서도 해방 전 재중 조선인 문학의 의미를 '망명문인의 출현', '이민문학의 출현', '향토작가의 대두' 등 세 가지 측면에서 규정함으로써 해방 전 조선인 문학이 해방 후 조선족 문학의 형성에 대해 가지는 의미를 자리매김하였다. 이리하여 해방 전 조선인 문학과 해방 후 조선족 문학 사이의 단절을 극복하였으며 재중 조선인 문학과 조선족 문학의 영향관계를 해명함으로써 조선족 문학의 민족적 성격을 분명히 하였다.

리해영의 『중국조선족 사회사와 장편소설』[11]은 신중국 건국 이후로부터 1980년대 말까지의 조선족 소설사의 각 발전단계를 대표하는 여섯 편의 장편소설을 연구대상으로 조선족 소설과 조선족 사회와의 연관성을 검토하고 그러한 연관성을 전제로 이루어지는 조선족 소설의 형상화 원리를 규명하고 있다. 이 논저는 조선족 소설을 그 사회배경과의 연관성 속에서 검토함에 있어서 기존 논의들이 빠져들었던 작품과 사회배경 사이의 평행성 내지는 병렬성이라는 한

---

9) 장춘식, 『일제강점기 조선족 이민 작가 연구』, 민족출판사, 2010.

10) 리광일, 『해방 후 조선족 소설문학 연구』, 연변대학교 박사논문, 2002.

11) 리해영, 『중국조선족 사회사와 장편소설』, 도서출판 역락, 2006.

계를 극복하고 있으며 작품과 사회를 연결시키고 매개할 수 있는 매개항으로 '가치와 이념', '체험과 역사적 현실', '언어적 특성' 등 세개 범주를 설정하여 조선족 문학에서 나타나는 미학 초과 내지 미학 미달의 원인과 근거가 무엇인지를 규명하고 있다.

민족 문학의 범주, 또는 해외한인문학의 범주 속에서 조선족 문학을 연구한 대표적인 연구 성과로는 다음과 같은 것을 들 수 있다. 오양호의 『한국 문학과 간도』, 『일제강점기 만주 조선인 문학연구』, 『만주이민문학연구』, 정덕준 외 『중국조선족 문학의 어제와 오늘』, 송현호 외 『중국조선족 문학의 탈식민주의 연구 1』, 송현호 외 『중국조선족 문학의 탈식민주의 연구 2』, 김종회의 『한민족 문화권의 문학』12), 김종회의 『한민족 문화권의 문학 2』13), 조규익의 『해방 전 만주 지역의 우리 시인들과 시문학』14), 표언복의 『해방 전 중국 유이민소설 연구』15) 등을 들 수 있다. 이러한 연구들은 연구의 범위와 내용에서는 차이점을 보이지만 대체로 한국 문학, 조선 문학, 중국조선족 문학이 모두 하나의 뿌리를 갖고 있고 하나의 전통에 맥을 잇는 조선민족 문학의 일부분이라는 사실에 대해서 공감하고 한국 문학의 대상 확대라는 시점에서, 통일된 조선민족 문학사 기술이라는 시각에서 조선족 문학의 특징 및 문학사적 의의, 그리고 한반도 문학과의 관련성을 해명하고 있다.

오양호의 『한국 문학과 간도』, 『일제강점기 만주 조선인 문학연구』16), 『만주이민문학연구』17)는 주로 1940년에서 1945년까지의 만

---

12) 김종회, 『한민족 문화권의 문학』, 국학자료원, 2003.
13) 김종회, 『한민족 문화권의 문학 2』, 국학자료원, 2006.
14) 조규익, 『해방 전 만주 지역의 우리 시인들과 시문학』, 국학자료원, 1996.
15) 표언복, 『해방 전 중국 유이민소설 연구』, 한국문화사, 2004.
16) 오양호, 『일제강점기 만주 조선인 문학연구』, 문예출판사, 1996.

주 유이민 문학에 대해 논하고 있다. 저자는 끈질긴 자료작업과 그 연구를 통해 조선인 문학을 이민문학이라 규정짓고 그 성향을 밝히면서 '한국 문학사에서 1940년대 문학을 만주·간도의 이민문학으로 타당하다'[18])는 주장을 내놓았다. 1940년대 전반기의 한국 문학사에 만주 지역의 유이민, 또는 조선인의 문학이 추가되어야 할 것을 주장하며 조선족 문학의 형성과 그 특징을 구체적 자료를 토대로 논하고 있는 오양호 교수의 이 관점은 오늘날 한국 학계의 대표적인 견해의 하나로서 새로운 연구의 지평을 열어놓았다고 할 수 있다.

정덕준 외『중국조선족 문학의 어제와 오늘』[19])은 정덕준·김정훈·노철·김기주·정현숙·이상갑·장춘식의 공저로서 이 논저는 중국 조선족 문학은 "무엇보다도 100여 년의 발전 과정을 통해 한국 문학으로서의 전통과 특징을 그대로 드러내고 있을 뿐 아니라, 우리 언어로 쓴 문학을 생산해오고 있다. 따라서 중국조선족 문학은, 비록 현실적으로는 중국 소수민족의 하나로 간주되고 있지만, 민족적 관점에서 볼 경우 한민족 문학의 범주에 포함시킬 수 있는 '우리 문학'에 다름 아니라 하겠다. 중국조선족 문학은 세계 7천만 한민족 문학의 중요한 구성 부분인 것이다."[20])라는 관점을 전제로 조선족 문학을 '이주·정착사의 재구성'이라는 관점에서 망명기, 이주기, 정착기, 광복기, 계몽기, 암흑기, 부흥기, 성숙기 여덟 시기로 구분하여 그 특성을 살펴보고, 이를 통해 조선족 문학의 민족 문학사적 성격과 그 의의를 규명하고 있다. 이 논저에서는 1910년대부터 1990년

---

17) 『만주이민문학연구』, 문예출판사, 2007.
18) 오양호, 『일제강점기 만주조선인 문학연구』, 문예출판사, 1996.
19) 정덕준 외, 『중국조선족 문학의 어제와 오늘』, 푸른사상, 2006.
20) 정덕준 외, 『중국조선족 문학의 어제와 오늘』, 푸른사상, 2006, 18쪽.

대에 이르기까지 재중 조선인 및 조선족 문학을 시와 소설, 비평의 세 부문으로 나누어 각 장르별 전개 양상과 시기별 특성을 살피고, 각 시기 중국사회의 정치 상황 또는 시대정신이 조선족 문학의 형상화에 어떤 변동 요인으로 어떻게 작용하는가에 중점을 두고 고찰하였다. 또한 구체적인 작품의 주제적 특성과 작가의식을 분석함으로써 각 시기 조선족 문학이 추구하였던 문학적 진실과 민족 문학적 지평을 밝히고자 했다. 이 논저는 조선족 문학의 연구에서 새로운 시각을 제시했다는 점에서 커다란 의미가 있다. 특히 이 논저에서의 연구에서 주목되는 것은 이제까지의 연구가 주로 개별 작가와 작품에 대한 연구나 통시적인 관점에서 조선족 문학의 전반적인 전개 양상에 관한 연구가 이루어지고 문학비평 전반에 관한 본격적인 연구는 거의 이루어지지 않은 문학비평을 1910년대 이후 1990년대까지 이루어진 조선족 문학비평의 전개 양상과 특성을 고찰하고 그 문학사적 의의를 규명했다는 것이다.

송현호 외『중국조선족 문학의 탈식민주의 연구 1, 2』[21]는 송현호·최병우·정수자·한명환·윤의섭·김형규·김은영·차희정·박지혜·조명숙의 공저로서 '한국 문학의 대상 확대와 방법론 심화'라는 이 논저의 취지에서 이미 명확히 드러나듯이 디아스포라적 문학적 양상을 '한민족 문학'의 존재 범주로 설정하고 해외 한민족 문학 가운데에서 가장 규모가 큰 조선족 문학을 그 연구 대상으로 삼고 있다. 또한 이 논저는 '디아스포라적 한민족 문학의 특성을 제대로 밝힐 수 있는 이론적 토대로서 탈식민주의 연구방법을 선택'하여 해방 후 조선족 문학의 시와 소설을 중심으로 탈식민주의 연구방법

---

21) 송현호 외,『중국조선족 문학의 탈식민주의 연구 1, 2』, 국학자료원, 2008-2009.

으로 논의하고 있다. 이 논저의 제1장 '중국조선족 문학에 대한 재인식과 연구 방향'에서는 조선족 문학 연구 현황에 대한 검토와 연구방향이 중점적으로 논의되었고, 제2장 '중국조선족 시의 전개와 탈영토화'에서는 탈식민주의 관점으로 조선족 시문학에 대한 본격적인 연구를 하였으며, 제3장 '중국조선족 소설의 타자성과 주체 지향'에서는 조선족 소설 가운데서 주요작품을 탈식민주의 관점으로 분석하고 있다. 이 논저는 조선족 문학 연구에서의 새로운 연구 시각과 방법을 제시하였다는 점에서 커다란 의의를 가진다.

민족 문학의 범주, 또는 해외한인문학의 범주 속에서 조선족 문학을 연구한 성과로는 이 외에도 김종회의『한민족 문화권의 문학』[22], 김종회의『한민족 문화권의 문학 2』[23], 조규익의『해방 전 만주 지역의 우리 시인들과 시문학』[24], 표언복의『해방 전 중국 유이민소설 연구』[25] 등이 있다.

비교문학의 범주 속에서 조선족 문학을 연구한 대표적인 연구 성과로는 김춘선 주필『중국조선족 문학과 조선반도 문학의 관계 연구』, 오상순 주필『조선족 문학의 비교연구』, 서영빈의『남북한 및 중국조선족 역사소설 비교연구 -「북간도」,「두만강」,「눈물 젖은 두만강」을 중심으로』, 강옥의『한국 문학이 중국조선족 문학에 끼친 영향』, 김관웅의「한중수교 이후 중국조선족 시문학에 끼친 한국 시문학의 영향」, 전형준·홍정선·임동철 공저「연변 조선족 문학에 미친 중국문학과 북한문학의 영향연구」, 김영란의『중국조선족 소설

22) 김종회,『한민족 문화권의 문학』, 국학자료원, 2003.
23) 김종회,『한민족 문화권의 문학 2』, 국학자료원, 2006.
24) 조규익,『해방 전 만주 지역의 우리 시인들과 시문학』, 국학자료원, 1996.
25) 표언복,『해방 전 중국 유이민소설 연구』, 한국문화사, 2004.

과 재일조선인 소설 비교연구』, 김정일의『한국 문학과 중국조선족 소설의 관련성 연구』, 문혜의『조선반도 문학과 중국조선족 시문학의 관련성 연구』, 김현철의『조선족 작가 박선석과 한국작가 이문구 문학에서의 '한'의 양상 비교연구』, 박영화의『김용식의 력사소설과 중조문화의 상호텍스트성 연구』등이 있다. 이러한 연구 성과는 구체적인 작가, 작품들을 대상으로 하여 영향연구 또는 평행연구의 방법으로 조선족 문학과 한국 문학과의 영향관계, 조선족 문학과 조선 문학과의 영향관계를 밝히거나 해외한민족 문학의 시각에서 조선족 문학을 조명하고 있다.

　　김춘선 주필『중국조선족 문학과 조선반도 문학의 관계 연구』[26)는 김춘선, 장춘식, 서영빈, 남애청, 김정일, 문혜의 공저로서 저서의 제목이 말해주듯이 조선족 문학과 조선반도(한반도) 문학의 관련성에 대한 체계적인 연구를 시도한 연구 성과이다. 새 중국 창건 이전 중국조선족 문학의 형성과 조선반도 문학의 관계, 새 중국 창건 이후 조선족 시문학과 조선반도 시문학의 관련성, 개혁개방 이후 조선족 소설문학과 한국 문학의 관련성, 서영빈 수필과 중한문학의 관련성, 조선족 문학교육과 조선반도 문학의 관련성 등으로 조선족 문학과 한반도 문학의 관계에 대해 총체적인 연구와 사례연구를 결부시키고 구체적인 작품에 대한 치밀한 비교분석을 바탕으로 조선족 문학과 조선 문학, 한국 문학과의 동질성과 이질성 및 그 원인을 찾아내고 조선족 문학과 조선반도(한반도) 문학과의 관련성을 해명하고 있는 이 논저는 조선족 문학 발전의 역사적 궤적과 내재적 발전법칙을 깊이 연구함에 있어서 커다란 의의를 가진다. 아울러 처음으로

---

26) 김춘선 주필,『중국조선족 문학과 조선반도 문학의 관계 연구』, 민족출판사, 2015.

조선족 문학과 한반도 문학의 관련성에 대하여 총체적이고도 체계적인 연구를 시도했다는 점에서도 의미가 크다.

오상순 주필『조선족 문학의 비교연구』[27)는 오상순, 장춘식, 우상렬, 엄정자, 김영란, 김현철의 공저로서 다각적인 비교 속에서 조선족 문학의 특성을 밝히고 있다. 총4부로 나누어 제1부에서는 조선족 문학과 중국 주류문학을, 제2부에서는 조선족 문학과 한국 문학을, 제3부에서는 조선족 문학과 재일조선인 문학을, 제4부에서는 조선족 문학과 소련 고려인 문학을 비교 연구하고 있는 이 저서는 어느 한 시각이 아니라 다각적인 시각의 비교를 통하여 조선족 문학의 성격 및 특성을 규명하였다는 점에서, 이후 조선족 문학의 연구에 다양한 연구 시각과 방법을 제시했다는 점에서 의미가 크다.

서영빈의『남북한 및 중국조선족 역사소설 비교연구 - 「북간도」, 「두만강」, 「눈물 젖은 두만강」을 중심으로』[28)는 평행연구와 영향연구의 방법으로 한국, 조선, 중국조선족의 대표적 장편소설인「북간도」, 「두만강」, 「눈물 젖은 두만강」을 비교연구대상으로 서사 갈등, 인물, 서사 공간, 세계인식, 주제설정으로 나누어 그 공통성과 차이성을 분석한 결과 남쪽과 북쪽 및 조선족 역사소설은 공통으로 '민족적 정체성 지키기'의 서사로 읽을 수 있으며 공통된 언어의식, 공통된 역사의식, 공통된 사실주의 의식을 근간으로 하여 하나의 맥을 잇는 하나의 문학임을 확인함과 동시에 사회 이데올로기적인 제도의 차이와 작가가 처한 부동한 위치로 인해 주제설정이나 인물설정, 갈등설정 및 현실인식의 양상이 확연한 차이성을 보여줌

---

27) 오상순 주필,『조선족 문학의 비교연구』, 민족출판사, 2015.

28) 서영빈,『남북한 및 중국조선족 역사소설 비교연구-「북간도」, 「두만강」, 「눈물 젖은 두만강」을 중심으로』, 한남대학교 박사학위논문, 2006.

을 제시하고 있다. 이 논문은 그동안 위의 작품들이 한국, 조선, 중국에서 각각 개별적으로 동떨어져 연구되었던 연구 상황이 갖는 한계를 돌파하여 한반도 문학과 조선족 문학을 그 내적 연관성을 고려하면서 비교하는 연구방법을 취하고 있어 새로운 연구의 지평을 열고 있다.

강옥의『한국 문학이 중국조선족 문학에 끼친 영향』29)은 조선족 문학이 한국 문학의 영향을 받게 된 원인, 한국 문학의 수용과정을 고찰하고 한국 문학이 조선족 문학에 끼친 영향을 제재, 표현기법, 언어적 기법, 내용적 측면으로 나누어 고찰하였다. 이 논문은 한국 문학이 조선족 문학에 끼친 영향을 논증함에 있어서 외적인 증거를 충분하게 제시함과 동시에 조선족 문학과 한국 문학과의 영향 관계를 작품의 내용과 예술적 기법의 측면에서 체계적으로 고찰한 연구이며 또한 처음으로 되는 조선족 문학과 한국 문학의 영향관계를 체계적으로 해명한 연구 성과로서 그 뒤의 조선족 문학과 한국 문학의 비교연구에 새로운 연구시각과 참조물을 제시했다는 점에서 그 의의가 크다.

김관웅의「한중수교 이후 중국조선족 시문학에 끼친 한국 시문학의 영향」30)은 한중수교 이후 조선족 시작품과 한국 시작품의 관련 양상을 비교 분석한 결과 조선족 시문학과 한국 현대시, 당대 시 및 시론과의 영향관계는 상호 교류가 아니라 기본상 일방적이었고 또한 그 영향은 직접적인 영향이었으며 내용면의 영향보다는 기교면의 영향이 더 클 뿐만 아니라 조선족 시문학은 한국의 현대시, 당대

---

29) 강옥,『한국 문학이 중국조선족 문학에 끼친 영향』, 배재대학교 석사논문, 2001.

30) 중국조선족 문학우수작품집 편집위원회,『중국조선족 문학우수작품집』, 흑룡강민족출판사, 2008,

시 및 시론을 통해 서방 모더니즘 시문학의 영향을 간접적으로 받았다고 피력하고 있다. 이 논문은 중국에서의 조선족 문학 연구에서 새로운 연구 시각을 제시했다는 점에서 커다란 의의를 갖는다.

김정일의『한국 문학과 중국조선족 소설의 관련성 연구』[31]는 영향연구방법으로 개혁개방 이후 조선족 소설문학과 한국 문학과의 관련성을 체계적으로 논의하고 있다. 제2장에서는 조선족 문학이 한국 문학의 영향을 받게 된 원인, 한국소설문학의 전래 양상, 조선족 문단에서의 한국소설문학의 수용양상 등 외적 증거면에서 고찰하였다. 이를 토대로 제3장에서는 동일한 시기 조선족 작가의 세 작품과 한국 작가의 세 작품과의 내적 연관성에 대한 해명을 통해 동일한 시기에 한국 소설의 영향이 조선족 소설에 어떤 모습으로 나타나고 있는가를 고찰하였다. 제4장과 제5장에서는 각각 산재지역의 대표작가의 한 사람인 리태복과 집거지역의 대표작가의 한 사람인 김혁을 선정하여 한국 문학과 조선족 소설문학의 관련양상을 한국 문학과의 접촉의 외적증거와 작품 간의 내적연관성 등 두 가지 측면에서 살펴봄으로써 조선족 작가들의 소설 창작에 있어서 한국 문학의 영향이 나타나는 양상 및 한국 문학의 영향이 차지하는 비중을 제시하였다. 중국에서 한국 문학과 조선족 소설의 관련성 연구에서 처음으로 되는 비교적 체계적인 연구이며 작가, 작품론을 바탕으로 한 실증적인 연구라는 점에서 새로운 연구의 지평을 열었다고 할 수 있다.

문혜의『조선반도 문학과 중국조선족 시문학의 관련성 연구』[32]는 영향연구방법과 평행연구방법으로 조선족 시문학과 한반도 문학과의 관련성을 체계적으로 논의하고 있다. 이 논문은 평행연구방법으

---

31) 김정일,『한국 문학과 중국조선족 소설의 관련성 연구』, 중앙민족대학교 박사논문, 2014.
32) 문혜,『조선반도 문학과 중국조선족 시문학의 관련성 연구』, 중앙민족대학교 박사논문, 2014.

로 해방 이후 중국과 조선의 유사한 사회적 배경과 결부시켜 조선족 시문학과 조선 시문학의 주제적 측면에서의 유사성 및 그 원인을 제시하고 있으며 영향연구방법으로 조선 시문학이 조선족 시문학에 미친 창작기법, 언어표현 등 측면에서의 영향을 해명하고 있다. 그리고 조선족 시문학과 한국 시문학과의 비교를 통해 조선족 시문학에 미친 한국 시문학의 영향 및 관련 양상을 해명하고 있다.

김영란의『중국조선족 소설과 재일조선인 소설 비교연구』33)는 해외한민족 문학이라는 시점에서 디아스포라의 시각으로 조선족 소설문학과 재일조선인 소설문학에서 대표적인 작가, 작품을 선정하여 비교 연구함으로써 조선족 소설과 재일조선인 소설의 유사성과 차이성 및 그 원인을 해명하고 있다. 이 논문은 조선족 문학과 재일조선인 문학의 비교의 가능성을 제시했다는 점에서, 그리고 해외조선민족 문학에 대한 기초연구로서 해외조선민족 문학 연구에 일조했다고 할 수 있다.

김현철의『조선족 작가 박선석과 한국작가 이문구 문학에서의 '한'의 양상 비교연구』34)는 조선족 작가 박선석과 한국작가 이문구 문학에서 공통하게 나타나는 '한'의 동질성과 이질성 및 그 원인을 해명한 연구 성과이다. 본 연구는 두 작가의 작품을 집중적으로 심도 있게 비교 분석하고 있는 점이 돋보인다.

박영화의『김용식의 력사소설과 중조문화의 상호텍스트성 연구』35)는 조선족 문단의 대표적인 역사제재 소설가인 김용식의 역사소설과 중조 역사 및 문화 사이의 관련성에 대한 분석을 통해 김용식의

---

33) 김영란,『중국조선족 소설과 재일조선인 소설 비교연구』, 중앙민족대학교 박사논문, 2011.
34) 김현철,『조선족 작가 박선석과 한국작가 이문구 문학에서의 '한'의 양상 비교연구』, 중앙민족대학교 박사논문, 2015.
35) 박영화,『김용식의 력사소설과 중조문화의 상호텍스트성 연구』, 연변대학교 박사논문, 2016.

제1장 서 론 31

역사소설관과 작가의식을 해명하고 그의 문학이 가지는 문학사적 위치와 의미를 제시하였다. 본 연구에서 적절하게 응용하고 있는 상호텍스트성 연구방법은 향후 조선족 문학 연구에 의미 있는 연구시각과 방법을 제시하였다.

조선족 문학에 대한 선행 연구를 살펴보면 조선족 문학에 대한 연구는 지금까지 다양한 측면에서 연구되었으며 그 가운데서도 해방 전 조선족 문학에 대해서는 다양한 각도로 상당히 구체적인 연구가 이루어지고 있음을 보았다. 하지만 신중국 건국 이후 조선족 문학의 연구에 있어서 중국의 사회 역사적 배경과의 관련 속에서 조선족 문학의 발전 과정과 변화에 대해서는 연구가 많았지만 조선족 문학이 어떻게 적응하는지, 조선족 문학에 나타나는 갈등과 통합의 양상은 어떠하며 작가의 현실인식은 어떠한지, 그리고 문화 다양성과 복합정체성의 시점에서 1990년대 이후 문학을 집중 조명한 연구는 아직 미흡하다. 따라서 이 글에서는 중국 소수민족의 하나로 자리 잡은 조선족 문학의 적응이라는 시각으로 해방 이후 조선족 문학의 발전 과정과 변화 양상을 고찰할 것이며 이를 바탕으로 개혁개방 이후 이전 시기보다 훨씬 자유로워진 정치, 사회, 문화적 분위기 속에서 조선족 문학은 새로운 역사 시기의 조선족들이 겪는 갈등과 통합을 어떻게 표현하고 있는지를 작가의 현실인식과 결부시켜 분석할 것이며, 다원화문화와 복합적인 정체성의 시각으로 1990년대, 21세기 조선족 문학을 고찰할 것이다. 이러한 연구는 조선족 문학에 대한 이해 및 연구를 한층 심화할 것이며, 아울러 향후 조선족 문학의 발전추세도 짚어볼 수 있을 것이다.

2. 연구 범위 및 서술 순서

위에서 이미 살펴보았다시피 해방 이전 조선족 문학에 대해서는 이미 비교적 체계적이며 심도 있는 연구가 이루어졌으며 그 문학 사적 의의도 많은 부분 밝혀졌다고 할 수 있다. 해방 이후 문학, 그 가운데서도 개혁개방 이후의 문학은 그 연구에서 아직 많은 아쉬움을 보여주고 있다. 이로부터 이 글에서는 해방 이후 조선족 문학, 그 가운데서도 개혁개방 이후 조선족 문학에 대해 중점으로 살펴보고자 한다.

이 글의 서술 순서는 다음과 같이 짜여 있다. 제1장은 서론으로서 조선족 문학에 대한 선행 연구를 개괄하고 본 연구의 필요성을 제기하였다. 제2장에서는 적응이라는 시각으로 신중국 건립 후 조선족 문단의 정착 및 적응 과정과 조선족 문학의 변화 양상에 대해 고찰할 것이다. 중국조선족 사회는 신중국 건국 이후 1980년대 초까지는 중국의 여러 가지 정치, 역사적 변화를 겪으면서도 상대적으로 안정된 민족공동체에 기반하고 있었다. 그러므로 이 시기 조선족 작가들은 민족성에 그 뿌리를 두면서도 중국의 정치, 경제, 문화 등 제반 제도에 대한 수용과 중국의 정치, 역사적 변화에 대한 문학적 대응이라는 글쓰기를 통해 조선족 문학이라는 독자적인 문학을 산출할 수 있었다. 따라서 본 장에서는 신중국 건국 이후 한반도의 유이민으로부터 중국 소수민족의 하나로 자리 잡은 조선족 문단이 중국의 정치, 사회, 문화적 환경 속에서 어떻게 적응하는지, 그 적응 과정에 문학은 어떤 변화 양상을 보이며 그것이 의미하는 것은 무엇인지를 고찰하는 것이다. 이는 해방 이후 조선족 문학이 시대가 변화함에 따라 거듭하는 변모의 원인과 내적 계기를 해명하는데 있어서 의미 있을 뿐만 아니라 다음 장에서 논의될 개혁개방 후의 조선족 문학에 대한 분석을 위해 의거를 제공하는 것이기도 하다.

제3장에서는 조선족 문학에 나타난 갈등과 통합의 양상에 대해 고찰할 것이다. 중국의 개혁개방은 중국인들의 삶의 형태를 바꾸어 놓았을 뿐만 아니라 그야말로 중국을 새로운 역사시기로 들어서게 한 거대한 사변이다. 절대적 진리라고 믿었던 것이 부정되고 모든 것이 새롭게 평가되는 이 시기에 중국은 그 어느 때보다도 복잡다단한 사회적 국면이 나타나게 된다. 개혁개방과 시장경제의 충격으로 중국인들은 그 어느 때보다도 복잡한 사상적, 정신적, 심적 갈등을 겪게 된다. 특히 1990년대에 들어서면서부터 산업화, 도시화의 충격과 함께 농촌공동체에 기반하고 있던 조선족 사회의 민족공동체가 뿌리째 흔들리게 된다. 민족공동체에 기반하고 있던 기존의 공동체적 윤리와 도덕규범, 위계질서와 가치가 붕괴되고 시장경제에 기초한 새로운 윤리와 위계질서가 대신 자리를 잡아가고 있으며 문화 역시 이질적인 문화의 급작스러운 충격으로 갈등을 겪고 있다. 아울러 조선족 문학은 개혁개방기 조선족의 다양한 갈등을 문학작품 속에 반영하고 있다. 이로부터 본 장에서는 개혁개방 후 조선족 문학에서는 주로 어떠한 갈등을 다루고 있으며 이러한 갈등은 어떤 양상으로 통합을 이루는지, 작가의 현실인식은 어떠한 것인지를 고찰할 것이다. 본 장에서는 조선족 사회의 현황 및 발전의 가능성을 고찰한다는 의미에서 개혁개방 후의 방대한 작품들 가운데서 가급적이면 보다 현재에 가까우며 학계에서 상대적으로 적게 다루어진 1990년대로부터 2014년까지의 작품들 중에서 논제

에 부합된다고 생각되는 작품들을 분석의 대상으로 삼을 것이다.

　제4장에서는 조선족 문학에 나타난 문화다양성과 복합정체성에 대해 고찰할 것이다. 새로운 역사시기에 들어서면서 중국문학은 점차 극좌시기 문학의 극단적인 정치화와 공리적인 가치관의 획일화에서 벗어나 다원적인 가치관을 추구하게 되었다. 1980년대는 조선족 작가들의 주체의식, 민족의식이 각성된 시기로서 개혁개방 이후 조선족들의 문화 다양성과 복합정체성을 보여주고 있다. 1992년의 한중수교는 특히 한반도로부터 이주하여 온 조선족들에게 있어서 커다란 충격적인 사건이었다. 한중수교는 조선족들의 삶에 커다란 변화를 몰고 왔을 뿐만 아니라 조선족 문학에도 다방면에서 커다란 영향을 미쳤다. 이로부터 본 장에서는 개혁개방 후에 활약한 개별 작가들의 작품을 살펴 조선족 문학에 나타난 복합정체성에 대해 고찰할 것이다. 개혁개방 후 많은 작가들 중에서 어느 정도 대표성을 띤다고 생각되는 세 명의 작가, 즉 중국에서 행정 간부로도 활약했으며 한어와 조선어 두 가지 언어로 창작하는 작가, 조선족 학교에서 교육자로 재직하면서 창작하는 작가, 조선족 농촌 마을에서 농사지으며 문학창작을 한 농민작가를 선택하여 조선족 문학에 나타난 복합정체성의 양상 및 그 원인에 대해 고찰할 것이다. 마지막 제5장에서는 이 글의 논의를 요약, 정리하고 시사점을 제시하는 자리를 마련할 것이다.

제2장

조선족 문학의
정착 과정과 변화 양상

본 장에서는 중화인민공화국(이하 신중국으로 약칭함) 성립 이후 조선족 문학의 정착 및 발전 과정을 살피고 각 시기의 변모 양상과 그 의미를 고찰하는 데 목적이 있다. 주지하는 바와 같이 중국 조선족 사회는 형성 자체가 일제강점기 한반도 조선인들의 집단 이주에 의해 이루어졌고, 재중 조선인 문학과 조선족 문학은 양자 사이에 창작 주체의 연속성과 민족적 특질의 공유라는 긴밀한 연관성이 존재한다.[36] 그런 만큼 조선족 문학은 민족전통의 원류(原流)에 대한 계승과 발전, 20세기 70년대까지의 조선 문학과의 영향관계 그리고 개혁개방 이후 한국 문학과의 영향관계에서 이루어진 조선족 문학으로서의 상대적인 자립성과 자기 민족의 특성들을 보유하고 있는 것이 사실이지만 무엇보다도 신중국 성립 이후 중국의 정치, 사회, 문화적 상황과 밀접하게 관련되어 풍파를 겪으며 전개되어온 발전 행정 또한 부인할 수 없는 사실이다.

따라서 본 장에서는 지금까지 이루어진 조선족 문학에 대한 선행 연구 성과와 조선족 문학 자료를 바탕으로 신중국 건립 이후 중국의 정치, 사회 상황이 조선족 문학의 변화에 어떻게 작용하였으며 조선족 문학은 어떻게 적응하였는가를 중심으로 고찰하고자 한다. 이러한 연구는 조선족 문학의 정착 과정을 객관적으로 규명하는 의미 있는 작업이라고 생각한다.

---

36) 정덕준 외, 『중국조선족 문학의 어제와 오늘』, 푸른사상, 2006년, 34쪽.

1. 신중국 건립 이후 조선족 문단의 형성과 적응 양상

1945년 '8.15' 광복의 의미가 우선적으로 조선민족에게 준 것은 새로운 삶에 대한 지향과 기대였다. 광복이 되자 일제통치하의 억압과 수탈을 못 이겨 살길을 찾아 중국으로 들어왔던 이민들과 학도병, 그리고 민족의 독립을 위해 중국에서 투쟁을 벌여오던 독립투사들의 새로운 삶에 대한 지향은 곧 귀국, 귀향으로 연결되어 문인들을 포함한 전반적인 조선족 사회의 대이동이 이루어지게 되었다. 한편 고향이 그리우나 여러 가지 사정으로 귀국, 귀향이 어려운 적지 않은 조선인들이 귀환을 포기하고 중국에 정착하게 된다.

1949년 신중국 성립 이후 중국 소수민족의 하나로 인정받게 된 조선족은 새로운 정치적, 생존적 환경에 놓이게 된다. 중국공산당은 광복 이후 한반도로의 귀환을 포기하고 중국에 남아 정착하게 된 조선인들에게 정치, 경제적으로 국민의 대우를 해주고 또한 민족어와 민족문화의 계승과 발전을 보장해 줌으로써 조선족들에게도 나라의 주인이 되었다는 긍지와 성취감을 심어준 것이다. 광복후 조선족 문단은 이런 사회적 분위기, 그리고 새로운 정치적 이념과 문예정책의 영향 아래 재정비된다.

1949년 신중국이 건립된 이후 '해방구'와 '국민당 통치지역'이 합병되고 다양한 계층과 부동한 입장을 가진 군체가 모이게 되는데 무엇보다도 절박한 것은 전국적인 범위에서 각 계층 사람들의 사상 및 행동상의 정치적 통합을 이루는 것이었다. 이리하여 문예의 역할은 혁명기계의 치륜과 나사못이 되었다. 이는 당시 중국의 사회 역사적 상황하에서는 필요한 것이라고 해야 할 것이다. 이로부터 문학예술은 정치 입장, 사상 감정, 문학사상, 표현방식 등 제 방면에서 통일적인 '단일화'를 시도하게 되었다.

1949년 7월 2일부터 19일까지 북경에서 열린 중화전국 문학예술 공작자 제1차 대표대회는 신중국 문학사업의 총방침을 확정하였다. 해방구의 문예공작자들과 국민당 통치구역의 문예공작자들이 대규모로 만난 이 성대한 회의에서 곽말약은 「신중국의 인민문예를 건설하기 위하여 분투하자」라는 제목의 총보고를 하였으며 전국문학예술계연합회 부주석으로 당선된 주양은 「새로운 인민의 문예」라는 연설에서 "새로운 주제, 새로운 인물, 새로운 언어와 형식"이라는 제목으로 해방구의 문예창작을 소개하였는데 해방구 혁명문예의 역사적 경험을 이론적으로 총화하고 문예의 노농병 방향과 대중화형식을 강조하였다. 이 회의에서 전국문학예술계연합회 부주석으로, 중국문학공작자협회(후에 중국작가협회로 개칭됨) 주석으로 당선된 모순은 「반동파의 압박 아래서 투쟁하고 발전해온 국민당 통치지역의 문예」라는 연설에서 국민당 통치지역에서의 진보적 문예의 문제점, 그중에서도 문학에서의 자산계급 및 소자산계급 사상의 각종 표현형식에 대하여 비판을 가하고 해방구 혁명문학을 긍정하였다. 여기서 보다시피 '새로운 인민의 문예'란 그 어떤 민족적인 개념인 것이 아니라 계급적 개념이며 혁명적 개념[37]이다. 중국공산당은 모택동의 「연안 문예좌담회에서의 연설」을 중국 당대문학발전의 총강령, 총방침으로 제정하였고 '사회주의적 사실주의'를 문예창작과 비평의 최고준칙으로 확립하였으며 문학 활동을 "전반 무산계급혁명 사업의 한 부분"[38]이라고 규정하였다. 이는 곧 신중국 성립 이후의 문학이 20세기 40년대 해방구 혁명문학사조의 연장선상에 있음을 말해

---

37) 关纪新主编, 『20世纪中华各民族文学关系研究』, 民族出版社, 2006, 260쪽.
38) 毛泽东, 「在延安文艺座谈会上的讲话」。

주며 문학의 정치화 경향성을 강하게 띠고 있음을 말해준다.

이와 동시에 중국공산당이 영도하는 문학단체들이 중앙에서부터 지방까지 설립되고 또 그와 배합하여 중국공산당이 영도하는 문예기관의 기관지가 간행되고 출판사들이 서게 되었다. 이는 혁명문학 사조의 형성을 위한 조직적 담보를 제공하였다.

이때 조선족 문단에서도 동북에 산재하고 있던 조선족 작가들이 조선족의 문화중심지인 연변에 모여 와 조선족 작가 군체를 이루었다. 흑룡강성의 목단강과 하얼빈 지역 원 의용군 3지대 문공단과 기타 문예기관에서 문학 활동을 하던 김례삼, 김태희, 최수봉, 리홍규, 임효원, 최현숙, 황봉룡, 길림성 통화지역 원 리홍광 지대에서 문예선전사업을 하던 백남표, 최정연, 주선우, 관내 항일근거지에서

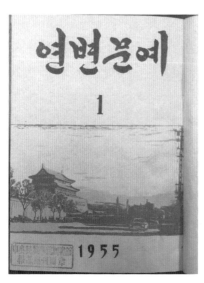

<사진 1> 1951년
연변문학예술일꾼연합회에서 창간한 문예지
『연변문예』(1955년 제1호)

혁명적 문학 활동에 종사하던 정길운 등이 연길시로 오고, 원래 연길시와 연변에서 문학 창작을 하던 리욱, 김창걸, 현남극, 채택룡, 마상욱, 설인, 김순기, 홍성도, 김창석 등과 회합하였다.

조선족 작가들도 중화전국 문학예술공작자 제1차 대표대회의 정신을 받들고 1950년 1월 15일 최채, 현남극 등의 발기로 연변문예연구회를 결성하였으며 1951년에는 연변 문학예술계련합준비위원회가

결성되고 『연변문예』지를 발간하였다.

조선족 작가들은 거의 모두 농민가정의 출신이고 또 혁명대오 내에서 일정한 기간 문예선전에 종사하였거나 기타 혁명 사업을 한 경력들이 있기에 그 구성이 비교적 단순하였으며 혁명문학사조로의 통합이 순조로웠다. 그리고 1953년에는 연변조선족자치주문학예술일꾼련합회(연변문련)를 성립하였으며 "모택동사상을 학습하여 노농병을 위해 복무하는 방향에 따라서 인민대중에 심입하여 세계관을 개조하고 생활체험과 예술실천을 강화하여 인민대중이 즐기는 새로운 작품을 창작"할 것을 호소하는 규약을 통과하였다. 이는 조선족 문예사업도 중국공산당의 영도 밑에 조직적인 궤도에 들어섰음을 의미하며 문예사상적으로 전국의 혁명문학사조의 궤도에 진입하였음을 말해준다. 그 대표적인 실례로서 설인의 시 「밭둔덕」에 대한 비판 사건을 들 수 있다.

사실 설인의 서정시 「밭둔덕」은 해방 후 날따라 변모되어 가는 농촌생활의 일각을 다정다감한 서정 속에 읊조린, 당시로 말하면 보기 드문 사상성과 심미적 가치가 높은 성과작이었다.

> 샛말간 6월의 하늘 아래
> 벼와 조, 콩과 수수
> 파아란 잎새를 나풀거리며
> 땀을 씻어가는 하늬바람에
> 허리를 굽혔다 폈다
> 한창 자라나는 굴신운동이 야단이고
> …
> 기름진 송아지 소리 음매—
> 석양노을과 더불어 한가히 들려오면
> 은혜로운 혜택에서 스쳐가는 생각
> — 지금은 우리 군대

어드메쯤에서 승리하는 소리
와와 웨치며 돌진하고 있을가...

- 설인, 「밭둔덕」 부분

신중국 문예 분야에서의 전국적인 정치운동은 1950년대부터 시작
되었으나 일찍 해방된 동북에서는 「연안 문예좌담회에서의 연설」에
대한 학습운동[39] 그리고 1948년 소군에 대한 비판과 문예정풍에서
벌써 진행되었다. 그 여파로 연변에서는 당시 『문화』잡지 책임편집
설인(리성휘)의 시 「밭둔덕」이 억울한 비판을 당하였다.

그런데 당시 연변에서는 1948년 겨울부터 전국적으로 벌어진 동북
하얼빈 『문화보』 주필 소군에 대한 비판운동에 배합하기 위한 목적으
로 『동북조선인민보』는 1949년 7월 16일부터 그해 11월 5일까지 근
4개월 동안이나 서정시 「밭둔덕」에 대한 비판운동을 벌였다. 그리고
『동북조선인민보』(1949. 11. 5.)는 본보 '부간과'의 명의로 「시 <밭
둔덕>에 대한 결론」이란 글을 발표하여 "순간적인 인상을 가지고",
"자연을 찍어넣기만 하였다", "농민의 감정을 완전히 바탕잡지 못하
고 한낱 리설인 동무의 소자산계급지식분자의 감정으로 이 작품을
창작하였다는 것을 론증할 수 있었다"는 터무니없는 비판을 하였다.

건국 이후 단일한 혁명문학사조의 확립은 1950년부터 1955년까
지의 계속되는 문예비판운동으로 이루어지었는데 그중에서 주요한
문예비판운동은 1950년부터 1955년까지는 영화 「무훈전(武訓傳)」에
대한 비판과 유평백(兪平伯)의 「<홍루몽>연구」에 대한 비판 그리고
호풍(胡風)문예사상에 대한 비판 등이 있다.

---

39) 목단강의 한글 신문인 『인민신보(人民新報)』에서는 1946년 9월부터 10월까지 25회에 걸쳐 「
연안 문예좌담회에서 한 연설」을 게재하였고 연변에서는 이 학습을 지도하기 위하여 『중국문
예의 새로운 방향』 등 책자를 출판하였다. 오상순 주필 『중국조선족 문학사』, 민족출판사,
2007, 188쪽 참조.

이 세 차례 문예비판운동은 모두 집정당의 정치권위가 발동하고 행정적 수단으로 전국을 동원하고 당과 신문매체들이 개입한 결과 보조 상에서 고도의 일치를 가져왔기에 부동한 견해들은 발언권을 박탈당하였다. 그리고 학술적인 문제들이 정치사상분야에서의 계급투쟁으로 인상되어 진행되었다.

이런 혁명문학사조의 단일화 과정에서 일부 작가들이 비판을 받고 작가대오에서 탈락되고 심종문(沈从文) 같은 작가는 자발적으로 붓을 꺾었다. 그러나 전국 대다수 작가들은 이 혁명문학사조를 수용하였다. 그것은 새로운 사회와 새로운 생활 그리고 미래에 대한 이상주의적인 동경 등에 대한 대부분 작가들의 진심으로 되는 긍정과 혁명문학사조에 충실한 해방구 출신 작가들의 주도적인 역할과 사명감 그리고 공산당의 사업에 대한 충성심 등이 결정적인 작용을 하였던 것이다. 결과 이 시기 혁명문학사조 하에서의 문학창작은 전에 없는 활기를 띠기 시작하였다.

이 시기 소설은 중단편소설 창작이 위주였으며 소재로 보면 농촌소재소설과 혁명역사소설이 위주였다. 이 시기 전국적인 시단에서는 새 사회 새 생활에 대한 송가와 그런 새 사회, 새 생활을 개척해준 공산당과 수령에 대한 송가들이 대대적으로 창작되었다. 이런 송가들은 낭만주의적 색채가 짙은 생활 서정시와, 당시 정치생활 중의 중대한 일들을 서사 대상으로 하면서 정치적 이념을 강렬한 정감으로 표현한 정치 서정시가 주요한 자리를 차지하였다.

이 시기 조선족 문단은 작가들의 예술적 기량과 출판 여건의 제한으로 소설들은 시에 비해 많지 못하다. 시는 주류 문단과 마찬가지로 새 사회 새 생활에 대한 송가와 그런 새 사회, 새 생활을 개척해 준 공산당과 수령에 대한 송가들인 정치 서정시가 주류를 이루고 있다.

이 시기 조선족 시단의 작품은 조국, 공산당, 수령에 대한 송가, 농촌의 사회주의 개조 등 중요한 정치사건과 경제건설에 대한 송가, 그리고 공산당의 혁명 역사에 대한 송가 등 부류로 나눌 수 있다.

조국, 공산당, 수령에 대한 송가로는 임효원의 「새 국기 밑에서」(1949), 서헌의 「영예는 조국에」(1949), 김례삼의 「공산당의 붉은 깃발」(1951), 「7월의 붉은 기 인민의 자랑으로 휘날려라」(1951), 박응조의 「모주석의 초상화」(1955), 김철의 「꽃방석」(1954) 등을 대표로 꼽을 수 있고 농촌의 사회주의 개조와 경제건설에 대한 송가로는 김철의 「지경돌」(1955), 설인의 「조국은 그대의 심장으로 하여」를 꼽을 수 있다. 그리고 공산당의 혁명 역사에 대한 송가로는 서헌의 서정 서사시 「청송 두 그루」(1955)를 꼽을 수 있다.

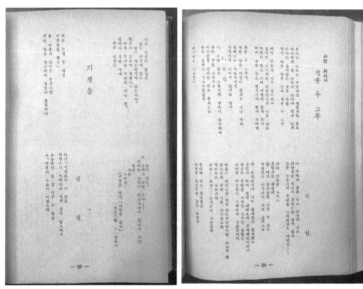

<사진 2> 『연변문예』 　　　　　　<사진 3> 『연변문예』
1955년 제11호에 실린 김철의 시 「지경돌」　1955년 제9호에 실린 서헌의 시 「청송 두 그루」

위의 시작품들에서 농촌 합작화에 대한 희열과 낭만적인 기대의 정서를 지경돌을 뽑는 두 농민의 감정으로 표현한 김철의 「지경돌」이나, 동구 앞에 서 있는 청송 두 그루를 항일 투쟁에서 희생된 혁명 열사들의 '비문 없는 렬사비'로 주관화하여 조선족 민중들의 투쟁사를 풍만한 서정으로 감명 깊게 읊조린 서헌의 서정 서사시 「청송 두 그루」가 예술적인 독창성이 있는 시로서 당시의 성과작으로 평가받고 기타 대부분 시들은 조국, 공산당, 수령에 대한 조선족 시단의 송가들은 뜨거운 시정(詩情)으로 조국과 당 그리고 수령에 대한 '시대와 인민의 진실한 정서를 표현'하고 있지만 연상이 풍부하지 못하고 시적인 대상의 주관화가 부족한 탓으로 생동한 시경(詩境)이 펼쳐지지 못하고 그 대신 낭만적인 구호들로 이어 나가는 경우가 적지 않는 것으로 평가된다.

이 시기 조선족 소설도 주류 문단과 마찬가지로 단편소설 창작이 위주였고 소재도 역시 새 생활에 대한 희열과 감격과 농민들의 새 생활 창조를 위한 노력을 묘사한 농촌소재가 대부분이었다. 대표적인 단편소설로는 김창걸의 「새로운 마을」(1950), 림호렬의 「소골령」(1950), 김학철의 「새집 드는 날」(1953) 등을 꼽을 수 있다.

김창걸의 「새로운 마을」은 건국 후 조선족 문단의 첫 번째 단편소설인데 이 소설은 토지개혁 후 각성한 농민 갑식이가 농업생산과 문명퇴치에 열성적으로 참가하는 일을 통하여 새 사회의 새로운 생활을 땀 흘리는 노동으로 꾸려나가는 농민들의 형상을 창조하였다. 그러나 주인공의 내면세계가 단순화되고 따라서 사회적인 갈등이 두드러지지 못한 부족점이 있다.

이 시기 조선족 소설문단에서 가장 큰 성과를 낸 작가는 김학철이다. 1951년 중국으로 돌아온, 원 태행산 조선의용군의 전사이며 문

인인 김학철은 1952년 9월까지 북경 중앙문학연구소에서 중화전국
문련의 전직 작가로 활약하면서 많은 단편소설들을 발표하였다.
1952년 10월에는 연길로 가서 연변문련 주석, 전직 작가로 활약하
면서 소설 창작의 개화기에 들어섰다.

이 시기 김학철의 소설은 두 가지 부류로 나눌 수 있다. 첫 번째
부류는 항일전쟁 시기 의용군의 항일투쟁을 비롯한 항일투쟁역사를
소재로 한 소설들인데 여기에는 1952년 연길로의 이주 전 북경에서
발표한 단편소설 「엄혹한 나날」, 「전우」, 「고향」, 「솔바람」, 「군공메
달」 등과 연변에 가서 1954년에 발표한 장편소설 「해란강아, 말하라」
가 있고 두 번째 부류의 소설로는 단편소설 「새집 드는 날」, 「뿌리
박은 터」, 중편소설 「번영」(1955) 등이 있다.

단편소설 「새집 드는 날」은 지난날 오랫동안 변변한 집도 없이 살
아온 동준이가 새집 짓고 드는 날

외양간을 둘러싸고 벌어진 동준
이와 아버지의 일을 통하여 건국
초기 새로운 생활을 그리면서 낡
은 풍속과 새로운 지향 사이의 충
돌을 그리고 있다. 일인칭 소설인
「뿌리박은 터」는 주인공 '나'의
고난에 찬 과거, 행복한 오늘, 내
일에 대한 희망 등 대조를 통하여
건국 이후 새로운 사회에서의 새
로운 생활과 그에 대한 찬양의 감
정을 담고 있다.

이 시기 조선족 문단에 기여한

김학철의 가장 큰 성과로는 3부작으로 된 장편소설 「해란강아, 말하라」이다. 장편소설 「해란강아, 말하라」는 제1부는 1954년 4월, 제2부는 1954년 8월, 제3부는 1954년 12월에 출판되었다. 그러므로 김학철의 「해란강아, 말하라!」는 비단 건국 이후 조선족 문단의 첫 번째로 되는 장편소설일 뿐만 아니라 다부작 장편소설로는 건국 후 전국문단에서도 첫 번째 다부작 장편소설이라고 할 수 있다.

김학철의 3부작 「해란강아, 말하라!」는 제1부에서는 반동세력의 수탈과 착취에 의한 조선족들의 생활난과 중국공산당조직의 영향하에 자라난 그들의 계급의식과 반일의식, 그리고 자라나는 혁명세력에 대한 반동세력의 음모, 파괴활동 및 농민들의 추수투쟁을 묘사하였고 제2부에서는 일제와 결탁한 반동세력의 잔인한 보복과 공개적인 반공활동, 일제의 직접적인 간섭과 탄압, 그 속에서 더욱 굳세게 성장하는 혁명조직, 춘황투쟁과 일제주구청산투쟁의 승리 등을 형상화하였고 제3부에서는 항일무장투쟁의 앙양과 그 일시적 실패 및 왕우구 유격근거지로의 전이를 그리고 있다.

김학철은 이 소설에서 유물사관과 사실주의 창작방법에 준거하여 경직된 관념과 계급 구분에 의한 도식적인 해석을 버리고, 연변 항일투쟁 당시의 투쟁환경과 그 환경에서 활동하는 인물들의 진실한 모습 등을 예술적으로 재현하였다. 장편소설 「해란강아, 말하라」는 다음과 같은 몇 가지 특징이 돋보인다.

우선, 역사적 진실감이다. 소설은 당시의 사회적 분위기와 문단형세에 맞추기 위해 무턱대고 낭만과 이상으로 작품을 끌어올린 것이 아니라 역사적 진실을 존중하여 승리와 실패, 좌절과 희생, 투쟁의 간고성과 장기성 등을 사실주의적으로 그려 보임으로써 역사적 진실감을 획득하고 있다.[40]

다음, 작품의 인물성격 부각에서 그 시기 혁명문학사조에서 유행되던 기계적인 계급분석에 의한 이원대립 구도에서 벗어나 항일근거지에 살고 있는 일반 백성들의 사상과 행위를 억지로 비약시키지 않고 진실하게 묘사하고 있는 것이다. 부정인물인 최원갑은 출신은 빈농민 출신이지만 모든 패덕을 한 몸에 지닌 깡패로서 적위대와 유격대를 '토벌'하는데 앞장서나 종당에는 적위대에 체포되어 처단된다. 버드나무골 농협의 선전 간사이며 사립학교 교장인 김달삼은 한영수의 영향으로 혁명에 나서나 혁명과정에서 환경의 변화에 따라 갈등을 느끼고 고민한다. 반동세력이 별로 강하지 않을 때는 혁명의 적극성을 보이나 반동세력이 강해지고 자기에게 위험이 닥쳐오자 혁명대오 내부에 잠재한 반역자로 전락된다. 소설은 달삼이의 형상을 폭넓은 심리적 갈등을 통해 부각하고 그의 연약성과 이기심의 자연적인 발전을 심리본질에 맞게 펴 보임으로써 비교적 완정한 성격을 완성하였다. 소설은 달삼이의 형상을 통해 배반행위가 혁명에 얼마나 막대한 손실을 가져다주는가를 보여주면서 다른 한 각도에서 혁명투쟁의 간고성과 장기성을 밝히고 있다.[41]

이로부터 3부작 「해란강아, 말하라!」는 작가 김학철의 작가적인 안목의 특이성을 말해주는 작품으로서 "조선족 문학 발전 중 하나의 뚜렷한 리정표로 되기에 손색이 없다."[42]고 평가된다.

이 시기의 조선족 문학은 총체적으로 고찰할 때 창작의 목적성과 경향성 및 정감성이 아주 명확하며 표현형식도 간결하고 명료하다. 이 시기 작품들은 강렬한 현실 긍정의 문학이다. 해방의 기쁨을 노

40) 오상순 주필, 『중국조선족 문학사』, 민족출판사, 2007, 231~233쪽.
41) 방룡남, 「해란강아 말하라'의 력사적 진실」, 『문학과 예술』, 1987, 32쪽.
42) 조성일·권철 주필, 『중국조선족 문학사』, 연변인민출판사, 1990, 414쪽.

래함과 동시에 해방을 가져다 준 중국공산당과 모택동 주석을 노래한다. 이 시기 작품들에서는 주인공과 긍정인물의 형상을 통해 신중국 건립 이후 사회제도의 개혁과 새 사회 건설의 현실이 찬양되고 있다. 이러한 작품들에서는 해방 후 사회현실이 해방 전 부정적 현실과의 대조 속에서 긍정되고 있으며 긍정적 주인공들인 농민들의 새 사회에서의 삶을 해방 전 고통스러웠던 생활과 대조시켜 보여줌으로써 새 사회를 근로대중들의 이상적인 사회로 보여준다.

이 시기 창작의 이러한 특징은 물론 이 시기 중국공산당의 문예정책 및 혁명문학사조의 영향과도 갈라놓을 수 없겠지만 그 시기 작가들의 정신적 추구 및 사회적 분위기와 연결시켜 본다면 합리적인 것임도 발견할 수 있다. 우선, 작가적인 측면에서 본다면 조선족 작가들은 거의가 농민가정 출신이고 또 혁명대오 내에서 일정한 기간 문예선전에 종사하였거나 기타 혁명 사업을 한 경력들이 있는 사람들이다. 이렇게 볼 때 그들의 문학에 대한 인식이나 문학의 역할에 대한 인식은 처음부터 문학은 정치와 계급을 위한 것이라는 인식을 바탕으로 형성되었을 수 있다. 다른 한편 해방의 희열과 새 사회에 대한 낙관적인 기대는 이 시대의 보편적인 심리와 정서였다. 특히 조선족들은 신중국 건립 후 해방 전의 일제침략자들의 억압뿐만 아니라 한족 지주 및 관료들의 이중 삼중의 압박과 착취에서 벗어나 자기의 땅을 소유하게 되고 정치적으로, 경제적으로 중국 국민으로서의 평등한 대우를 받게 되었다. 이런 점을 감안하면 이 시기 문학에 나타난 중국공산당과 모주석에 대한 찬양, 신중국 건립 이후의 현실에 대한 찬양은 공농병을 위해 복무해야 한다는 당시 당의 문예정책에 따라나선 결과라기보다는 마음속으로부터 우러나온 감정 정서이며 아울러 가난한 노동자, 농민이 주인인 국가를 이상적인 사회로 꾸려나가고자 한 작가들의 의지의 표현으로 볼 수 있다. 단 이러한 목적성, 경향성 속에는 이미 문학의 개념화와 공식화, 작가의 창작적 개성에 대한 억압이라는 문제가 은폐되어 있음을 명확하게 인식하지 못했을 것이다.

1956년 2월 24일 흐루쇼프는 소련공산당 제20차 대표대회 "특별한 폐막 회의"에서 스탈린 시대의 관료주의, 교조주의를 날카롭게 비판하였는데 이는 사회주의 진영 여러 나라들의 공명을 불러일으켰다. 소련공산당 제20차 대표대회의 개최와 더불어 소련문학의 주제는 사회 비판으로 돌리게 된다. 사회비판을 어떻게 할 것인가와 관련하여 소련 문예계에서는 '사회주의 사실주의'에 대한 치열한 논쟁을 벌이게 되었는데 최고소비에트 대표, 전소련작가협회서기처 서기 쎄몬노브는 "진실을 쓰자"는 구호를 제기하였다.[43]

소련 문예계의 변화는 중국의 여러 잡지들을 통해 중국에 소개되었고 아울러 중국 문단에도 커다란 영향을 미쳤다. 1956년 2월 말, 3월 초에 중국작가협회는 제2차 이사(확대)회의를 소집하였는데 소련문학계 '해빙(解氷)'사조의 영향을 받은 발언자들은 거의 모두가 생활에 대한 문학의 참여를 강조하였고 1956년 제2기 『인민문학』에는 당지(唐摯)의 문장 「반드시 생활에 참여해야 한다」가 발표되었다. 이리하여 중국문단에서도 '생활 참여' 문학이 나타나기 시작하였는데 1956년에 제기된 '쌍백'방침은 '생활 참여' 문학의 사조적 형성에 촉매제가 되었다. 1956년 4월 28일 모택동 주석은 중공중앙정치국 확대회의 및 최고국무회의 제7차 회의에서 '백화만발(百花齐放), 백가쟁명(百家争鸣)'은 우리의 방침으로 되어야 한다. 예술문제에서

---

43) 郭泉, 「前苏联 "解冻文学"对 "中国" "百花文学"的影响」, 『南京师大学报(社会科学版)』, 第三期, 2001年5月, 104쪽.

는 백화만발하고 학술문제에서는 백가쟁명 해야 한다고 제기하였다.[44] 이로부터 1957년 상반까지 중국 문학계에는 '생활 참여'의 문학창작조류가 일어나 정치적 금기(禁忌)를 다치지 않는 전제하에 당내에 존재하는 관료주의 작풍과 소극적인 현상, 허위적인 사업 작풍 등 현실생활 속에 존재하는 문제에 대한 참여의식과 비판성을 보여주는 소설들이 적지 않게 나타났다.

한편 이 시기에 '인간의 정감을 쓰고', '인성을 쓰는' 창작조류도 나타났는데 그것은 주로 애정을 묘사한 애정소설에서 구현되었다. 그러한 작품들은 개체 운명에 관심을 갖고 인물의 은밀한 내심세계를 탐구하고 인간감정의 복잡성과 인성의 풍부성을 표현하는데 정도 부동한 이채를 띠고 있다.

또한 1956년 '백화만발, 백가쟁명'의 방침이 제기된 후 일부 시인들은 전 시기의 송가 성질의 시가 규범에서 벗어나 개인적인 서정색채가 짙은 시가들을 창작하는 예술상의 대담한 탐구들을 진행하였다.

이런 정세하에서 조선족 문단도 활기를 띠게 되었다. 1956년 8월 15일에는 제1차 연변조선족자치주 작가대표대회를 열고 중국작가협회 연변분회를 성립하였는데 당시 중국작가협회 연변분회 부주석이었던 배극은 「몇 년래 연변의 문학창작정황과 중국작가협회 연변분회의 임무」를 제목으로 한 연설에서 창작경쟁과 자유로운 토론을 전개하면서 당의 '백화만발, 백가쟁명'의 방침을 잘 관철할 것을 호소하였다. 그뿐만 아니라 연변작가협회 기관지 『아리랑』[45]의 창간사에서도 "『아리랑』은 당의 '백화만발, 백가쟁명'의 방침을 관철집행하기 위하여 제재와 장르 범위를 확대하고 각종 류파, 각종 형식, 각

---

44) 郭泉, 위의 논문, 105쪽.
45) 『아리랑』은 1958년 12월까지 발행하고 1959년 1월에는 『연변문학』으로 이름을 고침.

종 풍격의 예술작품을 대담하게 선택 게재하며 간행물의 독특한 풍
격과 특색을 수립하기 위하여 정상적인 노력을 기울인다."46)는 주지
를 표명하였다.

<사진 5> 1957년에 창간된
중국작가협회 연변분회 기관지
『아리랑』(1957년 제1호)

<사진 6> 『연변문학』(1959년 제1호):
1959년 1월부터 『아리랑』을
『연변문학』으로 개칭함.

　그리고 『아리랑』 1957년 2월호에는 최정연의 「개념화, 공식화에
대하여」라는 글이 발표되고 『아리랑』 1957년 3월호에는 「작가, 시
인 평론가들의 친목좌담회기」가 발표되었다.

---

46) 『아리랑』 1957년 1호, 1쪽.

<사진 7> 최정연의 평론 「개념화, 공식화에 대하여」

　이런 글들과 「좌담회기」에서는 문예가 정책문건을 서툴게 해석하는 정치적 도구가 되는 것을 반대하고 현실에 대한 참여의식을 강화하여 "인간생활의 밝은 면을 정확히 알아야 함"과 동시에 "인간생활의 어두운 곳도 예리하게 찾아 낼" 것을 주장하면서 문학이 인간생활을 진실하게 표현할 것을 주장하였다.

　따라서 이 시기 조선족 문단에도 '현실 참여'의 창작조류가 이루어져, 김동구의 「개고기」, 김학철의 「괴상한 휴가」 등 현실사회에 잠재하고 있는 부정면을 비판하는 소설들이 산출되었다.

　이것은 김학철을 비롯한 조선족 작가들이 지난날 혁명에서 지닌 정치적 신앙과 생활 이상 그리고 미래 사회에 대한 아름다운 동경을

<사진 8> 김학철의 소설 「괴상한 휴가」(1957)

가지고 새 사회의 새로운 생활에 뛰어들었지만 실제 생활 속에서 점
차 자기들의 이상과 현실 간의 거리, 그리고 새로운 사상형태와 사
회 현실 속에 존재하고 있는 결함들을 보게 됨으로써 생긴 고민의
결과라고도 말할 수 있다.

김학철의 소설 「괴상한 휴가」47)(1957)는 성실한 작가인 주인공
차순기가 간단없이 덮쳐드는 정치적 풍파와 문예비판운동 속에서
겪는 고충과 처지 그리고 그런 풍파 속에서도 태연자약하게 살아가
는 자세를 예술적으로 부각함으로써 자신의 독자적인 주견이 없이

47) 『아리랑』 1957년 제1호.

<사진 9> 김동구의 소설 「개고기」(1957)

바람에 흔들리는 일부 인간들의 인격적 졸렬성과 정치적 취약성을
신랄하게 풍자하고 당시 문예계의 좌적 경향에 대하여 비판하였다.

　김동구의 「개고기」[48](1957)는 1000여 자 밖에 안 되는 짧은 소설
인데 정권기관 내의 부정적인 면을 폭로 비판하였다. 주인공 리철갑
은 비서의 '열정적인 적발'로 하여 주임자리에서 떨어졌다가 성위의
조사를 거쳐 다시 복직된다. 그래 다시 부임되어 오는 날 마침 길목
에서 비서 내외를 만나는데 몇 달 전만 하여도 리주임의 집을 문턱
이 닳도록 드나들던 비서와 비서 아내는 거만한 태도로 아주 냉담한

---

48) 『아리랑』 1957년 제7호.

<사진 10> 김학철의 소설 「질투」(1957)   <사진 11> 김학철의 「질투」가
실려 있는 『연변청년』.

안색을 짓는다. 그러다가 리주임의 문제가 해결되어 다시 복직되어 온다는 것을 알게 되자 비서와 그의 아내는 리주임을 대하는 태도가 순식간에 일변한다. 그들은 허리를 굽실거리며 온갖 아부를 다하고 또 허위적으로 리주임의 억울함을 원통해 한다. 그러면서 아주 친근히 자기 집에 개고기 먹으러 오라고 리주임을 청하기까지 한다. 이처럼 이 소설은 당시 정부기관에 존재하는 문제점, 남을 모해하고 권세에 아부하는 인간들과 그 인간관계를 풍자하였다.

이 시기 조선족 소설문단에도 리근전의 「참된 사랑」(1956)과 같은 애정소설이 산출되었지만 이런 소설들은 대개 1955년에 발표된 최현숙의 서한체 단편소설 「나의 사랑」과 마찬가지로, '혁명이나 건설에 이바지되는 애정'이나 '공동한 혁명 이상의 실현을 위한 애정'

이라는 당시 경전적인 애정 윤리에 대한 도해의 틀을 벗어나지 못하고 있다. 그러나 그 대신 사회세태소설로써 인성의 어떤 본원적인 것에 대한 탐구와 인성의 풍부성에 대한 표현을 시도한 소설들이 산출되었는데 그 대표로는 김학철의 「질투」(1957)와 김순기의 「돼지장」(1957)을 들 수 있다.

김학철의 단편소설 「질투」[49]는 돼지사양을 둘러싸고 이웃인 창석이네를 질투하는 주인공 춘식의 내심활동을 통하여 인간들에게 뿌리박힌 보편적인 심리 - 질투 심리를 해학적으로 풍자하고 있다. 소설의 주인공 춘식이는 이웃집 창석이의 모든 것을 질투한다. 창석이의 색시가 자기 색시보다 고운 것도 배가 아파 죽을 일인데 돼지사양까지 춘식이보다 월등하니 시기가 나서 죽을 지경이다. 그런데 어느 날 밤 집으로 돌아오다가 늑대 한 마리가 창석이네 돼지를 물어 죽이는 것을 목격하고 무등 기뻐한다. 그런 가위에 춘식이는 이게 복이 넝쿨째로 굴러들어오는 것이라고 생각하고 늑대를 쳐잡아 늑대고기를 먹을 잡도리로 삽자루로 늑대를 쳐 죽이려고 하다가 그만 늑대를 놓치게 되고 춘식이는 늑대를 쫓아 가다가 발목이 삐어 땅바닥에 퍼드러진다. 그래도 춘식이는, 그놈의 늑대를 놓친 건 분하지만 창식이네 재봉침 밑천인 돼지를 물어죽였기에 후련하여 속으로 흐흐 웃는다. 그리고 얼마를 지난 어느 날 밤, 춘식이가 잠결에 총소리를 듣고 깨어나 밖으로 나와 보니, 자기네 돼지를 물어 죽인 승냥이를 창석이가 총으로 쏘아 잡았던 것이다. 그 승냥이는 바로, 전날 춘식이가 삽으로 때려잡으려다가 놓쳐버린 그 승냥이였다. 그 바람에 춘식이는 더욱 배가 아파났다.

---

49) 『연변청년』 1957년 제1호. 『연변청년』은 1955년에 창간된 조선어 종합지임.

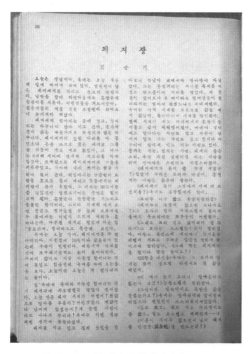

<사진 12> 김순기의 소설 「돼지장」(1957)

　　김순기의 단편소설 「돼지장」50)은 갚을 빚돈 70원과 아이들 책값
등을 마련하려고 10리나 먼 장에 나가 돼지새끼를 파는 가난한 농
촌 여성 옥녀와 돼지 사러 와서 흥정을 하며 옥신각신하는 사람들의
군상, 그리고 빚 대신 헐값으로 돼지를 가져가려고 훼방을 놓는 이
웃집 할머니 등을 통하여 당시 농촌의 생활상과 더불어 인간의 내심
속에 뿌리 깊은 이기심을 핍진하게 보여주고 있다.
　　이 두 소설은 당시 혁명문학사조의 주류적인 영향하에 새 생활의
행복을 찬미하고 노농계급의 미덕을 찬미하는 정치적인 문예규범에

50) 『아리랑』 1957년 제10호.

서 벗어나 인성의 어느 한 보편적이면서도 부정적인 면을 파헤쳐 예술적으로 보여주었다는 점에서 이채를 띠고 있다.

이 시기 조선족 시단에서도 주류 문단에서 일어난 '생활 참여'와 '인간정감에 대한 탐구'의 창작조류에 힘입어, 전 시기 정치송가의 규범에서 해탈된 풍자시와 애정시가 산출되었다. 사회생활의 암흑면을 대담하게 건드린 풍자시로는 서헌의 「엄청난 결론」(1956)과 김철의 「과민증」(1956)을 대표로 들 수 있고 애정시로는 주선우의 「잊을 수 없는 녀인」(1957), 「첫사랑」(1957), 윤광주의 「그때면 알겠지」(1956), 임효원의 「아, 산딸기는 익어가건만」(1956), 이상각의 「수박밭에서」(1956) 등을 들 수 있다.

서헌의 풍자시 「엄청난 결론」은 사무실에 풍기는 땀 냄새, 담배 냄새가 싫어서 50전짜리 싼 향수를 련옥이가 사왔는데 기관에서는 그것을 '자산계급의 부화타락'으로 결론짓고 비평한 일을 과장이 피우는 '대생산'패 담배와 입에 문 상아물부리를 대조하면서 그 시기 매사를 모두 계급투쟁의 관념으로 보면서 사소한 생활에까지 계급투쟁으로 잣대질하는 세습을 풍자하고 있다.

주선우의 서정시 「잊을 수 없는 녀인」[51]은 임종을 앞두고 병상에 누워 정신이 혼미해져가고 있는 한 전사와 그 곁에서 촛불을 들고 밤을 지새우는 한 여인의 정감을 전사의 몽롱해지는 심리로 시화하고 있다.

---

51) 『아리랑』 1957년 제2호.

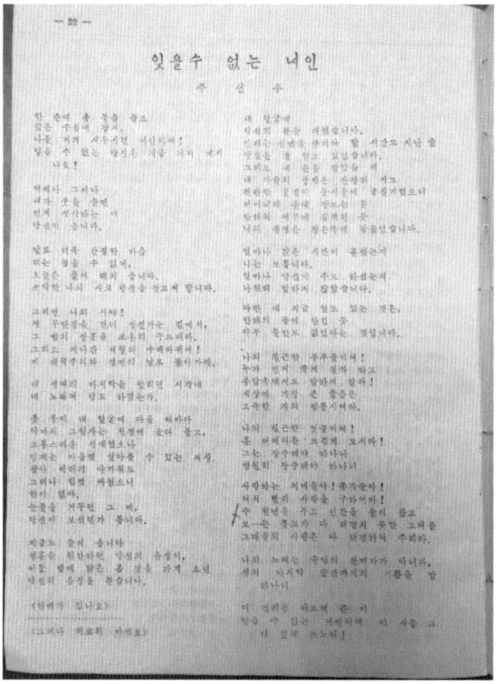

<사진 13> 주선우의 시 「잊을 수 없는 녀인」(1957)

"안해가 있나요?"

……

"그러나 외로워 마세요."

내 얼굴에 당신의 볼을 대였습니다.

이제는 신념을 주어야 할 시간도 지난

당신은 잘 알고 있었습니다.

그리고 내 손을 잡아줄 때

내 가슴의 풍랑은 잠잠해지고

찬란한 물결이 눈시울에 굼실거렸으니

어머니의 품에 잠드는 듯

안해의 애무에 감격된 듯 나의 생명은 평온 속에 잠들었습니다.

— 주선우, 「잊을 수 없는 녀인」

위의 시는 주선우의 다른 서정시 「은비녀」, 「처녀의 고백」, 「푸른
댕기」와 같이 인간의 원본적인 정감인 애정을, 전쟁이라는 극한 상
황에서의 애정에 대한 갈망과 그 힘을 통하여 토파하고 있다. 이는
혁명전쟁에 대한 찬가라기보다는 애정에 대한 찬가이며 생명에 대
한 찬가라고 할 수 있다.

2. 연이은 정치운동과 조선족 문단의 시련

1956년 '백화만발, 백가쟁명'의 정책으로 이루어진 중국 문예계의
자유로운 분위기는 1957년 여름 전국적인 반우파 투쟁과 배합된 문
예계의 대규모적인 반우파 투쟁으로 종말되고 많은 문인들이 정치
적 시련을 겪게 되었다.

1957년 중국에서 일어난 전국적인 반우파 투쟁은 원래는 정치운
동인 중국공산당의 정풍운동이 급변한 결과이다. 1957년 4월 중국
공산당은 모택동 주석의 지시에 의하여 정풍운동을 시작하고 5월에
는 당 외 인사들을 청하여 당의 정풍을 방조하도록 하였는데 일부
민주당파 인사들과 고급 인텔리들의 과격한 언론이 나오게 되고 심
지어는 집정당의 합법성 문제까지 들고 나오는 언론도 있게 되었다.
이는 이 운동의 발기인의 기대와는 완전히 어긋나는 일이었다. 그리
하여 십여 일이 지나, 모택동은 이런 비평을 하는 사람들을 사회주
의를 반대하고 당을 반대하는 우파로 규정하는 글인 「정세는 변하고
있다」를 발표하고 6월 8일에는 「역량을 조직하여 우파분자들의 창
궐한 진공을 반격하라」는 내부지시를 당에 내렸다. 이리하여 전국적
으로 대규모적인 반우파 투쟁이 벌어졌다.

중국작가협회 당조에서도 이 운동에 배합하여 1957년 6월 6일부터 9월 17일까지 '정령, 진기하(陳企霞) 반당집단'에 대한 대규모의 비판운동을 전개하고 이어서 전국문단에서는 60여 명의 문예인들이 우파로 몰리고 처분을 받았다. 따라서 많은 문학 이론적 문제들이 정치적 문제로 인상되고 자산계급과 수정주의 문예관을 선양한 전형으로 낙인이 찍혔으며 우수한 문예작품들 특히는 현실 생활에 참여하여 사회모순을 제시한 작품들이 '독초'로 인정되어 비판받았다. 우파로 몰린 작가들은 창작권을 박탈당하고 변강으로 추방당하여 노동개조를 하지 않으면 안 되었다. 문예계에서의 확대된 반우파 투쟁은 '백화만발, 백가쟁명' 정책이 제기된 이후 일 년 남짓한 동안 형성되었던 문학창작의 자유로운 공간을 다시 폐쇄시켰다.

1957년 반우파 투쟁의 확대화는 조선족 문학예술사업에도 막대한 손실을 가져왔다. 조선족은 민주당파 인사들이 없기 때문에 주로는 당원 작가 그리고 일부 비당원인 젊은 작가들, 예를 들면 최정연, 김순기, 채택룡, 주선우, 서헌, 김용식, 조룡남, 심해수, 박상일, 백호연 등 작가들이 우파로 몰려 비판투쟁을 당하였다. 최정연의 극「귀환병」, 김순기의 단편소설「돼지장」, 주선우의 서정시「잊을 수 없는 녀인」, 서헌의 풍자시「엄청난 결론」 등은 모두 독초로 인정되어 비판을 받았다. 김학철은 아예 반당분자로 몰렸다. 심지어는 조선민족의 항일투쟁의 역사를 예술화한 김학철의 장편소설「해란강아, 말하라」까지도 "역사현실을 엄중 왜곡"하고 "군중투쟁에 대해 악독하게 공격"하고 "통일전선정책을 왜곡한" 반동 작품이라고 비판 투쟁하였다.

그리고 그 후 1958년 전국 문예계의 운동정세에 따라 진행된 연변에서의 '수정주의 문예사조에 대한 비판' 운동과 '지방민족주의'를 청산하는 '민족정풍운동' 등으로 작가들은 창작의 자유를 억제 당하고 문학은 정치메가폰으로 전락하게 된다.

1957년부터 1958년 상반기까지 이르는 반우파 투쟁과 함께 고조된 좌적인 문학사조는 1958년부터 시작된 경제건설상의 '대약진' 고조와 병행되었다. 1958년 3월 모택동 주석은 '대약진' 운동을 온양하는 성도회의에서와 2개월 이후의 8차 2중전회에서 의식형태와 문학예술에서 소련 모식에서 벗어나 자주 창신의 길을 걸을 것을 강조하면서 민가와 고전 - 이 두 갈래 길이 중국 시의 출로라고 말하였다. 그러면서 고전과 민가가 결합된 새로운 시를 창작할 것과 민족적인 형식에 사실주의와 낭만주의가 결합된 내용을 호소하였다.[52] 그리고 이 회의에서 모택동은 새로운 민가를 수집 창작할 것을 당시 가장 긴급한 정치임무로 공식 호소하였다. 이에 따라 『인민일보』는 1958년 4월 14일에 「전국적으로 민가를 대규모적으로 수집하자」는 사론을 발표하였으며 1958년 6월 주양은 『붉은 기』 창간호에 「시가 창작의 새로운 길을 개척한 신민가」라는 글을 발표하였다. 주양은 이 글에서, 신민가는 정치선동 시(政治鼓动诗)이면서도 "생산투쟁의 무기"이며 "근로대중이 창작하여 스스로 감상하는 예술품"으로서의 신민가 창작은 "민간 가수와 인텔리 시인 사이의 계선을 점차 없애고 사람마다 시인이 되고 시는 모든 사람들이 다 같이 감상할 수 있는 예술이 된다."고 말하였다. 1959년 곽말약과 주양 등은 모택동의 '사실주의와 낭만주의의 결합' 이론을 '혁명적 사실주의와 혁명적 낭만주의의 결합'이라고 표현하고 그것을 "가장 새롭고 가장 훌륭한 창작방법"이라고 칭하였다.

1958년의 이러한 사회사조의 지배하에 연변의 조선족 문단에서도 주관 의지와 역할을 과대평가하고 환상으로 현실을 대체하는 신민가

---

52) 『建国以来毛泽东文集』 제7책, 中央文献出版社. 1992, 124쪽 참조.

<사진 14> 『연변문학』 1959년 제1호에 실린 사설-
「전당, 전민적 창작운동을 전개하자」

운동이 일어났다. 1959년『연변문학』1월호는「전당, 전민적 창작운
동을 전개하자」는 글을 실어 "사람마다 시인이 되고", "사람마다 문
학위성을 올리며" 곳곳마다 신민가 창작의 "헌례 운동"을 벌이고 남
녀노소를 불문하고 모두 신민가 쓰기에 달라붙을 것을 호소하였다.

이런 신민가 운동에서 나타난 민가들을 집대성한 책으로는 당시
출판된『연변 민가선집』,『연변 민가집』(전 5책) 등이 있다.
이외 신민가운동과 더불어 산문분야에서도 '대중문예창작운동'이
벌어졌는데 여기에는 항일투쟁회상기와 공사(公社)의 역사, 공장의
역사, 군대의 역사 등 이른바 '3사(三史)' 창작이 주요한 비중을 차지

하였다. 여기에 기초하여 묶은 책으로는 『항일투쟁회상기』(전5책) 등이 있다. 이 책에 실린 글들은 연변항일역사를 이해하고 연구하는 데는 참고적 가치가 있지만 문예작품으로는 심미적 가치가 거의 없는 항일역사에 대한 구체적인 회고적 기록에 불과하다.

이런 '대약진'시기 대중적인 문예창작운동 속에 연변작가협회는 1958년 문예창작에서의 '대약진계획'을 세우고 작가들마다 엄청난 창작 임무량을 세우고 이른바 '문예위성'을 발사할 것을 호소하였다. 문예창작의 특수성을 전반적으로 부정하고 작가들의 창작적 개성을 말살하는 이런 작법들은 조선족 작가들의 예술적 창발력을 크게 억압하였으며 조선족 문단의 작품의 질을 여지없이 저하시켰다. 이를 테면 조선족 문단 특히 시단에는 사실주의에 위배되는 허풍치기로 특징되는 '낭만주의' 사조가 범람하여 당시 현실을 허위적으로 분식하고 정치적인 개념과 구호로 엮어진 정치 송가들로 충일되었다. 이런 송가들로 엮은 시집들로는 『동풍만리』(1958), 『청춘의 노래』(1959), 『들끓는 변강』(1959) 등이 있다.

이 시기 송가들은 주로 '대약진'에 대한 송가와 조국에 대한 송가 두 개 부류로 나눌 수 있는데 '대약진'에 대한 송가로는 「최신 지도를 그리는 사람들께」(임효원, 1958), 「고동하 시초」(김성휘, 1958), 「장사들이 예 왔노라」(김철, 1958), 「염전」(리욱, 1958), 「겨루어보자」(리삼월, 1958) 등이 있으며 조국을 노래한 송가로는 「조국」(리욱, 1959), 「조국 찬송」(김철, 1959), 「영광스런 나의 조국」(임효원, 1959), 「내 조국을 자랑하노라」(김창석, 1958) 등이 있다.

이 시기 조선족 시단의 성과는 시로써 조선족의 항일투쟁역사를 다루는 작업이 본격적으로 이루어지기 시작한 것이다. 그중에 대표적인 시는 김철의 서정 서사시 「산촌의 어머니」(1958)를 꼽을 수 있다.

김철의 서정 서사시 「산촌의 어머니」는 유격대 박 대장을 구해준 산
촌의 어머니 이야기를 주선으로 하고 있다. 산촌의 어머니는 일본군
에게 부상당한 유격대 박 대장을 감추어놓고 왜놈들의 온갖 위협 공
갈, 심지어는 산촌 어머니의 어린 아들을 죽이는 것으로 위협하여도
박대장의 피신처를 말하지 않는다. 이렇게 박 대장을 구해낸 산촌의
어머니와 마을사람들은 나중에 박 대장을 따라 유격전에 나선다. 이
시가는 서정과 서사를 잘 결합시켰으며 시구가 세련되고 민족적인
색채와 운율이 잘 어울려 예술적인 면에서도 일정한 높이를 보여주
고 있다.

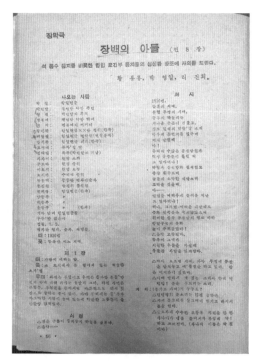

<사진 15> 황봉룡 외 장막극 「장백의 아들」(1959)

혁명역사를 소재로 한 문학창작에서 조선족 극문학분야에서는 장막극「장백의 아들」53)이 1959년에 무대에 올라 큰 인기를 끌었다.

장막극「장백의 아들」은 황봉룡·박영일·리진희의 공동작으로 황봉룡이 집필하였는데 8장으로 된 이 장막극은 20세기 30년대 중국공산당 영도하의 장백산 지역 항일무장투쟁을 배경으로 항일유격대의 지하공작자이며 공산당원인 박철의 영웅적 성격을 창조하고 항일투쟁 현실을 폭넓게 재현하였다. 이 작품은 침략과 반침략, 혁명과 반혁명, 무장투쟁과 지하투쟁 그리고 사회와 가정의 복잡한 관계 속에서 장백산 지역 조선족들이 형제민족들과 단결하여 전개한 20세기 30년대 항일혁명투쟁을 진실하게, 입체적으로 재현하였다. 물론 당시의 극좌적인 문학사조와 혁명적 낭만주의 창작원칙의 영향으로 극이 주인공을 너무 이상화하고 극의 슈제트 발전이 전기(傳奇)적이고 투쟁환경에 대한 묘사가 너무 낭만적인 것이 아쉬운 점이라고 할 수 있다.

1958년과 1959년의 '대약진' 운동과 자연재해 그리고 소련의 배신적인 행위 등으로 인한 국민경제의 어려움을 해결하기 위하여 중국공산당중앙정부(이하 중공중앙으로 약칭함)에서는 국민경제에 대한 '조절, 공고, 충실, 제고'의 방침을 실행할 것을 결정하였다. 이에 따라 문학예술분야에서도 이에 상응한 정책 조절이 있게 되었다.

1961년 6월 1일부터 28일까지 중공중앙 선전부는 북경에서 문예사업 좌담회를 가지고 중공중앙 선전부에서 작성한 「목전 문예 사업에 관한 의견(초안)」(「문예 10조」)을 심의하였으며 이와 때를 같이 하여 문화부에서도 영화드라마창작회의를 열고 문화부에서 작성한

---

53)『연변문학』, 1959, 제10호.

「목전 영화 사업에 관한 의견(초안)」을 심의하였는데 이 회의를 북경 신교(新僑)호텔에서 열었기에 '신교회의'라고도 한다. 이 신교회의에서는 문예의 법칙을 존중하고 민주를 발양하는 데 관한 의견들이 적지 않게 제기되었는데 주은래 총리의 「문예사업 좌담회와 드라마창작회의에서의 연설」과 문예사업의 실제를 결합시켜 「문예 10조」를 수정하였다.

1962년 3월에는 중국희곡가협회가 광주에서 전국 화극, 가극, 아동극 창작에 관한 좌담회를 열었는데 통칭 '광주회의'라고도 한다. 이 회의에서 주은래는 '광주회의'의 예비회의와 정식회의에서도 「북경에 있는 화극, 가극, 아동극 작가들에게 한 연설」과 「지식인에 관한 보고」를 각각 발표하였다. '광주회의'에서는 당시 부총리로 있던 진의도 「전국 화극, 가극, 아동극 창작좌담회에서의 연설」을 발표하였는데 그는 작가의 제재 선택의 자유, 창작에 있어서의 예술풍격의 자유 그리고 예술을 탐구하는 자유 등 세 개 자유가 있어야 한다고 말하였다. 그러면서 진의는 '대약진' 시기 유행되었던 이른바 '작품의 사상은 지도 일꾼이 제기하고 작품의 생활은 대중이 제공하고 작가는 창작의 기교를 책임진다.'는 '3결합'과 '집단창작'을 날카롭게 비판하였다. 아울러 비판받았던 작가, 작품들의 명예를 회복시켜 주었다.

1962년 8월 2일부터 8월 16일까지 중국작가협회는 대련에서 "농촌소재단편소설 창작좌담회"를 가졌는데 이를 통칭 '대련회의'라고 한다. 이 회의는 '신교회의'와 '광주회의'의 정신을 이어받은 것으로서 농촌소재창작에서의 허풍치기사상과 인물형상의 단일화를 바로잡기 위한 것이었다. 이 회의에서 소전린(邵荃麟)은 「대련 <농촌소재단편소설좌담회>에서의 연설」이라는 중요한 연설을 하였는데 소전린은 연설에서 문학창작에서 인민내부모순을 어떻게 반영할 것인가, 소재의 다양화, 인물형상부각의 다양화 즉 영웅인물을 부각함과 동시에 중간인물에 대한 묘사를 중시해야 한다는 등 중요한 창작 이론문제들을 제기하였다. 소전린의 주장은 인물형상의 다양화와 작품의 사상적 심도의 강화, 문예창작에서의 공식화, 개념화를 극복함에 있어서 적극적인 의의를 가지는 것이었다.

이 세 차례 문예 관련 회의로 하여 작가들은 한계 있는 사상해방을 가져왔으며 따라서 문예창작도 비록 단기간이지만 얼마간의 활기를 얻게 되었다. 이 시기 전국 문단의 소설 창작과 화극 창작에서는 역사소재의 창작이 단기간의 조류를 이룬 것이 특징적이다.[54]

비록 세 차례나 되는 중앙회의에서 창작의 자유가 조금 풀리기는 하였지만, 특히는 1961년 6월 19일 주은래 총리가 발표한 「문예사업 좌담회와 드라마창작회의에서의 연설」에서 예술분야에서의 '민주작풍'과 예술의 합법칙성을 존중할 것을 제기함과 동시에 '창작소재에 대한 작가들의 자유로운 선택을 완전 허용'할 것을 주장하였지만 20세기 50년대 수차에 걸친 정치운동에서 요행 창작권을 빼앗기지 않은 작가들은 현실 문제를 다루기에는 우려가 많았다. 더욱이 1956년 '현실 참여' 작품들을 창작하였다가 그 이듬해 우파로 몰린 침통한 경험이 아직도 작가들을 조심하게 만들고 있기 때문에 그들은 현실이라는 함정을 도피하여 정치적으로 위험성이 적은 역사소재에 안목을 집중하였던 것이다. 다시 말하면 현실의 주변에서 역사를 회고하여 고대의 일로 현실을 비유하거나 옛일을 빌어 현재의 사람들을 깨우치는 굴곡적인 목적에 도달하려고 시도하였다. 이것이 이 시기 역사소재 소설이나 극문학창작이 급증한 주요 원인이다.

---

54) 孔范今 主編, 『20世紀中國文学史』(下), 山東文艺出版社, 1997, 1046页。

이 시기 조선족 문단에서도 상기 중앙의 '세 차례 회의' 즉, 1961 년 6월에 열린 전국문예사업 좌담회와 전국예술형상화창작회의 정 신 및 1962년 7월에 대련에서 열린 농촌소재 단편소설창자좌담회의 정신을 학습하고 전국문예사업 좌담회에서 제정한 '문예 10조'를 학 습하였다. 상기 중앙회의의 정신을 관철하기 위하여 중국작가협회 연변분회는 1961년 11월 18일부터 20일까지 연길에서 제3차 회원 대표대회를 열기까지 하였다.

그러나 이 대회는 비록 표면적으로는 문예창작에서의 '백화만발, 백가쟁명'의 방침을 관철할 것을 강조하였지만 실제로는 전국문단 과는 많이 다르게, 지금까지 연속되어 오고 있던 문예 분야에서의 좌경사조의 연장에 불과하였다. 대회에서는 문학이 '진실을 써야 한다'는 관점을 오히려 수정주의 유론으로 비판하고 1957년 반우 파 투쟁과 1959년 지방민족 주의를 반대하는 정풍운동 등 을 '백화만발, 백가쟁명' 정책 을 관철한 운동으로 간주하였 는바 조선족 작가들은 더 한 층 창작의 어려움에 부딪칠 수밖에 없게 되었다. 그뿐만 아니라 이 시기 소설가 리홍 규가 또 터무니없이 '반당분 자', '수정주의분자', '민족주의 분자'로 몰렸고 그의 작품들도 '수정주의 문예관'의 표현으 로 비판을 받았다. 그리고 중

<사진 16> 1961년에
창간된 조선어 종합지 『연변』 (1964년 제4호)

국작가협회 연변분회 기관지인 『연변문학』도 1961년 2월호까지 발간하고는 폐간되었다. 조선족 작가들에게 있어서 작품발표의 지면은 종합잡지 『연변』의 자그마한 「문예란」밖에 남지 않았다.[55]

이리하여 이 시기 조선족 문단은 주류 문단처럼 새로운 활기를 띤 것이 아니라 이전의 좌적 문학사조의 궤도의 연장선에서 힘겹게 나아가고 있었다.

이 시기 시가도 역시 조국과 당 그리고 수령에 대한 송가가 절대 다수를 차지하였고 이외 사회주의 건설에서의 노농병들의 창조적 노동에 대한 찬미와 지난날 혁명역사에 대한 찬미 등 송가들로 충만되었다. 이 시기에 산출된 조국과 당 그리고 수령에 대한 송가는 건국 후 어느 때보다도 풍부한데 그중에는 「나는 북경에 가고 싶소」(김성휘, 1960), 「조국에 대한 생각」(한원국, 1961), 「태양송가」(김태갑, 1961), 「당을 따르는 마음」(이상각, 1961), 「조국」(송정환, 1962), 「태양성」(1962), 「위대한 나의 조국」(김경석, 1963) 등이 있다.

> 누가 만일 나더러 묻는다면
> — 무엇이 가장 귀중하냐고?
> 그러면 아들은 서슴없이 말하리라
> 조국!
> 그대 말고 나는 모른다고!
> 그리고 그대를 위해서라면
> 모든 것을 바쳐 싸우련다고
> 오, 조국이여 길이 빛나라!
>
> — 송정환, 「조국」

---

55) 조성일·권철 주필, 『중국조선족 문학사』, 연변인민출판사, 1990, 300~302쪽.

벽해가 말라서 평지로는 될 수 있어도
당신을 따르는 마음 일편단심이오니
당신이 가리키는 눈부신 길을 따라
자자손손 대를 이어 나아가리라.

— 이상각, 「당을 따르는 마음」

이처럼 이 시기 조선족 시단의 송가들은 '바다가 육지 될지라도 변치 않는 충성'의 굳은 맹세를 다지는 것으로 결말짓는 것이 일반화되어 있다.

사회주의 건설현장에서의 근로자들의 열의를 구가한 서정시들로는 「숭선시초」(이상각, 1961), 「심산 속의 오솔길」(김철, 1961), 「개간지의 봄노래」(리삼월, 1962), 「고향사람들」(김성휘, 1962), 「탄광시초」(김경석, 1963) 등을 꼽을 수 있으며 항일전쟁 시기 혁명 열사들의 숭고한 희생정신을 노래한 서정시로는 「옥중의 노래」(김태갑, 1962), 「열사비」(김창석, 1962), 「항전의 나날에」(김경석, 1962) 등을 꼽을 수 있다. 김태갑의 서정시 「옥중의 노래」는 항일투쟁시기 한 유격대 처녀가 일제에게 사형당할 전날 밤, 옥중에서 '중국공산당만세' 일곱 글자를 수놓는 것을 시경으로 하여 공산당과 혁명에 대한 유격대 처녀의 무한한 충성심을 노래한 서정시이다.

이 시기 조선족 소설문단에서는 혁명역사소재의 장편소설인 리근전의 「범바위」가 출판된 것이 하나의 큰 성과이다. 장편소설 「범바위」는 김학철의 장편소설 「해란강아, 말하라!」 다음 신중국 건국 후 조선족 문단에 산출된 두 번째 장편소설이다.

장편소설 「범바위」[56]는 해방 전쟁 시기 조선족 민중들이 중국공산당의 영도하에 한족 민중들과 단합하여 국민당 반동파와 악패 지주

---

56) 리근전, 「범바위」, 연변인민출판사, 1962.

그리고 민족 분열을 책동하는 민족주의 분자들과 영용하게 싸워서 승리를 거둔 투쟁역사를 예술적으로 형상화한 작품이다. 작품은 1945년 일본이 투항한 후 송화강 이북에 자리 잡고 있는 조선족 마을 - 서위자를 서사공간으로 하고 있는데 이 서위자는 후에 국민당 반동파와 팔로군(동북민주련군)이 서로 대치하고 있으면서 서로 쟁탈하는 요충지대가 된다. 서위자 백성들 속에서 일정한 위망을 가지고 있는 김치백은 국민당 반동파와 그의 주구들인 대지주 리규동, 예수교 장로 박화선, 위만시기 촌장인 한몽둥이 등이 대표하는 반동세력의 유인을 물리치고 국민당 군대 및 환향단과의 싸움에서 각성하여 점차 견정한 혁명자가 되어 마을 사람들을 영도하여 용감히 싸워 최후의 승리를 쟁취한다.

해방 후 조선족 소설문학에서 '중국공산당의 영도하에 인민들이 계급적으로 각성하고 자각적인 투쟁으로 궐기한다.'는 패턴은 리근전의 소설에서 처음으로 시작되었다.[57] 「범바위」는 비교적 방대한 구성과 복잡한 인물관계 그리고 긴장한 사건발전으로 해방 전쟁 시기 복잡한 투쟁을 폭넓게 묘사하였으며 중국공산당이 영도하는 혁명전쟁의 불가항력과 필승의 원인을 예술적으로 구명하였다. 하지만 당시의 좌적인 문학사조의 영향으로 이 작품도 인물성격창조에서 계급성을 강조하면서 인물성격의 평면성을 피치 못하고 있으며 인간의 내심을 깊이 있게 파고들지 못한 아쉬움도 남아 있다.

1960년대 초 중공중앙의 '조절, 공고, 충실, 제고'의 여덟 자 방침이 제정되면서 다시 활기를 띠기 시작했던 중국 문단은 1962년 9월 정치와 문화 분야에서의 계급투쟁의 확대화와 절대화, 문예계에서의 '수정

---

57) 리광일, 『해방 후 조선족 소설문학연구』, 경인문화사, 2003, 132쪽.

주의사조'를 비판하는 운동으로 하여 문인들은 또다시 시련을 겪게 된다. 모택동은 이때에 열린 중국공산당 제8차 10중전회에서, 타도된 반동통치계급은 자기의 멸망을 달가워하지 않고 그냥 복벽을 시도하며 또 동시에 사회에는 자산계급의 영향과 낡은 사회의 습관세력이 의연히 존재하기에 계급투쟁은 불가피면적이기 때문에 '계급투쟁을 절대 잊지 말아야 한다'는 논단을 제기하였다. 문예 분야는 이런 계급투쟁 확대화와 절대화의 충격을 가장 먼저 받게 되었다.

이어서 1961년과 1962년 상반기에 문예 분야에서 열렸던 '세 차례 회의'에 대한 전국적인 비판, 즉 '시대정신 회합론', '사실주의 심화론', '중간인물론'에 대한 비판운동이 시작되어 여러 문예 이론가들과 소설가들이 비판을 당하였다. 이와 보조를 같이 하여 조선족 문단에서는 민별의 「태평서방」 략전과 박창묵의 「가라지매」에 대한 비판을 진행하였다.

그 후 1963년 후에는 또 림표, 강청, 강생 등 정치야심가들이 중국 문예계를 망라한 의식형태분야의 중요한 권력을 틀어쥐고 당의 지도자의 오류를 이용함으로서 중국의 문예계는 창작의 암흑기에 들어서게 된다.

이 시기 문예작품의 규범적인 생산방식은 지도자, 전업 일꾼, 대중이 결합된 이른바 '3결합'이며 규범화한 창작기교와 미학원칙은 이른바 '3돌출', 즉 모든 인물 중에서 정면인물을 두드러지게 내세우고 정면인물 중에서는 영웅인물을 두드러지게 내세우며 영웅인물 중에서는 주요한 영웅인물을 더 두드러지게 내세운다는 것이었다. 이런 왜곡된 미학 원칙하에 만들어진 영웅 인물 형상들은 일상생활과는 동떨어진 정치적인 유토피아식의 이상과 추상적인 초인간적인 정신만 있는 인물들이었으며 그런 작품들은 전적으로 당시의 정치적 과업을 완수하기 위한 선전도구로서의 역할을 담당하였다. 이 시기에 주류문단에서는 여덟 부의 본보기극이 나오고 본보기극의 인도하에 본보기소설 2부가 나온다. 이 시기에 이르러 전국적으로 극히 소수의 작가들을 내놓고는 모두 수정주의 작가로 비판 투쟁을 당하고 창작권을 박탈당하였다.

이 시기 조선족 문단은 중국의 당시 사회 정치적 분위기에서 자유로울 수가 없었다. 극좌적인 문학사조와 함께 특히 1966년부터 1976년까지 10여 년에 걸쳐 진행된 '문화대혁명'과 '4인 무리'의 민족문화말살정책의 실시로 조선족 문단은 된서리를 맞게 된다. 이른바 주덕해의 '매국투항주의 문예의 검은 선'의 핵심이라는 '민족혈통론', '민족분열주의 언어방침'에 대한 비판운동이 벌어지고 문학예술단체는 해산되었으며 거의 모든 작품들이 '반당, 반사회주의적 독초'로 비판 받고[58] 그동안 얼마 남지 않은 작가들마저 비판과 투쟁을 맞으며 김학철 작가는 억울한 누명을 쓰고 감옥에 투옥되기까지 하는 바람에 조선족 문단은 아예 폐허가 되고 만다.

1971년 『연변일보』 문예면이 복원되고 1974년 4월 『연변문예』가 복간되면서 조선족 문학의 부활의 기회가 오지만 본격적인 창작활동은 '문화대혁명' 이후 1978년 당중앙위원회가 그동안의 좌경적인 오류를 적극적으로 시정하고야 비로소 가능해진다.

---

58) 오상순 주필, 『중국조선족 문학사』, 민족출판사, 2007, 200쪽 참조.

<사진 17> 『연변일보』 1971년 6월 12일호
제4면에 소설과 시가 실려 있음.

이 시기는 오로지 전국문단에서 성행하는 「여덟 개 본보기극」과
「본보기 소설」의 번역품이 출판되고 전적으로 당시의 정치적 과업
을 완수하기 위한 작품들이 나타났을 뿐 민족의식이나 민족적 정
서를 보여주는 진정한 의미에서의 조선족 문학작품은 창작된 것이
거의 없다.

3. 개혁개방과 조선족 문학의 개화

1976년 10월, 중국의 정세는 급변하게 된다. 모택동 주석이 서거하고 '4인 무리'가 무너지고 '문화대혁명'이 결속되고 새로운 역사시기가 시작된다. '문화대혁명'에 대한 부정과 새롭게 도래한 개혁개방은 중국 전역에 생존과 발전의 새 시대를 열어주었고 문학예술의 개화와 부흥의 새로운 계기를 마련해주었다. 1978년 12월 18일부터 22일까지 개최된 중국공산당 제11기 3차 전원회의에서 중국의 개혁개방과 사상해방의 노선이 확립되고 전 당의 사업 중심을 사회주의 현대화건설로 옮기기로 결정됨에 따라 중국에는 일련의 전례 없는 역사적 전변이 일어났다. 이 역사적 전환에는 '계급투쟁', '정치운동'의 시대로부터 '경제건설'의 시대로의 전환, 전통적 사회주의계획경제로부터 사회주의적 시장경제로의 전환, 쇄국주의로부터 대외개방으로의 전환, '개인숭배'로부터 민주주의와 법제주의로의 전환 등이 내포되었다.[59]

중국에서의 '문화대혁명'에 대한 철저한 부정과 비판은 민주주의에 대한 거대한 열망과 '4인 무리'의 극좌적 정치 노선에 대한 단호한 비판을 동시에 내포함으로써 좌적인 정치의 피해의식에서 벗어나지 못하고 있던 조선족 사회에서 자유와 권리에 대한 자기 각성, 정치와 사회현실에 대한 비판적인 인식을 가능케 한 전환기적 사건이었다. 한편 주류문단에서 기치선명하게 나타난 상흔문학, 반성문학 등 새로운 문학사조의 거세찬 흐름은 변방 지역에 자리 잡고 있는 조선족 작가들에게 있어서 기꺼운 미래를 예시하는 신호가 아닐 수 없었다. 이러한 사상해방과 민주주의적인 분위기 속에서 조선족 작가들도 점차 사상해방을 가져와 '문화대혁명'을 철저히 부정하는

---

59) 김호웅·조성일·김관웅, 『중국조선족 문학통사(하권)』, 연변인민출판사, 2012, 5~6쪽 참조.

가운데, 그리고 조수처럼 밀려드는 서방의 학술저작과 문학작품의 계시를 받으면서 마침내 좌적인 문예 이념과 구호로부터 해탈되고 이전의 문학에 대한 심각한 반성과 새로운 문학적 자각을 보여주었으며 개인의 삶을 조건 짓는 사회적 현실과 민족의 역사에 큰 관심을 가지게 되었다.

이 시기 각 지역별로 다양하게 발간된 문예지[60]는 조선족 작가들의 창작을 한층 고무하게 된다.

<사진 18> 연변작가협회 기관지
『연변문예』(1980년 제1호)

<사진 19> 중국작가협회 연변분회 기관지
『천지』(1985년 제1호), 1974년에 복간된
『연변문예』가 1985년에 『천지』로
개칭되며 1998년에는 『연변문학』으로 개칭됨.

---

60) 연변지역의 『천지』(『연변문예』를 1985년 개칭), 『문학예술연구』(격월간, 1980년 창간), 길림지역의 『도라지』(격월간, 1979년 창간), 통화지역의 『장백산』(격월간, 1980년 창간), 장춘지역의 『북두성』(격월간, 1980년 창간), 하얼빈지역의 『송화강』(격월간, 1959년 창간), 목단강지역의 『은하수』(월간, 1980년 창간), 요녕지역의 『갈매기』(격월간, 1982년 창간) 등을 들 수 있다.

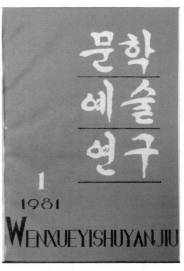

<사진 20> 연변작가협회 기관지
『연변문학』(2004년 제5호)

<사진 21> 1980년에 창간된 문학 격월간
『문학예술연구』(1981년 제1호)

<사진 22> 1980년에 창간된 조선어 문학
격월간 『장백산』(1987년 제1호)

<사진 23> 1979년에 창간된 조선어 문학
격월간 『도라지』(1984년 제3호)

<사진 24> 1959년에 창간된 조선어 문학 격월간 『송화강』(1984년 제4호)

<사진 25> 1980년에 창간된 문학 격월간 『북두성』(1986년 제3호)

<사진 26> 1980년에 창간된 문학 월간지 『은하수』(1986년 제4호)

<사진 27> 1982년에 창간된 문학성 종합지, 격월간 『갈매기』(1987년 제1호)

한편 이 시기에는 조선족 문단의 지역적 공간이 전에 없이 넓어졌다. '문화대혁명' 전에는 연변을 제외한 기타 조선족 집거구의 문학창작은 거의 공백으로 되었었다. 그러나 개혁개방 후 조선족 문학창작이 활성화되면서 연변 외의 흑룡강 지역, 요녕 지역, 길림, 통화, 장춘, 북경 등 지역에서도 선후로 자기들의 작가대오와 문학지, 문학단체를 형성하여 전반 조선족 문학의 번영에 박차를 가하고 있다.

1980년대에 들어서면서 조선족 시인들은 창작방법에 대한 다양한 선택을 하게 되었다. 참다운 사실주의 창작방법이 복원되고 아울러 문학의 여러 유파와 사조와 방법에서 자양분을 흡수하여 개혁개방 후 조선족 시단에는 진정으로 백화가 만발하는 좋은 정경이 나타났으며 괄목할 만한 시문학 성과가 창출되었다. 노시인들의 개인시집으로 리욱의 시집 『리욱시선집』(1980), 설인(리성휘)의 『봄은 어디에』(1983), 임효원의 『어머니의 품이여』(1979), 김창석의 『꽃수레』(1986) 등이 출판되었고 김철, 김성휘, 조룡남, 리상각, 김태갑, 리삼월, 송정환, 박화, 김경석, 김동호, 김응준 등 중년시인들이 창작의 개화기에 들어서서 많은 시집들을 내놓았으며 한춘, 문창남, 김동진, 남영전 등을 비롯한 많은 시인들이 대두하여 새로운 목소리를 내면서 풍성한 성과를 쌓아올렸다.[61] 장르적인 측면에서 본다면 서정시, 산문시, 서정 서사시, 장편 서사시 등 다양한 장르의 시작품들이 활발히 창작되었으며 소재 및 내용적 측면에서 본다면 현실참여적인 것, 개혁개방 후의 기꺼운 현실과 조국을 노래한 것, 민족의 역사와 문화를 시화한 것뿐만 아니라 개개인의 정감세계를 시화한 것, 순수 자연풍경을 노래한 것, 순수 애정을 노래한 것 등 소재가 전례 없이

---

61) 김호웅·조성일·김관웅, 『중국조선족 문학통사(하권)』, 연변인민출판사, 2012, 16~17쪽 참조.

확대되고 있다. 창작방법의 측면에서 본다면 참다운 사실주의 창작
방법이 복원되는 한편, 적지 않은 시인들이 전통의 답습보다는 새로
운 기법을 자각적으로 모색하여 조선족 문단에서도 모더니즘 시문
학이 한 흐름을 형성한다. 한춘의 현대시, 박화의 주지시, 최룡관의
초현실주의시, 김파의 입체시, 김정호의 이미지시 그리고 수많은 무
명시인들의 실험시는 모더니즘의 여러 유파와 사조에서 부단히 자
양분을 흡수하여 시단의 백화만발을 위해 크게 이바지하였다.62) 조
선족 시단에서의 이러한 문학적 성과는 개혁개방 후 사상해방과 더
불어 시인들의 과거 자기의 창작에 대한 반성과 문단의 좌적 경향에
대한 반성을 통해 얻어진 것이며 새로운 문학사조를 적극적으로 수
용하면서 창작주체의 개성을 충분히 발휘한데서 얻어진 것이다.

<사진 28> 김철의
「김철시선집」(1989)

김철은 1980년대에 역사에 대한
심각한 반성을 보여주는 시편들을 포
함한 10여 권의 시집을 출판하였다.

1980년대 이후의 김철의 시는 사
실주의 전통을 회복하며 생활의 표
층에 대한 옅은 감정표출이 점차 사
라지고 자아도취적인 낭만주의 시풍
에서 탈피하기 시작한다. 따라서 생
활에 대한 철학적 사고가 깊어지고
시의 사변성이 강해지고 무게가 더
해졌다.63)

---

62) 오상순 주필, 『중국조선족 문학사』, 민족출판사, 2007, 257쪽 참조.

63) 김호웅·조성일·김관웅, 『중국조선족 문학통사(하권)』, 연변인민출판사, 2012, 50~52쪽 참조.

탑은/ 왜/ 서고만 있소?// 죽어서도/ 휘지 않는 넋이로기에/ 묻힌 뼈 그대로가/ 일어선 게지!

위의 시 「탑」은 2련 33자밖에 안 되는 단시로서 열사들의 천추에 빛날 불멸의 정신과 열사들에 대한 사람들의 추모의 마음을 훌륭히 표현했다. 개방적인 구성방법, 함축미에 대한 의식적 추구를 볼 수 있다. 김철은 창작여담에서 다음과 같이 말한 바 있다. "부끄럽지만 나도 한때 그런 시를 더러 썼다. (중략) 현실은 란장판이 되고 나라는 엉망진창이 되고 사람들은 울분에 허덕여도 '꾀꼴새 노래하고 제비가 춤추며' '동풍이 불어대는 호시절'이라고 눈을 감고 아웅 하던 그 시절 그것은 현실에 대한 조소이며 문학에 대한 모독이었다."[64] 이로부터 우리는 김철 시창작에서의 이러한 변화는 개혁개방 후 사상 해방과 함께 과거 자기의 시 창작에 대한 반성으로부터 얻어진 시적 성과임을 알 수 있다.

<사진 29> 김성휘 장편 서사시 「사랑이여 너는 무엇이길래」(2000)

김성휘는 1980년대에 소재범위와 시적 주제가 무척 다양한 4권의 시집과 장편 서사시 『장백산아 이야기하라』(1979), 『사랑이여 너는 무엇이길래』(1989)를 출판하였다.

---

64) "창작여담", 『문학과 예술』, 1983년 제2호, 김호웅·조성일·김관웅, 『중국조선족 문학통사(하권)』, 연변인민출판사, 2012, 50쪽 재인용.

장편 서사시 『사랑이여 너는 무엇이길래』(1989)는 개혁에서의 조선족 대중의 반성과 추구, 기쁨과 고통, 각성과 고뇌를 정체적으로 파악하여 진실하게 재현하였다. 이 작품은 개혁과 더불어 사랑이 주요한 자리를 차지하는데 작품 속에는 다양한 사랑의 형태가 형상화되고 있으며 시인의 사랑에 대한 사회학적, 심리학적, 철학적, 미학적, 생물학적 사고를 보여주고 있다. 시인은 인물성격을 부각함에 있어서 인간의 풍부하고 복잡하고 이중적인 내면세계를 발굴하였으며 이성으로 감정을 억제하지 않았고 도덕원칙으로 생명욕구를 대체하지 않았다.[65] 이 작품이 보여주는 참신한 사유, 심각한 철학적 사고, 사상내용의 풍부성, 인물성격부각에서의 풍만함은 개혁개방 후 조선족 시문학이 예술창조면에서의 변화와 성취를 보여주는 것이다.

<사진 30> 김응준 시집 「최후의 밀회」(2005)

김응준은 중국조선족 시단의 유명한 '사랑의 가객(歌客)'이다. 그의 시 창작은 주로 자신의 직접적인 체험을 소재로 하여 창작한 애정시가 주종을 이루고 있다.[66] 시초 「사랑의 애가」(1985), 시집 『남자와 녀자와 사랑과 시』(1999), 시집 『최후의 밀회』(2005) 등 제목에서 보다시피 그의 시는 애정을 주로 다루고 있는데 애정지상주의 가치관을 보여준다. 그의 이러한 창작은 개혁개방 후 조선족 문학 변화의 한 양상을 두드러지게 보여준다.

65) 오상순 주필, 『중국조선족 문학사』, 민족출판사, 2007, 270쪽 참조.
66) 김호웅·조성일·김관웅, 『중국조선족 문학통사(하권)』, 연변인민출판사, 2012, 37쪽 참조.

인간은 이성을 즐긴다/ 남성은 미녀를 즐긴다// 세상에 미녀 얼마나 될가/
나에겐 영원한 미지수/ 이 미지수 풀 사람 있을가?// 세상엔 미녀가 많지
않다/ 미녀를 보는 것도 향수거늘/ 가지는 것 무상의 행복이리라

- 「미녀」 앞부분

이 시에서 김응준은 자신의 인생 가치관 및 애정관을 직설적으로
드러낸다. 김응준이 에로스적 사랑을 소재로 한 시들을 묶어서 아무
런 저촉도 없이 여러 권의 시집으로 출간했다는 점은 1990년대 이
후 그 자신의 관념, 의식이 크게 바뀌었고 사상이 크게 해방되었음
을 보여줄 뿐만 아니라 전반 중국과 조선족 문단이 그만큼 창작의
자유를 향유하게 되었음을 단적으로 보여주기도 한다.[67]

리상각은 1980년대에 미에 대한 일관된 추구를 보여주는 여러 권
의 시집을 출판하였으며 조룡남은 1980년대에 중국의 정치운동이
남겨놓은 상흔을 재현하고 사회문제를 비판하는 시들이 들어있는
시집 『그 언덕에 묻고 온 이름』을 출판하였다.

한편 한춘(본명 림국웅)은 개혁개방 이후 시 관념의 갱신을 호소하
고 전통적 시학에 도전하면서 자기의 시를 '현대시'라고 자칭하였다.

지난밤 꿈쪼각을 맞추고/ 새벽 못가에서 비상한다/ 부리로 해살을 물고 와/
조그만 기발을 흔들며/ 잔혹했던 겨울을 잊기로 한다/ 마음 거칠어지는 날
에는 / 시간의 아픔을 재단하며/ 마당구석 어둠을 방류한다. 끝나지
않은 풀의 의문을/ 결 고운 크레용으로 덧칠한다

- 「파랑새」 전문

위의 시에서 새가 햇살을 물고 와 깃발을 흔들며 잔혹했던 겨울을
잊기로 한다거나 마음 거칠어지는 날에는 시간의 아픔을 재단하며

---

67) 김관웅, 「사랑의 가객-김응준의 시세계」, 『장백산』, 2007년 제4호.

어둠을 방류한다는 표현은 시인의 삶의 자세를 상징, 은유한 것으로도 이해할 수도 있다. 시집 『서러운 별』(1992), 『파랑새는 있다』(1999) 등에 수록된 한춘의 현대시들은 대체적으로 현대인의 정신실존에 초점을 맞추면서 향토시와 정치 서정시의 질곡에서 해탈하려는 처절한 몸짓으로 평가된다.[68]

개혁개방 후의 조선족 소설 창작은 한마디로 문학정신의 부활과 문학본체로의 회귀로 특징지어진다. 이 시기 조선족 작가들은 자기들이 걸어온 역사에 대한 반성과 더불어 문학 관념과 방법상에서 변화를 거듭하면서 괄목할 만한 성과를 이룩하였다.

1980년대 초반에는 주류문단의 영향을 받으며 '문화대혁명'이 빚어낸 인생비극과 육체적, 정신적 상처를 고발하는 상흔문학(일명 상처문학)과 '문화대혁명'이 발발할 수 있었던 그 이전 시기 역사과정의 극좌사조를 반성하는 '반성문학', 개혁개방에 의한 새로운 변모를 보여주는 '개혁문학'이 대량으로 쏟아져 나왔으며 민족의 역사를 재현하는 성과작들이 나왔다.

박천수의 단편소설 「원혼이 된 나」(1979), 정세봉의 단편소설 「하고 싶던 말」(1980)은 상흔소설의 대표작이다. 박천수의 「원혼이 된 나」는 '문화대혁명' 때 '현행반혁명'의 누명을 쓰고 억울하게 죽은 한 노혁명가가 죽은 후 원혼이 되어 아내와 딸이 사는 집에 찾아와 자기의 억울한 죽음을 하소연하는 형식으로 '4인 무리'의 죄행을 폭로 규탄하였다. 정세봉의 「하고 싶던 말」은 '문화대혁명' 시기 농촌에서 가정 부업 문제를 둘러싸고 빚어진 젊은 부부의 갈등과 애정 비극을 통해 아름다운 사랑과 행복한 생활에 대한 추구를 무참하게 짓밟아버린 극좌

---

68) 김호웅·조성일·김관웅, 『중국조선족 문학통사(하권)』, 연변인민출판사, 2012, 307쪽 참조.

정치노선과 '문화대혁명'의 죄악을 고발하고 규탄했다.

리원길의 단편소설 「백성의 마음」(1981), 류원무의 단편소설 「비단이불」(1982), 정세봉의 중편소설 「'볼쉐위크'의 이미지」(1991)는 반성소설의 대표작이다. 리원길의 「백성의 마음」은 1960년대 초, 3년 자연재해시기를 전후하여 공산당정부가 범한 여러 가지 오류와 그로 인해 빚어진 백성들의 험난한 삶과 그러한 현실을 이

<사진 31> 리원길 단편소설집 「백성의 마음」(1984)

겨나가는 백성들의 의지를 형상화하고 있다.

류원무의 「비단이불」은 현 노동 모범이며 열사가족 모범인물인 송희준 노인의 비단이불에 깃든 이야기를 통해 인민공사화와 '문화대혁명' 시기 좌경 노선이 나라와 백성들에게 끼친 재난을 비판하였다.

정세봉의 중편소설 「'볼쉐위크'의 이미지」는 조선족 문단의 반성소설을 고봉으로 끌어올린 대표적 작품이다.

이 작품은 소작농의 아들이며 해방 전쟁 시기 일선에서 입당을 한 노공산당원이 농촌간부로 일하면서 극좌정치 노선하에 독립적 사고능력과 독자적 판단력을 상실한 '계급투쟁의 도구'로, 타력에 의해 움직이는 '로보트식 인간'으로 되어 많은 비극을 빚어내며 지주출신의 딸을 사랑하는 아들과 첨예하게 갈등을 겪다가 죽음을 앞두고 자기의 과거를 부정하며 아들에게 용서를 비는 윤태철의 형상을 통하여 해방

<사진 32> 정세봉
작품집 「'볼쉐위크'의 이미지」 (1998)

후 30여 년의 걸치는 연변 조선족 농촌의 정치사를 재현하면서 신중국 건립 이후 계급투쟁을 중심으로 삼았던 극좌 정치노선을 철저히 부정했다. 이 작품은 극좌정치노선에 의해 빚어진 인간성 상실과 인간자격 상실의 비극을 드러내는데 그친 것이 아니라 극좌 정치노선으로 인한 인간소외를 극복하고 비인간성을 치유하는 방도는 참회, 용서, 이해, 화해 그리고 '인간성의 회복' '인간존엄의 회복'임을 보여주

고 있다.[69] 이로부터 역사에 대한 정세봉의 심각한 반성 및 왜곡된 역사로 인해 빚어지고 현실적으로 존재하는 갈등을 극복할 데 대한 깊은 사색이 끈질기게 이어지고 있음을 보여준다.

개혁개방기에 현대화된 사회주의 국가건설이라는 역사적 과제와 관련하여 무엇보다도 '문화대혁명'을 철저히 부정하고 장기간의 좌경 노선에 의해 잘못된 것을 바로잡는 문제는 중국 다민족의 정기를 바로잡고 민주주의적인 사회질서를 회복하기 위한 최우선의 과제였다고 할 수 있다. 특히 '4인 무리'의 민족말살정책으로 많은 인생 비극을 겪었으며 '문화대혁명'에 대한 울분과 한이 아직 생생하게 남아있던 당시에 조선족 작가들은 이러한 사상해방과 민주주의적인

---

69) 김호웅·조성일·김관웅, 『중국조선족 문학통사(하권)』, 연변인민출판사, 2012, 469쪽 참조.

분위기 속에서 적극적인 문학창작활동을 통해 '문화대혁명'이 빚어 낸 육체적, 정신적 상처를 고발하고 '문화대혁명'이 발발할 수 있었던 그 이전 시기 역사과정의 극좌사조를 반성함으로써 민주주의적인 새로운 사회 정치질서의 형성에 기여하고 있다.

상처문학, 반성문학의 뒤를 이어 1980년대 중반부터 조선족 문단에도 개혁개방에 의한 새로운 변화와 개혁개방 속에서 뚜렷하게 드러나는 인간들의 낙후한 문화적 인습, 상품경제 충격하의 낡은 생활방식의 해체를 보여주는 '개혁문학'이 대량으로 쏟아져 나왔다. 김훈의 단편소설「그녀가 준 유혹」(1986), 리여천의 단편소설「잠든 마을」(1987), 최국철의 단편소설「봄날의 장례」(1987), 리원길의 장편소설「설야」(1989),「춘정」(1992), 류원무의 장편소설「봄물」(1987)은 반성소설의 대표작이다.

김훈의「그녀가 준 유혹」(1986)은 개혁개방 후에 새롭게 나타난 진취적인 조선족 여성 기업가의 형상을 성공적으로 부각하였을 뿐만 아니라 개혁 속에서 나타나는 인간들의 낙후한 문화적 인습, 상품경제 충격하의 물질적 추구를 심각하게 파헤치고 있다. 리여천의「잠든 마을」(1987)은 과일 생산으로 부자가 된 덕수 영감이 기업가로 성공했을 때는 각종 명목의 선금청구가 들어오고 주목의 대상이 되었던 것이 기업이 어려움에 부딪히게 되자 모두가 발길을 끊고 비방, 중상까지 하는 이야기를 통해 기업을 꾸려나감에 있어서 부딪히게 되는 사회적 부조리를 심각하게 보여주고 있다.

리원길의 대하장편소설『땅의 자식들』제1부「설야」70)(1989)와 제2부「춘정」71)(1992)은 조선족 농촌의 개혁개방이라는 거대한 역

---

70) 리원길,「설야」, 연변인민출판사, 1989.
71) 리원길,「춘정」, 연변인민출판사, 1992.

사적 과제를 세속화하여 보통 인간의 생활과제로 제기하고 민족문화에 대한 반성 속에서 민족의 개혁에서 나서는 저애력과 문제성 및 민족의 출로 등 많은 문제들에 대하여 무게 있는 질문과 반성을 던져주고 있다.[72]

소설의 근본적인 갈등은 보수와 개혁, 수구와 변혁이라는 1980년대 초반 조선족 농촌 사회의 모순에 기초하고 있는데 제1부 「설야」에서는 긴내천이라는 조선족 마을의 장일봉(1대 부대장)으로 대표되는 개혁 세력과 지탁준(대대 당서기)으로 대표되는 보수 세력이 집단영농을 고집하느냐 아니면 개인영농의 호도거리로 개혁하느냐 하는 문제를 둘러싸고 벌어진 갈등과 충돌을 기본 줄거리로 하였고 제2부 「춘정」에서는 황보상근 영감으로 대표되는 수구세력과 황보석

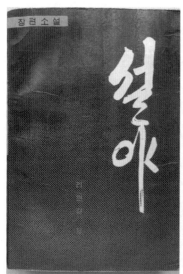

<사진 33> 리원길의 「설야」(1989)

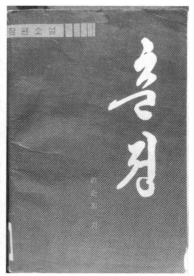

<사진 34> 리원길의 「춘정」(1992)

72) 오상순 주필, 『중국조선족 문학사』, 민족출판사, 2007, 318쪽 참조.

이로 대표되는 변혁세력 간의 갈등에 의해 벌어진 일련의 사건들을 기본 줄거리로 하였다.[73]

리원길의『땅의 자식들』은 조선족 문단에서 처음으로 중국에서의 조선족들의 삶의 모습과 조선족 고유의 심층적인 문화의식을 총체적으로 보여준 대표작으로서 조선족 문학사의 한 이정표가 되기에 손색이 없다는 평가를 받는데[74] 리원길이 이러한 문학적 성취를 이룰 수 있었던 것은 물론 시대에 민감하고 관찰이 예리하며 문제에 대한 사색이 깊고 문학적 형상화의 능력이 뛰어난 것과 직결되지만 아울러 작가의 창작적 개성을 충분히 발휘할 수 있는 사회 및 문화적 환경, 그리고 조선족 농민들의 운명에 대한 작가의 남다른 관심 및 사명감과도 갈라놓을 수 없다고 본다.

1980년대 초반에는 민족의 역사를 재현한 성과작도 출현하는데 김용식의 중편소설「규중비사」와 리근전의 장편소설「고난의 년대」를 들 수 있다. 김용식의 중편소설「규중비사」[75](1980)는 한 봉건사대부 가문의 규방에서 일어난 애정비극을 통하여 이조 말엽의 암담한 사회상과 봉건례교의 죄악상을 비판하였다.

73) 장춘식,「리원길의 장편소설『땅의 자식들』시론」,『도라지』, 2004년 제5호, 117쪽 참조.
74) 오상순 주필,『중국조선족 문학사』, 민족출판사, 2007, 320쪽 참조.
75)『연변문예』, 1980년 제1~10호.

<사진 35> 김용식의 「규중비사」(1980)

　「규중비사」의 가장 큰 문학적 의의는 민족의 역사에 대한 형상화 작업을 통해 민족의 뿌리 찾기 작업의 선구자적 역할을 했다는데 있다. 극좌사조의 영향으로 민족에 관한 모든 것을 의식적으로 회피해 왔던 그 시대를 지나 조선족 문단에서 처음으로 "우리 문화의 뿌리가 되는 역사를 재현해냄으로써 자신의 민족정체성을 형성한 모태를 체험하도록 하고 이를 통해 새롭게 자신의 정체성을 확인하도록 하는 것, 이것이 작가의 역사소설을 통해 이루고자 했던 '목적의식' 혹은 지향"이었다고 할 수 있다.76)

---

76) 장춘식, 「력사소설을 통한 민족정체성의 확인」, 『문학과 예술』, 2006년 제3호, 111쪽, 오상순

리근전의 장편소설 「고난의 년대」77)(상권 1982년, 하권 1984년)는 청조 말기부터 1945년까지를 시대적 배경으로 하여 봉건지주, 관료배들의 가혹한 착취, 일제의 통치하에서의 조선족 인민들의 비참한 생활처지와 봉건주의와 제국주의를 반대하여 일떠난 조선족 인민들의 간고하고도 복잡한 투쟁을 서사시적인 화폭으로 폭넓게 재현했다.78)

이 작품은 조선족 문단에서 처음으로 이민사 형식으로 조선족의 수난의 개척사와 불멸의 투쟁사 그리고 재중 조선인이 중국조선족으로 형성되는 전반 과정을 역사적 화폭으로 보여주었다.79) 리근전

<사진 36>
리근전의 「고난의 년대」(상)
(1982)

<사진 37>
리근전의 「고난의 년대」(하)
(1984)

주필, 『중국조선족 문학사』, 민족출판사, 2007, 305쪽 재인용.

77) 리근전, 「고난의 년대」, 연변인민출판사, 상권 1982, 하권 1984.

78) 김호웅·조성일·김관웅, 『중국조선족 문학통사(하권)』, 연변인민출판사, 2012, 144쪽 참조.

79) 오상순 주필, 『중국조선족 문학사』, 민족출판사, 2007, 308쪽 참조.

은 자신의 창작과 관련하여 다음과 같이 말한 바 있다. "이런 역사 소재에 치중한 원인은 청년들더러 오늘의 행복이 어떻게 왔는가를 알고 이 행복을 더 진귀하게 여기게끔 하려는 의도에서였고 더욱이 는 우리 민족의 과거 역사를 진정으로 알게 함으로써 오늘 우리 민족이 반드시 서야 할 위치를 자각하게 하려는데 있었습니다. (중략) 우리 민족의 이러한 역사를 통하여 민족의 넋을 지키고 노래하려 하였던 것입니다."[80] 작가의 이러한 고백은 이 같은 역사적 소설의 출현은 작가의 민족적 의식의 자각 및 작가의 사명감과 갈라놓을 수 없음을 보여준다.

1980년대 후반에 들어서면서, 주류를 이루던 개혁, 역사, 정치 등 거대 서사가 점차 소설의 주변으로 물러나고 평민들의 일상과 인정 세태를 보여주는 소설들이 대량으로 창작된다. 특히 1992년 한중수교가 이루어지면서 조선족 문학은 중국 주류문학의 영향을 많이 받던 데로부터 한국 문학을 더욱 선호하게 되었으며[81] 아울러 소설 창작에서도 다원화시기에 들어선다. 소설의 소재, 주제의식의 범위가 확대 심화되고 창작방법도 다양해진다. 사실주의 창작이 주류를 이루는 가운데 모더니즘의 제 유파와 사조의 창작방법을 부단히 수용하여 조선족 문학의 창작을 풍부히 하였다. 소설 창작에서 '의식의 흐름'수법, 정신분석학, 황당파수법, 흑색 유모아, 실존주의 등 영향을 많이 받았다.[82]

최홍일의 장편소설 「눈물 젖은 두만강」(상, 하)[83]은 조선인의 이주

80) 「력사를 통한 민족의 넋을」, 『문학과 예술』, 1985년 제3호,

81) 李光一, 「20世纪后期朝鲜族文学与汉族文学思潮之关联」, 关纪新 主编, 『20世纪中华各民族文学关系研究』, 民族出版社, 2006, 210页.

82) 오상순 주필, 『중국조선족 문학사』, 민족출판사, 2007, 253쪽 참조.

83) 최홍일의 장편소설 「눈물 젖은 두만강」(상, 하)은 『장백산』 1992년 제6호부터 1994년 2호까지

사, 정착사를 재현한 작품으로서 19세기 말 조선인의 간도 이주가 시작된 이후 20세기 초까지 간도 개척초기 이주 조선인들의 생활상, 정착과정에서 날로 심해지는 대립, 갈등을 비롯하여 이주민의 희로애락을 생생하게 그린 장편소설이다. 그러나 이 작품은 기존의 조선인 이주사와 정착사를 그린 선행 작품들과는 많이 다른 점을 보여준다. "력사 속의 민중, 민중의 인생고와 모대김을 쓰고 서민을 력사의

<사진 38> 최홍일의 「눈물 젖은 두만강」(상)(1999)

주체로 그리"기 위해 "도식화에서 해탈되고 인간의 본체를 표현"하려 한 작가의 의도대로 이 작품은 민족투쟁이나 계급투쟁의 시각을 벗어나서 문화적인 시각으로 이주민의 삶을 재조명하고 있는바 선명한 탈이데올로기적인 경향을 보여주었다.[84] 작가의 창작의도에서 볼 수 있듯이 최홍일은 조선인들의 이민사, 정착사를 형상화한 선행작품들에 대해 비판적인 인식을 가지고 있었음을 말해준다.

연재되었음, 1999년 민족출판사에서 책으로 출간되었음.

84) 김호웅·조성일·김관웅, 『중국조선족 문학통사(하권)』, 연변인민출판사, 2012, 512-513쪽 참조.

<사진 39> 박선석의 「쓴웃음」(중)(2003)

박선석의 장편소설 「쓴웃음」(상,중,하)85)은 '문화대혁명'의 전반 과정을 연대별로 엮으면서 시비가 전도되었던 그 황당한 세월에 벌어졌던 온갖 희비극들을 풍자적으로 까밝힘으로써 독자들로 하여금 그야말로 쓴웃음을 짓게 한다. 지금까지 '문화대혁명'을 소재로 한 소설들이 많이 나왔으나 거의 '문화대혁명'의 한 시기, 한 사건, 한 단면, 한 인물을 재현했다. 그러나 이 작품은 '문화대혁명'을 통시적으로, 전 방위적으로 재현하였는데 이는 조선족 문단은 물론이고 전반 중국문단에서도 그 유례를 찾아볼 수 없다. 이 작품은 조선족 농촌마을을 주요 공간 배경으로 설정하고 '문화대혁명' 10여 년 동안에 벌어졌던 집단영농, 대채전 만들기, 수리건설, 부업생산, 산아제한, 합작의료, 모주석 저작학습, 간부선거 등 농촌의 중요한 문제들을 둘러싸고 벌어지는 극좌적인 만행을 진실하게 재현하고 날카롭게 비판하였을 뿐만 아니라 전편에 웃음을 동반한 신랄한 풍자와 조소, 야유를 일관시키고 있다.86) 작가 박선석이 '문화대혁명'시기 극좌노선의 직접적 피해자임을 감안하면 이 작

---

85) 박선석의 장편소설 「쓴웃음」(상,중,하)은『장백산』1995년 제4호부터 2002년 제6호까지 연재되었음, 2003년 료녕민족출판사에서 책으로 출간되었음.

86) 김호웅・조성일・김관웅,『중국조선족 문학통사(하권)』, 연변인민출판사, 2012, 519쪽 참조.

품의 출현은 '문화대혁명'은 결속되었으나 그 시기에 받은 상흔은 아직도 사라지지 않고 있으며 따라서 조선족 문단에서 상흔문학, 반성문학 계열의 작품이 계속 이어지고 있음을 말해준다.

개혁개방 후 조선족 문단의 중요한 변모의 하나는 신중국 성립이래의 문학에 대한 심각한 반성과 함께 실험적 창작기법을 과감하게 도입한 모더니즘적 경향의 문학이 새롭게 하나의 흐름을 형성했다는 것이다. 리혜선의 장편소설 「빨간 그림자」, 중편소설 「푸른 잎은 떨어졌다」, 김혁의 일련의 중단편소설들이 그 대표적 실례이다.

김혁의 중편소설 「천재 죽이기」[87](1998)는 조선족 문단에서 처음으로 시도된 초현실주의 소설로서 산업화시대 물질만능주의에 병들어 중국사회에 나타난 가치 오류, 가치 전도, 가치 상실의 현상을 비판, 풍자하고 있다. 주인공 man은 지식소유에서는 누구도 따르지 못하는 천재이지만 권력이나 금전에는 백치에 가까운 인물이다. 사회는 그의 머릿속에 저장되어 있는 지식은 충분히 이용하지만 권력과 금전의 향연에서는 모두 그를 소외시켜버린다. 그리하여 그는 마땅한 사회적 대우는커녕 돈 많은 지배인한테 아내까지 빼앗기고 만다. 산업화시대 한 순진한 지식인의 비극적 운명을 다루고 있는 이 소설에서 특히 주목되는 것은 창작방법에서의 파격적인 실험이다. 작가는 전통적 사실주의 창작방법을 벗어나서 조선족 문단에서는 전례 없는 초현실주의 수법으로 현대 사회의 인간 소외 문제를 다룬 것이다. 이 소설은 서두에서부터 이상의 초현실주의 소설인 「날개」의 서두 "…박제가 되어버린 천재를 아시오? 나는 유쾌하오."의 인용으로 작품이 시작된다. 이 작품은 환몽과 현실 사이를 넘나드는 주인공의

---

87) 『도라지』, 1998년 제4호,

의식, 이상의 시와 소설 작품들을 군데군데 인용함으로써 작품의 주제를 심화시킨 점, 또한 장절의 번호를 거꾸로 달았다든지 주인공의 이름을 엉뚱하게도 남성이라는 의미의 영어 'man'으로 하였다든지 하는 파격적인 구성 등은 초현실주의 소설로서의 특징을 보여준다.[88] 김혁 소설 창작에서 보여주는 이러한 특징은 개혁개방 후에 조선족 소설 문학의 창작방법이 다채로워졌음을 보여주며 한편 조선족 문학에 대한 한국 문학의 영향을 말해주는 것이기도 하다.

4. 결 론

위에서 건국 이후 조선족 문학의 전개 과정과 그 변모 양상을 살펴보았다. 그 결과 개혁개방 이전까지 조선족 문학은 주제의식이나 창작 방법, 문학사조 등에서 중국공산당 영도라는 정치, 사회, 문화적 영향에서 자유로울 수 없었음을 볼 수 있었다.

건국 이후 해방군의 문화공작대원과 혁명 활동에 참가했던 문인들을 중심으로 조선족 문단이 형성되면서 중국공산당의 문예방침을 적극 수용할 수 있는 조직적 기반이 이루어졌고 한편 정치, 경제적으로 국민의 대우를 받고 또한 민족어와 민족문화를 보장받게 된 조선족 문인들은 소박한 고마운 마음으로 당의 문예정책에 따른 작품들을 대량으로 창작하게 된다. 비록 그것이 사회주의 건설을 찬양한 작품들과 공산당과 수령을 노래한 송가 등이 주류를 형성하지만 그속에는 조선족의 생활과 문화를 담아내고 있으며, 이를 통해 중국의

---

88) 장춘식, 「문학의 참을 찾아서」, 김혁의 네이버 블로그, 김정일, 「한국 문학과 중국조선족 소설의 관련성 연구」, 중앙민족대학교 박사논문, 2014, 124-138쪽 참조.

현실과 민족적 특징이 결합된 조선족 특유의 문학을 형성하게 된다.

그러나 1957년 반우파 투쟁이 본격화되면서, 문예의 문제를 정치 문제로 인식하게 되면서, 그리고 그 후 1958년 전국 문예계의 운동 정세에 따라 진행된 연변에서의 '수정주의 문예사조에 대한 비판'운 동과, '지방민족주의를 반대하는 운동' 등으로 조선족 문단은 많은 작가들이 '우파'로 몰려 오랫동안 창작권을 박탈당한다. 아울러 전국 적으로 좌적인 문학사조의 단일화가 더욱 고조되고 '대약진'운동의 허풍치기와 결부되면서 누구나 작가나 시인이 될 수 있다는 주장 아 래 조선족의 전문적인 문학창작은 더욱 위축된다.

특히 1960년대 '문화대혁명' 시기에는 극좌적인 문학사조와 함께 '4인 무리'의 민족문화말살정책의 실시로 조선족의 문단은 폐허화 되고 좌경노선을 고취하는 작품, 개인숭배를 고취하는 작품들이 창 작되었을 뿐 문학사적 가치를 운운할 수 있는 작품은 거의 없게 되 었다. 거듭되는 정치, 사회 운동 속에서 개성 있는 작가들은 정치적 박해를 받고 있었고 요행 살아남은 작가들은 눈치를 보면서 조심스 럽게 행동하지 않을 수 없게 되었다.

1976년 '문화대혁명'이 결속되고 개혁개방의 새로운 역사시기가 도래하면서 조선족 문단도 사상해방과 더불어 문학본체로 회귀하며 문학의 부흥기에 들어서게 된다. 개혁개방 이후의 조선족 문학에 대 해서는 3장과 4장에서 좀 더 구체적으로 다루게 될 것이다.

제3장

개혁개방 후 문학에 나타난
갈등과 통합의 양상

중국사회는 1970년대 말로부터 새로운 역사시기에 들어섰다. 이른바 새로운 역사시기란 '문화대혁명'이 결속되고 1978년 12월에 열린 중국공산당 중앙위원회 제11기 제3차 전원회의 결정에 따라 그 이전에 존재했던 좌경오류를 전면적으로 시정하고 사업의 중점을 사회주의 현대화 건설로 옮기며 대외개방과 대내경제 활성화를 실현하고 사상을 해방하는 것을 의미하는데 이에 따라 중국사회는 정치, 경제, 문화 등 다양한 분야에서 전례 없는 충격과 변화를 가져오게 된다.

　개혁개방 이후 중국조선족 사회는 중국 주류 사회의 보편적인 문제를 안고 있을 뿐만 아니라 그 자체의 특수한 난제도 안고 있다. 말하자면 조선족 사회는 중국 주류 사회의 변두리에 처해 있는데 반해 한국과의 인적교류가 활성화되면서 전통적인 농촌공동체가 급속히 무너지고 인구의 마이너스 성장, 민족 교육의 위축 등 허다한 문제를 드러내고 있다.

　한편 개혁개방 이후 중국 공산당의 민족정책과 새로운 문예정책이 시달되면서 조선족 작가들은 과거 '문예의 검은 선 독재론'과 '민족문화 혈통론'의 정신적 질곡에서 해탈할 수 있게 되었고 아울러 개혁개방 이후 조선족의 현실에 대응해 다양한 테마를 개발하고 있으며 문학에서 괄목할 만한 성과를 이룩하고 있다. 개혁개방 이후 조선족 문학에 대한 연구는 상당히 활발히 이루어지고 있으며 적지 않은 연구 성과들이 이루어졌다. 문학사적인 연구로서 가장 대표적인 연구 성과로는 조성일, 권철 주필의 『중국조선족 문학사』(연변인민출판사, 1990), 오상순 주필의 『중국조선족 문학사』(민족출판사, 2007), 전성호 · 림연 · 윤윤진 · 조일남의 『중국조선족 문학비평사』(민족출판사, 2007), 김호웅 · 조성일 · 김관웅의 『중국조선족 문학통사』(연변인민출판사, 2011-2012)를 들 수 있으며 한민족 문학의 일부분으로 개혁개방 이후 조선족 문학을 연구한 대표적인 연구 성과로는 정덕준 외『중국조선족 문학의 어제와 오늘』(푸른사상, 2006), 송현호 외『중국조선족 문학의 탈식민주의 연구 1-2』(국학자료원, 2008)를 들 수 있다. 물론 이러한 총체적인 연구를 안받침해주는 작가, 작품 연구는 주제적인 측면이나 미학적인 측면에서나 다양하게 진행되어 왔다. 그럼에도 진행 중에 있는 개혁개방 이후 조선족 문학에 대한 연구는 아직 많은 과제를 안고 있다.

본 장에서는 갈등과 통합이라는 시각으로 개혁개방 이후, 그중에서도 1990년대와 21세기의 조선족 문학의 중단편 소설을 중점으로 고찰하고자 한다.

1. 도시와 농촌의 차이로 인한 고뇌와 갈등

개혁개방 이후 시장경제와 현대문화, 외래문화가 낙후하고 빈곤한 농촌에 가져다 준 충격은 도시에 비해 엄청나게 큰 것이었다. 상품경제의 발전과 인간의 욕망, 권익이 합법화된 사회현실 앞에서 농민들의 의식 속에서 물질문명을 중요시하는 공리주의 가치관이 급성장하게 되고 역사적 변혁과 생활의 변화 및 전통적 가치관과의 충돌 속에서 농민들은 곤혹, 방황, 갈등을 겪게 되었다. 조선족 작가들, 특히 조선족 농민작가들은 이러한 문화적 갈등과 조선족 농민들이 직면한 정신적 위기와 가치의식의 변화를 민감하게 포착하고 소설화 하고 있다.

윤림호의 중편소설 「처녀 없는 마을」89)은 농촌과 도시의 격차로 인한 갈등을 보여주고 있다. 소설의 주인공 교남촌의 총각 운국이는 재능 있고 인품도 고상한 청년이다. 이웃마을의 회계인 정차옥은 절도 혐의를 받아 자살을 시도하였으나 운국이에 의해 구원된 후 두 청년 남녀는 사랑하게 되어 평생을 약속하였다. 그러나 운국이는 가정이 가난할 뿐만 아니라 병석에 누워있는 늙은 아버지가 있다. 정차옥은 비록 운국이가 생명을 구해준 은혜에 감격하고 그의 인품에도 탄복하지만 부유하고 안일한 도시생활의 유혹을 떨쳐버리지 못하여 끝내는 운국이를 배반한다. 이 소설에 등장하는 경수라는 청년도 단지 가난한 농촌 청년이라는 데서 연인에게 배반당한다. 이들은 처음에는 연인의 배반에 분노하지만 처녀들이 단지 농촌에 있기가 싫어서 자기들을 떠나갔다는 것을 알았을 때 그들의 분노는 어쩔 수 없는 일로, '그럴 수도 있는' 일이라는 체념의 태도로 변한다. 실연당한 청년들의 이러한 태도의 변화는 조선족 농촌 사회에서 농촌을 꺼리고 도시를 선호하는 풍조가 만연해 있음을 보여주며 농촌의 젊은 여성들이 돈벌이를 위해 거의 농촌을 떠나 도시로 흘러들어 농촌의 총각들이 장가가기 힘든 사회문제를 진실하게 반영하고 있다. 작품에 등장하는 농촌 총각들이 우수한 청년들로 부각되고 결말부분에서 그들의 분노가 체념으로 변하는 것은 현실에서 존재하는 문제점, 즉 농촌과 도시의 격차는 인정할 수밖에 없다는 작가의 현실인식을 보여준다고 할 수 있다.

---

89) 『장백산』, 1995년 제4호.

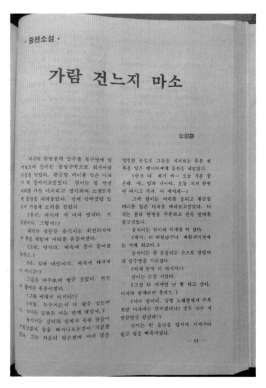

<사진 40> 우광훈의 「가람 건너지 마소」

　이러한 농촌의 피폐한 현실은 우광훈의 중편소설 「가람 건너지
마소」[90]에서도 형상화되고 있다. 이 소설에는 산업화와 도시화가 추
진되고 있는 1990년대 인간들의 물욕과 본능적 욕구를 다양하게 만
족시켜주는 화려하고 혼란한 도시와 함께 농촌의 피폐한 현실이 그
려지고 있다. 작품의 주요 인물들이 "쓰레기장 같은 도시에서 살다
가 야외 시원한 공기"(65쪽)를 마시기 위해 저수지가 있는 야외로
낚시하러 찾아간 곳은 바로 작중 인물 미스 정이 오 년쯤 교사로 있

---

90) 『장백산』, 1995년 제6호.

었던 곳이다. 미스 정이 사범학교를 졸업하고 이 수남촌 학교로 배치 받아 올 때만 해도 이곳에는 원래 칠, 팔십 호 되는 조선족 마을이 있었고 이 부근 세 마을에 백여 명 되는 학생들이 있어 교원 십여 명에 초등중학교까지 있었었다. 그러나 산업화 도시화가 추진되고 있는 오늘 이 곳은 동네가 있었었고 인간들이 살았었다는 사실조차 감이 잡히지 않을 정도로 농촌공동체는 사라져버렸고 농촌교육 현실은 암담하기 그지없다. 수남학교도 지금은 교원들이 다 떠나가고 김 교장 한 사람만이 남아 있다. 중학교는 벌써 없어졌거니와 소학교도 학생이 열 명도 안 되고 일학년 이학년은 아예 없는 상황이며 김 교장 한 사람이 교장과 교사를 겸하고 있는 형편이다. 농촌공동체가 이렇게 급격히 해체되어가고 있는 원인을 작가는 농촌학교에서의 교사직을 포기하고 도시에서 술집을 다니며 돈을 벌고 있는 미스 정의 형상을 통해 잘 보여주고 있다.

> 진은 확실하게 미스 정을 동정하고 싶어졌다.
> "그렇기도 합니다만 그럴 바 하고는 농촌에서 전원적인 생활을 구상하는 게 더 편할지도 몰랐지요."
> 미스 정은 무슨 바보 같은 소리냐는 눈으로 진을 쳐다보았다.
> "농촌에서 사는 사람에게는 전원적이라는 망상이 없어요. 배부르고 부유한 도시사람들이 어쩌다 소풍격으로 농촌에 와 흥청거리고는 시적인 기분이 되어 전원적이니 강촌에 살고 싶다느니 하지만 지식청년으로 농촌에 하향했던 도시사람들과 물어보세요. 다시 농촌에 와 살고 싶은가? 백 프로 머리를 흔들 거예요. 땅을 믿고 살아본 사람은 땅의 혜택이 얼마나 인색한가를 알고 있어요. 지금 농촌은 전하고 또 달라요. 처녀애들이 없고 아이를 낳을 만한 젊은 아낙네들마저 없어요. 몇 십 호 되는 마을에 학교에 다닐 적령기 아동이 얼마나 되는지 아세요? 열 명도 안 돼요."
> 진은 자기가 영 바보스러운 말을 했다는 것을 알아챘다. 여간 기분이 잡쳤다. 그녀의 말대로 그녀로서도 어쩔 수 없는 운명이었으리라.
> — 「가람 건너지 마소」, 79쪽

위의 인용문은 도시사람들과 농촌사람들 간의 농촌에 대한 인식의 차이를 뚜렷하게 보여준다. 도시사람인 진은 농촌을 전원적인 생활을 영위할 수 있는 곳으로 생각하지만 농촌학교에서 교사로 지내면서 농촌의 현실을 잘 알고 있는 미스 정은 농촌에 하양하여 농촌생활을 깊이 체험한 도시의 지식청년들이 다시 농촌으로 돌아오지 않는 사실, 젊은 여성들은 다 도시로 흘러들어가 농촌마을에는 아이들이 없어 학교가 문을 닫게 될 상황에 직면한 것들을 근거로 도시인인 진의 인식을 부정하고 자신이 농촌을 떠나 도시의 나이트클럽에서 호스티스로 전락한 행위를 어쩔 수 없는 선택이었음을 은근히 내비친다. 아울러 진이도 그녀의 전락을 어쩔 수 없는 운명으로 수긍하게 된다. 이처럼 작가는 이 작품에서 향락적인 생활에 함몰하는 도시인들의 타락한 생활과 황폐화되어가고 있는 농촌공동체를 대비적으로 보여줌으로써 도시와 농촌의 격차 및 그것이 초래하는 문제점을 날카롭게 제시하고 있다. 우광훈 작가에게 있어 "농촌 또는 시골은 순수함과 그리움의 대상으로서의 '고향'이 아니다. 그의 소설에서 개혁개방과 한중수교 이후 중국조선족사회에 밀어닥친 도시와 한국으로의 이주에 따라 조선족농촌이 공동화되고 농촌이 경제적으로나 문화적으로나 삶의 환경면에서 많은 문제점을 가진 공간일 뿐이라는 인식을 보여준다."[91]

---

91) 최병우, 「우광훈 소설에 나타난 '고향'의 의미」, 『연변문학』, 2008년 제8호, 199쪽.

<사진 41> 구용기의 「농민의 증명」

　구용기의 「농민의 증명」[92]은 나이 오십이 되도록 고향마을에 애
착심을 가지고 수십 년간 촌민들을 이끌고 물불을 가리지 않고 사업
해 온 한 농민이 끝내 농촌을 떠나 담배 장사꾼이 된 이야기이다. 소
설의 주인공 고재춘은 중학교를 졸업했을 때 고향에서 데려다 '월급
쟁이'를 시키려 했으나 사백여 호 되는 북성촌 조선족 마을에 대한
두터운 정 때문에 거절하고 북성촌 농민이 되었다. 그 후 그는 북성
촌 당지부 서기로 수십 년 일해 오면서 상급의 지시대로 맡은 바 사

---

92) 『송화강』, 1993년 제2기. 이하 인용은 페이지 수만 밝힘.

업에 충성했으며 패기 있는 사업 본새로써 북성촌을 전 성에 이름 떨치게 하였고 그 자신도 한때는 현위 상무위원으로까지 지냈었다. 그런 그가 지방 간부들의 관료 작풍에 의해 빚어지는 북성촌 농민들의 피해를 체험하면서, 시장경제 원리가 적용되면서 나타난 쌀 가격의 급락을 체험하고 또 마을의 생존을 위협하는 홍수 앞에서 생존의 우연함과 가냘픔을 깨달으면서 그는 농민으로서의 철저한 불안과 아픔을 절감한다. 고재춘에게 있어서 북성촌은 세상없이 좋아보이던 고향마을이다. 그런 그가 마을의 스무 살 나는 청년 용달에게 하는 권고가 "너도 촌에만 박혀있지 말고 어디든 나가 덤벼봐지?"라고 권고하며 "한국 나가 돈이나 벌어올래요." 하는 용달이의 말에 "그 것도 좋지. 내 말은 한국에 못나가더라도 이 촌구석은 떠나라는 거다." "장가갈 생각 말고 촌부터 떠나."(20쪽)라고 용달에게 북성촌을 떠날 것을 극력 권고한다. 그뿐만 아니라 현성 중학교에 나가 공부하고 있는 아들에게 바라는 것도 "북성촌과는 아주 인연을 끊어버리거라. 아버지처럼 촌구석에 정이 들면 한평생이 부질없게 될 거다. 무서운 일이다. 절대 고향마을에 정을 두지 말어라…"(22쪽)라는 고향마을을 탈출하라는 바램이다. 그 후 북성촌은 요행 홍수의 위험에서 벗어났고 또 고재춘의 마음속 깊이에는 북성촌이 여전히 소중히 간직되어 있지만 그는 북성촌을 떠나 현성 길거리의 담배장사꾼으로 변모했다. 소설은 고재춘의 형상과 북성촌 농민들의 이야기를 통해 농민들이 당하는 불평등과 피해, 그로 인한 농민들이 고통과 아픔을 구체적으로 보여주면서 새로운 삶을 추구하는 농민들의 이농에 대해 긍정적인 시각을 보여주고 있다.

<사진 42> 박선석의 「즐거운 인생」

　박선석의 중편소설 「즐거운 인생」[93)]은 조선족 농촌마을의 두 젊은이가 도시로 진출하여 돈을 벌어와 가난한 고향의 면모를 개변시키려는 꿈을 실현하는 이야기이다. 작품의 주인공 조옥희와 정기호는 조선족 마을인 벽동촌에 살고 있는 청년 남녀이다. 가난한 농민 가정에서 태어난 조옥희에게는 아름다운 꿈이 너무도 많다. 적적하게 지내는 노인들을 위해 노인구락부를 지어드리고 싶고 낡을 대로 낡은 학교를 밝은 교실로 바꾸고 싶고 유치원도 꾸리고 싶다. 그러

93) 『장백산』, 1992년 제5호.

나 가난한 농촌에서 그의 이런 소원은 이루어질 수가 없다. 공부를 하는 것이 부모들한테 너무도 부담스럽다고 생각한 옥희는 단연히 공부를 단념하고 도시에 진출하여 꾸준한 노력으로 돈을 벌기 시작한다. 그 후 옥희의 영향하에 홀아비가 된 정기호도 농촌을 떠나 도시로 들어가 아파트 시공현장에서 잡일을 하게 되는데 "농촌보다 어때요?" 하는 옥희의 물음에 정기호는 "농촌보다야 천당이지"(25쪽)라고 대답한다. 몇 년간의 경험과 기술을 축적하여 자기의 음식점을 꾸려 크게 성공한 조옥희는 이제 자기의 꿈을 실현할 수 있는 경제적 여건이 마련된 것이다. 빨리 결혼식을 올리라는 부모의 권고도 마다하고 여태껏 고생하며 살아온 노인네들이 만년을 즐겁게 보내게 하기 위해 옥희는 미혼부 정기호와 함께 고향에 돌아가 노인구락부를 지어드린다. 작가는 조옥희와 정기호의 형상을 통해 젊은 세대 농민들의 개인분투 정신과 경쟁의식을 긍정하고 있으며 도시로 진출하여 치부한 이농민들의 고향에 대한 깊은 사랑과 고향의 낙후한 면모를 개변시키기 위한 이농민들의 선행을 찬미하고 있다. 이 소설이 산업화, 도시화 초기에 나온 소설이며 오늘날 조선족 농촌공동체가 급속히 무너지고 있는 현실을 감안하면 주인공 조옥희와 정기호의 형상에는 농민 작가인 박선석의 현실인식, 산업화에 대한 기대와 가난한 농촌 환경을 개변시키고자 하는 대안이 투영된 것으로 볼 수 있다.

김영자의 「토성촌의 삼형제」[94]는 농민 출신 삼형제의 서로 다른 생활 방식에 따른 갈등과 그 결과를 대비적으로 묘사하고 있다. 농민이었던 맏이는 농사를 포기하고 집과 가축을 판 돈을 자본으로 도

---

94) 『천지』, 1993년 제8호.

시에 들어가 장사를 하여 부자가 되었다. 이렇게 되자 맏이와 아직 농촌에 있는 셋째는 꾸준히 농사에만 열중하는 둘째에게 농촌을 떠날 것을 극력 권고한다. 그럼에도 둘째는 드팀없이 농촌에서 착실하게 과학적인 농사법을 실험하여 성공함으로써 가난에서 벗어나고 아름다운 생활을 창조한다. 셋째가 일확천금을 꿈꾸며 농촌을 떠날 준비를 하고 있는데 부자가 된 맏이는 얼마 지나지 않아 사기를 당하여 하룻밤 사이에 거지가 된다. 맏형을 부러워하고 둘째형을 깔보던 셋째는 그제야 자기의 잘못을 뉘우친다. 이 작품에서 주목되는 것은 둘째의 과학적으로 농사를 짓기 전의 가난한 생활과 과학적인 농사짓기 이후의 풍족해진 현재를 대비하고 도시에서 사기당한 맏이와 농촌에서 성실한 노동으로 생존환경을 변화시킨 둘째를 대비시키는 부분이다. 비록 만족스러운 현재 농촌이 강조된다 하더라도 도시에 들어와 장사를 함으로써 짧은 시간에 부자가 되는 맏이의 이야기와 농사짓는 둘째를 깔보는 셋째의 행위에서 도시와 농촌의 격차로 인한 갈등을 보여준다. 결과적으로 작가는 과학적인 농사법을 창안함으로써 농촌의 생존 환경을 개변시키며 농촌을 지켜나가야 함을 역설하고 있는 것이다. 과학적인 농사법으로 농촌의 생존환경을 개변시키는 둘째의 행위에 대한 긍정, 그리고 도시로 나간 맏형을 부러워하고 농사짓는 둘째형을 깔보던 셋째가 자기를 뉘우치는 결말의 처리는 농민출신인 작가의 농촌 고향에 대한 애착과 개혁개방기 농촌의 전망을 제시한 것으로서 작가의 현실인식을 보여주는 것이라 할 수 있다.

<사진 43> 김영자의 「세월의 언덕」

　김영자의 다른 한 소설 「세월의 언덕」[95] 역시 농민들의 가난으로
인한 갈등과 이농 문제를 다루고 있다. 소설 「토성촌의 삼형제」에서
과학적인 농사법으로 농촌의 생존환경을 개변시키는 둘째의 행위를
긍정하였다면, 「세월의 언덕」에서는 가난한 고향의 면모를 개변시키
기 위해 농촌을 잠시 떠나는 농민들의 이농을 긍정하고 있다. 작가
는 작중 주요인물인 옥순이의 임종 전 남겨놓은 편지를 빌어 우리

95) 『도라지』, 1994년 제6호.

이 세대는 더는 이렇게 살아서는 안 된다는 것, 우리 농민들도 이제는 이 세상을 살아가는 새로운 방법을 배워야 한다는 것, 비록 힘들더라도 노무수출로 돈을 벌어와 향진기업을 꾸린다면 얼마나 좋을까 하는 농민들의 새로운 삶의 방식을 제시하고 있다. 소설의 결말에서 옥순의 오빠와 옥순의 남편 병칠이는 고향의 빈곤한 면모를 개변시킬 결심을 다지며 해외 노무수출의 길에 오르게 된다.

도시와 농촌의 차이로 인한 갈등을 다룬 이러한 소설들에서 형상화 된 농촌사람들의 형상은 더 이상 땅을 농민의 생명으로 간주하는 농민들이 아니다. 오늘날 농민들의 가치관 속에는 자아의식이 강화되었으며 이로부터 나타나는 개인분투와 경쟁의식은 그들의 생활방식과 행위 모식을 개변시키고 있다. 오늘날 농민들은 일한 만큼 얻는 것이 있고 비록 모험적이기는 하지만 보다 빨리 자기의 생활조건을 개선할 수 있는 생활방식을 선호한다. 땅은 농민들의 유일한 생존 조건이 아니라는 현실인식은 중국에서 개혁개방 이후 많은 농촌사람들이 도시로 나가 일자리를 구해 경제적인 궁핍에서 벗어나고자 하여, 특히 한중수교가 이루어진 이후 조선족 농민들이 대거 한국에 나가 돈을 벌어오고 이를 바탕으로 도시로의 이동이 가속화되면서 농촌인구가 줄어들고 조선족 농촌공동체가 급격히 무너지고 있는 사실과 밀접한 관련을 갖는다.

2. 소외 계층의 고뇌와 갈등

<사진 44> 정세봉의 「토혈」

　정세봉의 「토혈」[96]은 가난한 농민의 착한 심성과 돈 있는 도시인의 이기심을 대비적으로 묘사하고 있다. 가난한 농민 홍수는 가정 단위 도급 생산제를 실시하기 시작한 첫해에 친구 종철이를 도와 볏모를 심어주었을 뿐만 아니라 그의 일 년 농사를 열심히 도와주었다. 때문에 홍수는 곤란에 부딪치자 누구보다도 친구인 종철이를 떠

96) 『도라지』, 1994년 제4호.

올렸으며 종철이를 찾아가 만난다면 그가 기뻐하면서 술좌석을 마련하고 우정을 나눌 것이라고 상상한다. 그러나 이미 여러 해 전에 도시에 나와 노래방을 꾸려 돈도 벌고 도시인이 된 종철이는 홍수가 돈을 꾸기 위해 자기를 찾아왔음을 알자 그는 돈을 꿔주기는커녕 노래방 아가씨를 시켜 홍수를 집으로 쫓아 보낸다. 작가는 소설에서 소박한 농촌문화와 개인 이익만을 중요시하는 도시 인간관계를 대비적으로 보여주면서 순박한 농민들을 동정하고 이기적인 도시의 인간관계에 대해 비판하고 있다.

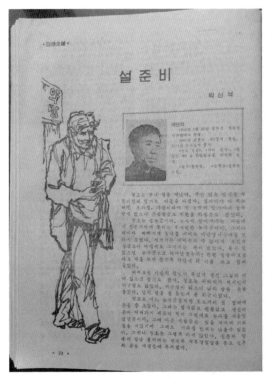

<사진 45> 박선석의 「설 준비」

박선석의 「설 준비」97)의 주인공 병호는 부지런하고 착한 농군이다. 독립적인 사고능력이 부족한 그는 신문 매체들에서 선전하는 치부경험을 믿고 모든 저축금을 창업에 투자하였다가 빚만 잔뜩 지고 나앉게 된다. 그때 지방정부에서 선동하는 인삼재배를 둘도 없는 치부의 기회라고 생각한 병호는 대출금을 내어 인삼 재배를 대량으로 한다. 그러나 인삼 가격의 급락으로 병호는 또 엄청난 빚만 걸머지게 된다. 매일같이 찾아드는 빚독촉자들을 피해 병호의 아내는 딸들을 데리고 외지로 돈벌이를 나가고 병호 혼자 남아 설 전에 급한 빚을 갚기 위해 돈을 꾸려고 동분서주하나 병호가 만난 농민들은 모두 이런저런 원인으로 진 빚을 갚지 못해 난감한 형편이고 정작 돈이 있는 사람들은 모두 거절을 한다. 현성의 금융업에서 작은 관리로 있는 고모부의 집을 찾아갔으나 돈 꾸러 온 병호의 의향을 알자 고모는 설 쇨 돈조차도 없다고 울상을 한다. 고모네 집을 나오면서 고모의 허위적인 표정과 자신이 걸머진 산더미 같은 빚을 떠올린 병호는 수면제를 사서 자살할 시도를 한다. 작가는 병호의 형상을 통해 시장경제법칙에 적응하지 못하는 농민들의 비참한 운명을 진실하게 보여주고 있으며 가진 자들의 위선을 폭로하고 있다.

개혁개방은 농민들에게 광활한 생활공간을 펼쳐주었다. 그러나 농민들이 스스로 자기의 생존 현황에서 벗어나고자 했을 때 개인의 운명을 개변하려는 강렬한 의식에 대비하여 문화수준이 낮고 상업의식, 과학적 경제의식이 부족한 모순이 뚜렷하게 드러나게 되었다. 농민들 속에 뿌리박고 있는 농민작가들이야말로 자기 민족 농민들의 현황과 약점을 누구보다도 잘 알고 있다. 수천 년의 봉건사회에서 형성된 의식, 현대 20여 년간 좌경 노선의 영향하에서 형성된 정

---

97) 『천지』, 1994년 제6호.

신 상태 및 문화수준이 비교적 낮은 농민들의 사유와 행위 모식 등 농민작가들은 가장 가까운 거리에서 농민들의 이러한 갈등과 피해를 친히 목격한 사람들로서 그들의 많은 작품에서는 조선족 농민들 자체의 약점에 대해 반성하고 있다.

윤림호의 소설 「파란들 남쪽」[98]은 농촌 처녀 초순이가 앓는 어머니를 위해 돈을 벌려고 현성에 올라가 술집에서 일하다가 경리의 간계로 순정을 잃고 겪는 고통과 노무수출로 한국에 갔다 돌아와 진상을 알게 된 초순이의 연인인 농촌 청년 백석이가 겪는 심적 고통 및 복수를 그리고 있다. 작품에서 작가는 그 어떤 시비판단을 내리지는 않았지만 전반 묘사에서 가난한 농촌 청년 남녀들의 순진한 사랑과 그들의 순박한 심성, 윤리 도덕적 아름다움에 대한 긍정과 동정이 뚜렷이 드러나고 있다.

박옥남의 「둥지」[99]는 조선족 농촌공동체의 처참한 붕괴과정을 진실하게 묘사하고 있다. 이 작품에서 또한 주목되는 것은 조선족 공동체 내에서의 권력층의 부패와 부정이다. 소설에서는 벽동촌 촌장네의 부유한 생활과 농민들의 가난한 생활이 소년 화자의 시각을 통해, 동네 농민들의 대화를 통해 다양하게 비교되고 있다. 벽동촌의 촌장은 촌장의 권위를 이용하여 남아도는 촌의 토지사용권을 남용함으로써 남다른 부유한 생활을 한다. 남들이 놓지 못하는 전화도 놓고, 남들이 아직 14인치 흑백텔레비전을 보고 있는데 촌장네는 25인치 컬러텔레비전을 보며 마을 네거리에다 2층으로 된 기와집까지 짓게 된다. 사철 논밭일은 일꾼을 대어 쓰고 촌장의 권위를 남용하여 번 돈을 이용하여 남편이 해외노무로 나가서 홀로 집을 지키고

---

98) 『송화강』, 1995년 제1기.
99) 『도라지』, 2005년 제1호.

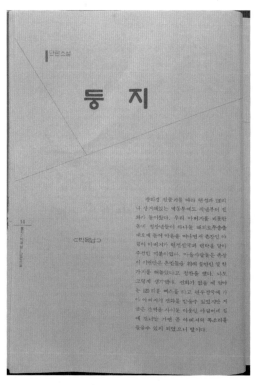

<사진 46> 박옥남의 「둥지」

있는 가난에 시달리는 동네 아낙네들을 유혹함으로써 가난한 농민
들을 더욱 불행하게 만든다. 진수의 어머니는 한국에 나간 남편이
돈도 부쳐오지 않고 소식조차 없게 되자 촌장과 관계를 가지게 되는
데 이로 인하여 급기야 집도 땅도 이웃동네 한족에게 헐값으로 팔아
버리고 떠돌이 인생을 살게 된다. 벽동촌의 이러한 삶의 양상은 조
선족 농촌공동체의 해체 과정, 가난한 농민으로부터 도시 떠돌이로
변모하는 전변 과정의 한 양상을 보여주었다고 할 수 있다.

김훈의 단편소설 「또 하나의 나」[100]는 개혁개방 이후 중국사회의 가장 심각한 사회문제인 실업인구의 증대와 그로 말미암은 인간의 고뇌와 사회의 불안을 정면으로 다루고 있다. 주인공 '나'는 비정하고 허황한 현실 속에 '여분의 존재'로 주어진 외롭고 고독한 실업자이다. '나'는 1950년대 후반부터 시작된 '좌'적인 정치노선으로 말미암아 동년 시절에는 대약진을 맞아 굶주림으로 영양실조에 걸린 구루병환자, 소년시절에는 반란에 무조건 도리가 있다던 홍위병, 청년시절에는 '광활한 천지' 농촌에서 학업의 기회도 잃고 온갖 고생을 한 지식청년, 중년시절에는 개혁개방을 맞이하여 정리해고자에 든 실업자이다. 그는 마치도 어항에 갇힌 개구리나 자라와 같이 불확실한 현실 속에서 하나의 노리개처럼 가난에 찌들고 그 어떤 우상에 의해 희롱당하기도 하고 그 어떤 정체 모를 권력에 의해 조롱을 당하기도 하다가 나중에는 유일한 생존수단인 직업마저 떼이고 만다. '광명천지'에 그가 설 자리는 아무데도 없고 마누라에게서도 남편대접을 받지 못하는 소외계층으로 굴러 떨어진다.

주인공 '나'는 이처럼 황당하고 괴로운 인생체험을 거듭하면서 끝없는 실의와 비애를 느끼며 자기기만과 자포자기의 생활을 하게 된다. 그러던 주인공이 마침내 주어진 운명에 도전하고 새로운 삶을 개척해 나갈 의지와 결단을 되찾는다. 이처럼 작품은 소외계층의 고뇌와 울분을 대변하는데 그치지 않고 그들의 소중한 자아각성의 과정을 실감나게 그리고 있다.

이 소설에서 보여주는 소외계층의 고뇌와 울분은 비단 중국조선족 사회에서만 겪는 문제가 아니라 개혁개방 이후 주인공 세대가 겪

---

100) 『연변문학』, 1999년 제4호.

는 중국사회의 보편적인 사회문제로서 신중국 성립 이후 특정된 역사 시기의 사회적 특징 및 개혁개방 이후 소외된 계층의 보편적인 고뇌와 갈등을 대변한다고 할 수 있다.

리휘의 「울부짖는 성」[101]은 2007년 '연변문학 윤동주 문학상'을 수상한 작품인데 아내를 한국에 보낸 조선족 남성의 고뇌와 갈등, 외로움과 울분을 다루고 있다. 이 작품에서 주인공은 '물알'이라는 별명으로 통한다. '물알'이란 원뜻은 덜 여문 곡식의 알을 지칭하지만 세속에서는 허우대는 크나 힘이 없는 남성을 말한다. 주인공 '물알'은 학교 배구대에서 쫓겨날 정도로 키 값을 못하는 사람이지만 자식 사랑은 지극해 모범 학부모로 통한다. 그는 아내가 한국에 간지 6년이나 되지만 아들 민호의 공부 뒷바라지에 모든 정성을 다한다. 그는 아내가 힘들게 벌어서 부쳐온 돈을 한 푼도 헛되게 쓰지 않는다. 후에 아내가 돈을 부쳐 보내지 않아도 군말 없이 묵묵히 아버지 노릇만을 할 뿐이다. 그러던 그가 어느 날 같은 처지에 있는 친구를 불러 맥주 여섯 병을 마시고 나서 "인생이 얼만데? 돈이 뭐야? 부부라는 게 오랫동안 갈라져 있고도 부부라고 할 수 있니? 난 정말 여자 생각 나 죽겠다"고 심적 갈등을 털어놓는다.

이 소설에서 보여주는 소외계층의 성적욕망의 억눌림과 그 위기는 비단 조선족 사회에서만 겪는 문제가 아니라 개혁개방 이후 산업화, 도시화 과정에 이농민들이 대량으로 도시로 밀려들면서 나타나는 중국사회의 보편적인 문제라고 할 수 있다. 그런데 이 문제는 특히 조선족 사회에서 두드러지게 나타나는 문제라고 할 수 있다. 조선족 수십만 명이 돈을 벌기 위해 해외로 나가 있다는 현실을 감안

---

101) 『연변문학』, 2007년 제12호.

하면 이 작품의 주인공이 겪는 외로움과 그로 인한 고뇌와 울분은 어느 개별적인 현상이 아님을 알 수 있다. 이 소설에 나오는 담임선생의 말대로 56명 학생 중 어머니나 아버지가 출국한 학생이 46명이 된다고 한다면 작품의 주인공 형상은 해외 돈벌이에 나선 조선족 가족 남성들의 전형적 형상이라고 할 수 있다. "성적 욕망은 인간의 무의식 중 가장 원초적인 욕망이며 대다수 사회인의 성적 욕구불만은 사회의 불안정을 의미"[102]한다고 볼 때 조선족이 이처럼 높은 비율의 부부가 장기간 별거하고 있다는 사실은 조선족 사회의 불안정을 의미하는 것이기도 하다.

3. 여성들의 고뇌와 갈등 및 자각

중국의 개혁개방은 조선족 여성들의 고유의 심미관, 가치관에 커다란 변화를 일으켰다. 이전 시기 대부분 여성들이 가정울타리에서 벗어나 사회로의 진출에서 평등 권리를 추구하였다면 개혁개방 이후 많은 여성들 특히는 지식여성들과 사업형의 여성들은 자기의 재능을 충분히 발휘할 것을 요구하며 자기 가치의 실현을 추구한다. 그리하여 사업과 가정의 관계에서, 가정 의무와 자기 가치 실현의 관계에서 갈등을 겪게 된다.

---

102) 김호웅, 『디아스포라의 시학』, 2014, 321쪽.

<사진 47> 류무원의 「강자, 약자」

류무원의 「강자, 약자」103)는 바로 이런 여성 강자의 운명을 보여주

고 있다. 소설의 주인공 강옥녀는 700명 영업원을 거느리는 A시 백

화상점의 부총경리이다. 그녀는 아름답고 활달하며 사업에 있어서는

피로가 무엇인지 모른다. 그녀가 있는 백화상점은 그녀의 헌신적인

노력으로 인구가 30만밖에 안 되는 자그마한 시에서도 판매액이 1억

5천만 원에 달하여 경제적 효익이 높은 전국의 100개 기업의 하나로

---

103) 『도라지』, 1995년 제3호.

되었다. 그녀에게는 휴식일이 없고 저녁식사 때에도 집 식구들과 단란히 모여 앉기가 힘들다. 그리하여 아들은 어머니를 이기적이라고 탓하고 남편은 "단란한 가정이 그립"다고 한다. 사업에서는 강자로, 가정에서는 부드러운 아내, 훌륭한 어머니로 되고자 하는 옥녀에게 있어서 주부로서의 직책을 이행할 수 있는 시간은 새벽뿐이다. 옥녀는 새벽시간을 타서 밥을 지을 뿐만 아니라 청소도 하고 빨래도 한다. 그러나 이것으로 남편과 아들의 요구를 만족시킬 수 없었다. 그래도 사업을 포기할 수 없어 옥녀는 부득이 가정부를 두는데 결국 가정부로 데려온 희숙이에게 남편의 사랑을 빼앗기고 만다. "총경리보다 여자가 더 좋다"는 남편 태호 앞에서 무릎을 꿇을 옥녀가 아니었지만 이 세상 모든 것이 비어 버리는 듯한 가냘픔과 함께 그녀의 가슴속에서는 사나이들 세상에 불 지르고 싶은 분노가 솟구쳐 오른다.

오랜 세월을 두고 가부장제하에서 생활해온 조선족은 유교문화의 발생지인 중국 본토의 한족보다도 남성 중심의 유교문화를 보다 많이 보존하고 있으며 적지 않은 사람들은 현모양처를 여성들에 대한 사회적인 도덕평가 기준으로, 여성 자신이 지켜야 하는 규범으로 간주하고 있다. 옥녀의 남편 태호가 말하는 '여자'란 바로 자식을 낳아 키우고 남편과 자식의 뒷시중을 알뜰히 하는 현모양처인 것이다. 시정부 교육위원회의 간부인 태호의 이러한 의식과 행위는 오늘날 조선족의 의식 속에 아직까지 전통적 남녀차별의 인습이 완고하게 뿌리박고 있음을 말해주며 그것은 여성들의 지위 향상에, 자기 가치 실현에 장벽을 만들고 있다는 것을 보여준다.

개혁개방 이후 여성의식의 각성과 함께 1980년대 후반기부터 30여 명의 여성 작가들이 조선족 문단에 등장하여 괄목할 만한 문학적 성과를 이룩하게 된다. 조선족 여성작가들의 소설을 주제적인 측면에서 살펴볼 때 특히 뚜렷이 드러나는 것은 그들이 주장하는 윤리가치 관념은 페미니즘적인 성격을 강하게 띠고 있다는 점이다. 이러한 소설들은 대체로 긍정적인 여성 주인공의 형상 부각을 통해 조선족 여성들의 생존 상태, 지위, 운명 그리고 정신세계에 대한 이해와 관심을 나타내며 여성들의 생명적 욕구, 생활에 대한 무의식적인 갈망을 충분히 보여주며 여성들의 정신상 자강의 결단, 자아실현의 의지를 강력하게 구현한다.

<사진 48> 리혜선의 「푸른 잎은 떨어졌다」

리혜선의 중편소설「푸른 잎은 떨어졌다」104)에서는 애정과 결혼의 이탈로 인한 비극을 보여주고 있다. 하향 지식청년 금실이와 귀향 청년 경찬이는 서로 열렬히 사랑하지만 딸을 농민아낙네로 만들지 않겠다고 야단을 치면서 쥐약을 앞에 놓고 어머니와 경찬이 사이에서 한 사람을 택하라는 어머니의 호령 앞에서 금실이는 하는 수 없이 사랑하는 사람과 갈라지게 된다. 그 후 그들은 각자가 애정은 없으나 화목한 가정을 꾸리게 된다. 그러나 진정한 사랑은 잊을 수 없는 것이어서 12년 후에 우연히 부딪친 그들은 서로를 알아본 그 순간에 아직도 사랑하고 있음을 강하게 의식하며 세월이 거꾸로 흐를 수 없음을 한탄한다. 이때로부터 그들은 애정과 도덕의 갈등 속에서 부대끼게 된다. 그들은 다시는 만나지 말자고 약속을 하고서도 자신을 억제하지 못하고 출퇴근길에서 서로를 기다리며 그럴수록 금실이는 맘씨 착한 남편에게 죄스러운 생각이 들고 속이 켕겨나 차라리 남편도 따로 봐둔 여성이 있기를 바란다. 이렇게 애정과 도덕의 갈등 속에서 부대끼는 금실이는 일기책에 자기의 고통을 쏟아놓기도 하고 편집부에 편지를 보내어 해결책을 얻으려고도 하나 끝내는 '질투망상증'에 걸리고 만다.

금실이와 경찬이의 애정은 표면상에서 볼 때 그것은 '외도적인 사랑'으로서 조선민족의 전통적인 윤리도덕의 규범에는 어긋나는 것이다. 작가는 이 소설에서 전통적인 윤리원칙을 대담하게 타파하고 등장인물들의 윤리관계를 통해 인간의 보다 복잡한 정신세계를 보여주고 있다. 작가는 이와 같은 애정비극을 통해 결혼 관계에서 극히 보편적이며 비정상적인 현상, 즉 "애정이 없는 혼인은 안정하고, 진

---

104) 『장백산』, 1987년 제2호.

정한 애정은 실현될 수 없는" 비정상적인 현상을 통해 낡은 사회윤리관념을 해부해 보이고 애정에 의해 결합된 결혼만이 육체와 정신이 결합된 진정한 사랑이며 행복이라는 견해를 피력하고 있다.

소설은 첫 시작에서 편집원 '나'(금실의 여동생)가 '란'의 필명으로 된 "저는 어떻게 하라나요?"라는 원고를 두고 "연애, 혼인, 가정" 특집란에서 지상토론을 벌이려고 구상한다. 편집원의 객관적인 입장에서 '란'의 '외도적인 사랑'을 동정하던 '나'는 아저씨의 '외도' 때문에 언니가 고통 받는다는 전화를 받고는 '란'에 대한 견해에서 자체모순에 빠져 우유부단하게 되며 이로부터 언니 금실이의 '외도적인 사랑'의 이야기를 끌어낸다. 소설은 금실이의 '외도적인 사랑'의 진상을 밝혀나가는 이야기와 함께 언니의 애정비극이 편집원 '나'에게 주는 심적 충격을 일관하게 이끌어 나감으로써 애정의 추구와 그 실현에서의 불가능 간의 모순을 보여주었다.

소설에서 금실이와 경찬이의 사랑에 대한 금실이 어머니의 조포한 간섭, 부련회에서 보내온 원고에서의 "절대 감정으로 리지를 대신하지 말고 혼인 전의 감정을 되살려 금이 선 가정을 잘 수선하시라. 이것만이 가장 타당한 방법"이라는 주장은 전통적인 혼인 윤리 도덕관념이 인간들의 심리 속에 얼마나 깊이 뿌리내리고 있는가를 보여주며 동시에 그러한 관념이 얼마나 엄중한 후과를 빚어내고 있는가를 보여주었다.

"어쩌면 좋단 말인가? …" 이것은 진정한 애정을 추구하나 현실적으로 실현할 수 없는 고통에 부대끼는 인간의 하소연으로서 여기에는 애정을 실현함에 있어서 현실의 갖가지 장애뿐 아니라 애정을 추구하면서도 도덕적 원칙으로부터 스스로 자신의 감정을 억제하는 뛰어넘을 수 없는 도덕적 장애도 포함하고 있는 것이다. 조선족의 전통적인 문화에서 애정은 언제나 결혼의 형식으로 동일시 되어왔다. 전통적인 윤리도덕은 애정이 있든 없든 불문하고 현존의 결혼관계를 수호해왔다. 조선족의 전통적인 윤리도덕관 특히 부덕에는 짙은 봉건적인 성분이 은폐되어 있는바 그 본질은 애정을 부정하는 것이다. '열녀불경이부(烈女不更二夫)'의 결혼관은 장기적으로 조선족 여성들의 애정의 발전을 속박하여왔으며 한 여성의 품질을 판단하는 중요한 척도로 되어왔다. 때문에 특히 여성들의 애정에 대한 추구는 언제나 봉건적 도덕규범과 모순상태에 놓여있었으며 윤리도덕 면에서의 시대적 갈등은 흔히 애정과 혼인의 갈등으로 나타났다.

언니의 애정비극에서 '나'가 받은 인생의 계시는 애정에 의한 결혼만이 진정한 사랑이며 애정이 없는 결혼의 고통에서 벗어날 수 있는 유일한 방법은 과감히 다시 결합되는 것이다. 언니 금실이의 애정비극이, 금실이의 남편과 경찬의 아내의 고통이 다시 결합되는 것이 현실적으로 얼마나 힘겨운 것인가를 알려주었으나 '나'는 바르지 못한 관념에 의해 지속형의 가정이 시시각각 나타나고 있는 현실을 인도하고 사랑의 기아 속에서 헤매는 수많은 '란'과 그들의 진정한 사랑과 행복을 위해 자기의 견해를 신문에 내도록 강력히 주장한다. 작가는 이처럼 조선족의 실생활에서 보편적이며 민감한 구역, 즉 애정과 결혼의 관계문제에 관심을 돌리고 개별적인 인간의 애정비극에 대한 이야기를 통해 사회적으로 흔히 볼 수 있는 애정과 결혼의 이탈현상을 조명해 보이고 그 대안을 제시하고 있다.

「푸른 잎은 떨어졌다」에서 애정과 결혼의 갈등을 과감히 불행의 그루를 찍어버리고 진정한 사랑을 찾아 다시 결합되는 것을 해결책으로 매듭지은 리혜선은 다른 한 중편소설 「안개 낀 대안」에서는 조선족 여성들의 전통적인 인내의 미덕으로써 부부간의 갈등과 가정

해체의 위기를 해결하게 하고 있다.

「안개 낀 대안」105)의 주인공 유초옥은 신출내기 처녀로서 단지 지근호에 대한 사랑으로 하여 황홀한 기쁨을 안고 시집온다. 시집을 와서야 그녀는 자기가 지근호가 세 번째로 맞아들인 아내라는 것을 알게 된다. 그녀는 19평방미터의 작은 집에서 시어머니와 함께 생활하게 되는데 시어머니 삼녀는 혹심한 고독과 사랑의 주림 속에서 모성애만 알고 살아온 변태적인 여인이어서 아들이 결혼한 후에도 효성만을 강조하며 유령같이 아들을 독차지하려고 한다. 비정상적인 부부생활로 하여 유초옥의 황홀한 꿈은 산산조각이 나며 지근호는 외도를 하게 된다. 분노한 유초옥은 시어머니와 남편에게 여러 가지로 분풀이를 하며 그래도 성차지 않아 홀로 해변가 여행을 떠난다. 그 여행에서 유초옥은 혁이를 통해 시어머니의 불행한 일생을 알게 된다. 애젊은 나이에 '모범 열사 아내'로 된 삼녀는 시동생과 사랑하게 되었지만 사회여론의 압력과 윤리도덕의 멍에로 하여 그 사랑을 이루지 못하고 홀로 아들을 기르며 비참한 일생을 살아왔다. 변태적인 시어머니의 쓰라린 일생을 알게 되면서 유초옥은 놀라움과 함께 자신의 보복행위를 뉘우치게 되며 그처럼 불쌍한 노인과 그 노인의 시달림을 받고 있는 남편을 이해해주고 참고 지내는 것이 도덕에 부합되는 것이라고 인정하고 평온한 마음으로 다시 그 19평방미터의 집으로 돌아간다. 비록 그 속에는 초옥이 가져야 할 것이 아무것도 없으나 초옥은 사회 윤리 도덕을 지킴으로써 심리적 평온을 찾는 것이다. 작품에서는 이와 같이 조선족 여성들의 전통적인 미덕, 즉 참고 견디며 양보하고 용서하는 자아 희생의 도덕정조로써 생명의 본

---

105) 『아리랑』, 1988년 제34호.

능적인 것을 억제하는 것이다. 불만과 분노, 불안에 헤매던 유초옥이 시어머니를 이해함으로써, 남편을 이해하고 용서함으로써 심리적 평온을 찾고 가정의 위기를 모면했다는 소설의 갈등 해소는 윤리 도덕 질서는 사회의 문명질서에 있어서 없어서는 안 될 단속으로서 인류문명생존의 수요이며 아울러 참고 견디며 양보하는 희생정신으로써 도덕질서를 유지하려는 작가의 의식을 보여준다.

김영자의 단편소설 「비바람 속에 사라진 녀인」106)에서 사망한 남편이 진 빚을 갚기 위해 정절을 잃은 옥자는 단연히 자신의 육체를 대가로 마을의 불쌍한 여인인 정자를 도와 담배 밭을 보존한다. 소설에서 옥자의 이러한 행위는 전통적 관념으로 볼 때 매음이라는 비도덕적 행위에 속하지만 작가는 옥자의 이러한 행위에 약자를 위해 자기를 희생시키는 비극적 색채까지 부여하고 있다.

장혜영의 「로씨야에서 만난 녀인」107)에서 주요인물 영희는 자신을 구하기 위해 장애인이 된 남편을 살리기 위해, 그리고 두 아들을 위해 단신으로 혼란스러운 러시아에 가서 장사를 한다. 그는 러시아에서 남성의 보호를 받기 위해, 더 많은 돈을 벌기 위해 서슴없이 자신의 육체를 미끼로 삼는다. 소설은 이러한 영희의 혼외성행위를 전통적 윤리 관념으로 간단히 부정한 것이 아니라 오히려 그것이 남편과 아들을 위한 하나의 수단에 불과한 것임을 부각시키고 있다.

---

106) 『천지』, 1992년 제6호.
107) 『천지』, 1994년 제1호.

<사진 49> 장혜영의 「로씨아에서 만난 녀인」

권선자의 단편소설 「엄마의 저수지」[108]의 주인공 금혜는 일반인
의 눈으로 볼 때는 행복한 주부이다. 시골출신이지만 제일병원 원장
의 후실로 들어가 그야말로 남부러울 것 없이 평화로운 삶을 살고
있다. 하지만 아침 출근시간 남편의 양복 등에 "기다랗게 누워있는
굽실굽실한 황금빛 머리카락"을 보는 순간 커다란 충격을 받고 뒤이
어 남편의 외도가 환각이 아님을 집안 이곳저곳에서 확인하게 되면

108) 『연변문학』, 2002년 제7호.

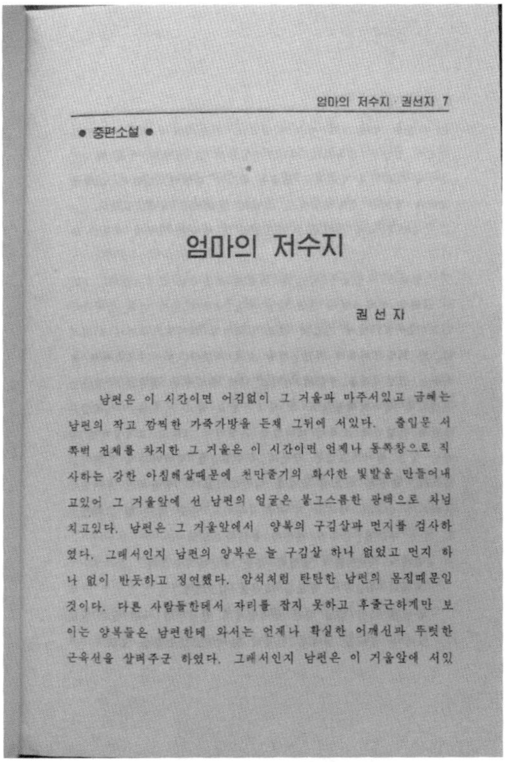

● 중편소설 ●

엄마의 저수지

권 선 자

남편은 이 시간이면 어김없이 그 거울과 마주서있고 금해는 남편의 작고 깜빡한 가죽가방을 든채 그뒤에 서있다. 출입문 서쪽벽 전체를 차지한 그 거울은 이 시간이면 언제나 동쪽창으로 직사하는 강한 아침해살때문에 천만줄기의 화사한 빛발을 만들어내고있어 그 거울앞에 선 남편의 얼굴은 붉그스름한 광태으로 차넘치고있다. 남편은 그 거울앞에서 양복의 구김살과 먼지를 검사하였다. 그래서인지 남편의 양복은 늘 구김살 하나 없었고 먼지 하나 없이 반듯하고 정연했다. 암석처럼 탄탄한 남편의 몸집때문일 것이다. 다른 사람들한테서 자리를 잡지 못하고 후줄근하게만 보이는 양복들은 남편한테 와서는 언제나 확실한 어깨선과 투렷한 근육선을 살펴주군 하였다. 그래서인지 남편은 이 거울앞에 서있

<사진 50> 권선자의 「엄마의 저수지」

서 점차 자기가 걸어온 인생을 되돌아보게 된다. 다만 여성이라는 이유로, 그것도 시골여성이라는 이유로 남편에게 씨받이로 이용되어 전적으로 남편의 규칙 속에서 굴욕적으로 살아온 자신, 맏딸이라는 이유로 일찍 세상 뜬 어머니를 대신하여 친정집 동생들에게도 줄곧 베풀기만 해 온 자신, 심지어는 자식들에게까지 모성은 의미 없는 존재로 되고 있는 가슴 아픈 사실을 발견한다. 이로부터 이때까지 광활한 저수지처럼 무엇이든 수용하고 어떤 힘겨운 일이든 참고 견

디며 받아들이던 금혜의 반발이 시작된다. 금혜의 탈선은 일반 사람들이 볼 때는 '외도'에 다름 아니다. 이 점은 소설에서 금혜의 여동생이 형부를 두둔하고 언니의 탈선행위를 질책하는 데서도 잘 드러난다. 하지만 집을 떠나고 애들을 떠나고 동생들을 떠나서 그 혼자서 어디론가 끝없이 가고 싶은 일념에 사로잡힌 금혜는 그 나름대로의 삶을 위해 끝내는 가정을 뛰쳐나간다. 이처럼 작품은 페미니즘의 시각으로 여성에게 희생만을 강요하는 남성 중심의 사회가 지니고 있는 비도덕성과 허위성을 날카롭게 파헤치고 있다. 소설은 금혜의 불륜을 소재로 하면서도 전통적 윤리 도덕관념으로 추화하지 않고 금혜의 굴욕적이며 소외된 인생과 그로 인한 의식의 변화 과정을 추적함으로써 일반 사람들이 이해하지 못하는, '부도덕'으로 규정짓는 금혜의 탈선행위를 결코 도덕과 부도덕의 잣대로 간단히 재단될 수 없는 것임을 보여주고 있다.

허련순의 단편소설 「하수구에 돌을 던져라」[109]는 여성의 정체성 찾기를 다룬 소설로서 2004년 '연변문학 윤동주 문학상'을 수상한 작품이다. 이 작품의 주인공이 살고 있는 동네는 원래 논농사로 살아가다가 비행장 건설을 계기로 땅 대신 돈을 얼마간 받고 모두 도시호구로 옮겨졌다. 땅을 떼인 이 동네의 남성들은 겨울이면 마작이나 화투를 치고 여름이면 그늘 밑에서 신세타령이나 한다. 그중에도 딸이나 아내가 외국에 가 돈을 버는 집 남자들은 어깨에 힘을 주고 다니지만 그렇지 못한 남자들은 작은 놀음에도 끼지 못해 그야말로 사람 축에 들지 못한다. 시어머니는 집에만 붙어 있는 며느리를 보고 능력이 없고 융통성이 없다고 바가지를 긁는다. 시어머니의 지청구에, 며느리는 가정을 살리기 위해 외국 가는 수속을 하다가 땅 판

---

109) 『연변문학』, 2004년 제5호.

<사진 51> 허련순의 「하수구에 돌을 던져라」

돈만 날린다. 그러자 시어머니는 또 공연히 설쳐서 돈만 날렸다고
원망을 하며 며느리의 불행한 친정사까지 끄집어내어 며느리를 야
유한다. '그녀'는 시어머니와 남편의 원망과 구박을 이기지 못해 자
살을 시도하나 성사하지 못한다. 그런가 하면 주인공의 남편은 아내
가 외국 가서 돈을 벌어오기를 바라서 가짜 이혼을 하며 이혼서류에
도장이 찍힌 날부터 3개월이 지나야 재혼이 가능하다는 말에 아내
의 위장결혼수속을 다그치기 위해 살아있는 자신의 사망신고까지
낸다. 남편은 '그녀'가 돈을 부쳐오자 '성공'했다고 생각하며 "나도

이제 큰소리치면서 살게 됐소." 하고 좋아한다. 이러한 남편의 무기력과 도덕적 타락상에 분노한 여주인공은 마침내 남성 중심의 사회에 도전장을 내고 여성의 정체성을 찾게 된다. '그녀'는 마침내 남편의 허락을 받고 위장결혼을 하고 외국으로 가게 된다. 그제야 남편은 "여태 단 한 번도 느껴보지 못했던 처절함과 배신감, 그리고 질투와 분노까지 겹쳐서" 아내와 위장결혼을 하는 낯선 남자를 "돈이 없어 위장결혼으로 돈이나 받아 처먹고 사는 거지 중의 상거지라구" 라고 상대방을 비하시키며 아내를 구속하려 든다. 노발대발하는 남편 앞에서 그녀는 "당신은 그런 말을 할 자격이 없는 사람이에요. 돈 때문에 호적 팔아먹는 놈이나 돈 때문에 마누라를 팔아먹는… 남-자-나 다를 게 뭐겠어요"라고 쏘아붙이면서 당당하게 맞선다. 이처럼 이 소설은 조선족 농촌사회의 물신주의 풍조와 윤리, 도덕적인 타락상을 배경으로 그 속에서 갈등을 겪던 나머지 마침내 자각을 하고 비도덕적인 가부장제에 도전해 나서는 여성 주인공의 자각 과정을 잘 보여주고 있다.

위에서 보다시피 이러한 소설들에서는 전통적 조선족 여성들의 형상을 개변시키고 있다. 그들은 예전과 같이 정조를 생명으로 간주하는 순결한 여인이 아니며 전통적인 부부 윤리 규범에서 해탈하여 문화전통과 현실 환경이 실조되고 윤리도덕과 생명 욕구가 모순되는 상황 속에서 그들은 심적 갈등을 겪지만 결국은 자신의 생존과 발전을 택한다. 전통적 관념으로 볼 때 혼외정사 또는 매음을 한 여성은 도덕적으로 타락한 여성으로 지목된다. 그러나 이러한 소설들에서 생존을 위해 극단적인 수단을 취한 여성들에 대해, 그리고 진정한 애정을 위해, 자아의 실현을 위해 탈선한 여성들에 대해 인도주의적 동정과 이해를 보여주고 있다. 여성들의 고뇌와 갈등 그리고 여성들의 자각을 형상화하고 있는 이러한 작품들에서는 비판성과 도전적 성격을 드러낸다. 이는 여성 의식을 가진 작가들의 남성 중심의 현실에 대한 거부와 저항의 구현이라고 할 수 있다.

4. 디아스포라의 삶과 민족적 정체성의 갈등

중국의 조선족은 그 뿌리를 한반도에 두고 있고 혈연적으로도 대다수가 한반도에 부모, 형제와 친지들을 두고 있다. 그러나 냉전시대 이념의 대립으로 조선족들은 수십 년 동안 한국과의 단절 속에서 망향의 한과 그리움을 안고 살아왔다. 하지만 중국의 좌경 노선으로 한때 한반도의 역사와 문화에 대한 애착, 한반도와 중국 문화 사이에서의 이중적 정체성의 갈등은 의혹과 불신을 초래했었다. 하지만 개혁개방 이후 자유로운 문학의 시대를 맞아, 다원공존과 다원공생의 세계사적 물결을 타고 조선족 작가들은 디아스포라의 삶과 이주민으로서의 민족적 정체성에 대한 갈등을 다양하게 형상화 하고 있다.

박옥남의 소설 「장손」110)은 조선족과 한족이 어울려 사는 잡거지역에서 방탕하게 살다가 거지같이 죽어간 한 조선족 가족의 '장손'의 이야기이지만 그보다는 조선족과 한족 문화 간의 갈등과 혼재를 보여주는 작품이다. 이 작품의 주인공은 조선족 학교를 마다하고 한족 학교를 다녔고 친구도 한족 친구들을 더 많이 사귀었다. 음식도 조선족 음식보다 한족 음식을 더 좋아하며 그믐날 저녁에도 한족 동네를 찾아가 초하룻날 아침 차례제사를 지낼 때까지도 집에 돌아오

---

110) 『연변문학』, 2008년 제12호.

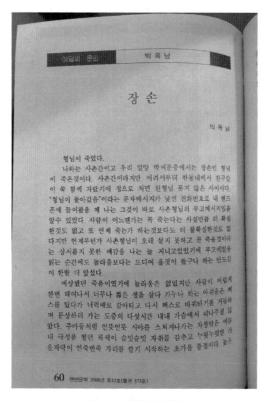

<사진 52> 박옥남의 「장손」

지 않아 집식구들이 동네를 뒤져 찾아와야 한다. 이 소설에서 보여주는 '장손'의 이러한 삶의 양상과 성장 과정은 꼭 같지는 않지만 조선족과 한족이 어울려 사는 잡거지역의 조선족 청소년들의 삶과 많이 유사하며 그 한 부류를 대표한다고 할 수 있다. 소설은 시종일관 어려서부터 한동네에서 친형제처럼 자란 '사촌동생'의 시점으로 모든 인물과 사건을 관찰하고 서술하면서 무너지고 있는 조선족 공동체의 현황에 대한 안타까움과 서글픔, 그리고 과거 조선족 공동체

의 삶에 대한 그리움을 내비치고 있다.

이 작품에서 또 한 가지 주목되는 것은 '장손'과 한족 처녀와의 자유연애를 둘러싸고 벌어진 '장손'과 그의 부모와의 충돌이다. 한족 동네 사람들과 친절하게 오가며 지내는 '장손'의 부모이지만 한족 처녀를 며느리로 받아들이는 것만은 타협할 수가 없다. 결과 '장손'은 사랑이 없는 결혼 생활을 하게 되면서 윤리적으로 타락하게 된다. '장손'의 타민족과의 사랑과 그로 인한 부모 세대와의 갈등은 개혁개방 이후 자유연애와 개성해방의 주장과 함께 특히 잡거지역에서 보편적으로 부딪히게 되는 갈등의 하나로서 현실적으로 시사하는 바가 크다고 할 수 있다.

조성희의 소설 「동년」111)은 문화대혁명 시기 조선족과 한족으로 이루어진 혼합 마을에서 벌어진 조선족 총각과 한족 처녀의 애정 비극을 그리고 있다. 아랫마을의 조선족 멋쟁이 총각 석국이 형이 윗마을의 한족 미인 옌과 도둑연애를 하다가 그를 질투하는 한족 젊은 이들에게 들통이 나서 죽도록 얻어맞는다. 며칠 후 옌은 다른 곳으로 시집을 가고 석국이 형은 육신의 아픔을 안고 고향을 떠나게 된다. 이 작품에서 주목되는 것은 윗마을 옌네 집 수캐 검둥이와 아랫마을 '그'의 암캐 얌둥이 사이의 동물 사랑을 두 민족 청년 남녀의 사랑과 대조시킴으로써 두 민족 사이의 갈등과 통합의 문제를 암시하고 있는 점이다. 윗마을 검정수캐는 아랫마을의 흰 암캐를 찾아와 짝짓기를 한다. 그런데 윗마을의 검정수캐는 아랫마을 수캐들에게 물리고 뜯겨 죽어버린다. 몇 달 후에 얌둥이가 여러 마리의 새끼를 낳았는데 새까만 강아지도 있고 잿빛에 검은 점이 박힌 얼룩 강아지

---

111) 조성희, 「동년」, 2002 장백산모드모아문학상 수상작가 작품집/ 소설집 『파애』, 요령민족출판사.

도 있다는 이야기다. 이처럼 작품은 두 민족 청년 남녀의 애정 비극과 동물 세계와의 대조를 통해 두 민족 사이의 반목과 문화적인 마찰을 보여주었을 뿐만 아니라 나아가서는 그 숙명적인 공존과 융합의 생리를 상징적으로 보여주고 있다.[112]

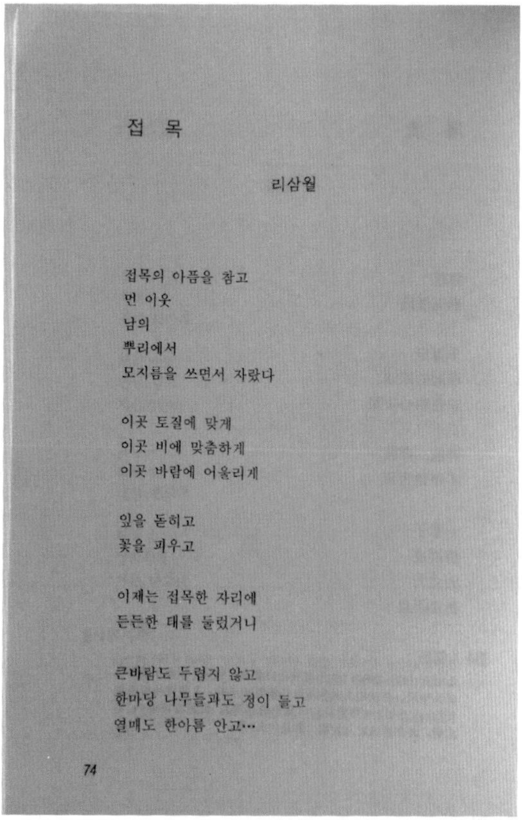

<사진 53> 리삼월의 시 「접목」

---

112) 김호웅, 「근대에 대한 성찰과 조선족 문학의 주제」, 『중일한문화산책』, 흑룡강조선민족출판사, 2005, 145쪽.

리삼월의 시 「접목」(1993)[113]은 조선족의 디아스포라의 삶을 상징적으로 잘 보여준 작품이다.

접목의 아픔을 참고
먼 이웃
남의
뿌리에서
모지름을 쓰면서 자랐다

이곳 토질에 맞게
이곳 비에 맞춤하게
이곳 바람에 어울리게

잎을 돋히고
꽃을 피우고

이제는 접목한 자리에
든든한 태를 둘렀거니

큰바람도 두렵지 않고
한마당 나무들과도 정이 들고
열매도 한 아름 안고…

그러나 허리를 잘리여
옮겨오던 그날의 칼소리

가끔 메아리로 되돌아오면
기억은 아직도 아프다.

－「접목」 전문

---

113) 『조중대역판-중국조선족 명시』, 연변조선족문화발전추진회 편찬, 민족출판사, 2004, 74-75쪽.

7연으로 이루어진 이 자유시는 디아스포라의 체험과 갈등 및 통합을 상징적으로 잘 보여주고 있다. 1연에서 "접목의 아픔을 참고/ 먼 이웃/ 남의/ 뿌리에서/ 모지름을 쓰면서 자랐다."라는 의인화된 표현은 조선족들의 고국을 떠나 이국땅에서 이주민으로서의 고뇌와 아픔을 감내할 수밖에 없었던 디아스포라의 모습을 표현하고 있다. 2연에서의 "이곳 토질에 맞게/ 이곳 비에 맞춤하게/ 이곳 바람에 어울리게", 3연에서의 "잎을 돋히고/ 꽃을 피우고"라는 표현은 조선족들의 중국에서의 정착과 적응 과정을 표현하고 있다. 여기에서의 "이곳 토질"은 한반도와 구별되는 중국의 문화적 차이로 이해할 수 있고 "비"와 "바람"은 여리고 상처받기 쉬운 접목된 나무를 괴롭히는 외부 세력, 또는 특정 시기의 시대 상황으로 이해할 수 있다. 그러나 접목된 나무는 수동적으로 살아가는 것이 아니라 먼 이웃의 토질, 비, 바람에 맞게 자신을 조정함으로써 마침내 잎을 돋히고 꽃을 피운다. 이는 조선족들의 시대 상황에 순응하는 수동적인 모습에서 적극적이고 능동적인 모습으로의 전환을 의미하며 지배 질서 체제와의 동일화를 실현한 것으로 해석된다. 4연, 5연에서의 "이제는 접목한 자리에/ 든든한 태를 둘렀거니// 큰바람도 두렵지 않고/ 한마당 나무들과도 정이 들고/ 열매도 한 아름 안고…"라는 표현은 중국조선족들의 성장과 발전을 잘 보여준다. 시대 상황이나 외부 세력의 횡포 속에서도 지혜롭게 견뎌 낸 접목 나무는 이제 큰 바람도 무섭지 않을 정도로 든든해졌고 다른 한편 그 과정에 한마당 나무들과도 정이 들었다. "한마당 나무들과도 정이 들"었다는 표현은 조선족들의 타민족들과의 공존과 통합을 의미한다고 볼 수 있다. "열매도 한 아름 안고…"라는 표현은 조선족들의 중국에서의 국민으로서의 위치, 뿌리를 내린 것으로 해석될 수 있다. 6연, 7연에서의 "그러나 허리를 잘려/ 옮겨오던 그날의 칼소리// 가끔 메아리로 울려오면/ 기억은 아직도 아프다.”는 표현은 조선족들의 숙명적인 실향의 아픔, 망향의식, 고국의 부모, 형제, 친지들에 대한 그리움을 안고 살아가는 디아스포라의 삶으로 해석될 수 있다.

이처럼 이 시는 시어에 상징적 의미를 부여하여 조선족들의 강인한 생명력과 디아스포라적 갈등, 그리고 통합을 “접목”으로 상징적으로 잘 표현하였다.

개혁개방 후 조선족 문학에서 디아스포라적 특성은 또한 고국에서 느끼는 정체성의 갈등에서 강하게 표현된다. 한·중 수교를 계기로 조선족은 고국과 중국이란 두 공간에서 자기 정체성의 갈등과 고민을 거듭했다. 지난날 이민 1세들이 부득이 하게 자기 삶의 뿌리를 떠나 이국에서 새롭게 정착하고 적응하는 진통을 겪었다면 오늘에 와서는 그 삶의 뿌리를 떠난 것으로 말미암아 부딪치는 새로운 진통을 겪어야 했다. 적지 않은 작가들이 이러한 현실에 주목하여 동족으로서의 한국인과 조선족의 갈등을 문학적으로 형상화 하고 있다.

박옥남의 단편 「내 이름은 개똥네」[114] 는 시골 출신인 ‘나’가 한국에 가서 불법체류 중인 남편과 동창생들을 만나는 것을 소재로 주로 한국에 나가있는 조선족 불법체류자들의 애환과 고뇌를 다루고 있다. 편벽한 조선족 마을에서 나서 자라난 ‘나’는 출국은 물론 비행기도 처음으로 타본다. 그는 비행기 안에서 만난 통배추모양의 머리 스타일을 한 한국인 사내와의 문화적 마찰을 경험하기도 하고 인천공항에서 입국통관수속을 밟을 때 서양 사람들과 한 줄에 끼여 서서 입국심사

114) 『연변문학』, 2008년 제3호.

<사진 54> 박옥남의 「내 이름은 개똥네」

를 받아야 하는 서글픔을 느끼기도 한다. 특히 그녀는 3년 만에 만난 남편의 초췌한 몰골과 전전긍긍하는 모습에 놀란다. 불법체류자로 숨어사는 남편은 거리에서 우연히 만난 경찰을 보고는 놀라서 벌벌 떤다. 그리고 한국에서 어린 시절의 동창생들을 만나는데 그들은 하나같이 고된 일에 부대끼고 하나같이 사람 취급을 받지 못한다.

소설에서는 불법체류자들의 현재 당면하고 있는 고난과 멸시 당하는 삶의 양상과 디아스포라인 것으로 인하여 갈등도 있지만 즐겁고 행복하기도 했던 그들의 중국에서의 과거 생활에 대한 회상이 부단히 포개지고 있다. 그리하여 조선족 불법체류자들의 고달픈 삶을 더욱 선명히 보여줄 뿐만 아니라 "아버지의 아버지가 살았었다는 그 땅"이 이들에게 어떻게 인식되고 있는가를 뚜렷이 보여준다. 조선족 동포에게는 불법체류자 자진 신고에 의한 재입국제도가 도입되었다는 것은 한국에서 조선족 동포들에 대한 혜택이 정책적으로 개선되고 있음을 말해준다. 그러나 소설에서의 불법체류자들에게 있어서 한국은 돈을 벌기 위해 잠시 머무르는 곳으로 인식되고 있다. 인천공항을 떠나면서 "그래, 가자! 집으로 가자! 내 집이 있고 내 아들이 있고 내 터전이 있는 그곳으로 가자! 잘 있어라, 대한민국, 잘 있어라, 아버지의 아버지의 고향아. 잘 싸워라, 친구들아! 잘 견뎌라, 개똥네야!"(38쪽)라는 '나'의 부르짖음은 돈을 벌기 위해서는, 중국에서의 가난한 삶의 여건을 개선하기 위해서는 싸우면서도 참고 견딜 수밖에 없는 곳으로, 이제 한국은 '아버지의 아버지의 고향일 뿐' 더는 '나'의 세대의 고향이 아니라는 의식을 보여준다. 그리고 조선족들이 뿌리를 내릴 삶의 현실적 터전은 '내 집이 있고 내 아들이 있고 내 터전이 있는' 중국땅이라는 의식을 보여준다.

강호원의 단편 「쪽빛」[115]은 한국의 어느 한 외딴 섬에 있는 공장에서 벌어진 조선족 정호와 한국인 우반장의 갈등과 화해의 과정을 다룬 작품이다. 평등주의 사회에서 살아온 중국 동포와 가부장적인 수직논리에 젖은 한국인 사이에는 자연 갈등과 충돌이 생긴다. 중국 동포 정호는 육중한 철판들이 부딪치고 쇠를 갈아내는 소음으로 진동하는 노동현장, 고된 노동과 변덕스러운 기후 때문에 육신은 무너질 것 같은데, 설상가상으로 한국인 우반장의 시도 때도 없이 퍼붓는 훈계

---

115) 『연변일보』, 2007년 11월 30일.

와 욕설을 받아야만 한다. 우반장은 입만 열면 "씨팔, 씨팔" 하고 10
살 손위인 정호에게 거리낌 없이 반말을 쓴다. 참고 견디던 정호는 우
반장에게서 "병신"이란 말을 듣는 순간 억제할 수 없는 분노가 치받
혀 쇠파이프를 들고 길길이 뛴다. 결국 정호는 사장에게 들통이 나서
해고를 당한다. 그제야 우반장이 떠나는 정호를 붙잡고 "나는 집에 노
모도 없고 툭 털면 먼지라 카지만도 형님은 연변에 마누라에 자식들
까지 두고 온 뭠이 아닌 겨?" 하고 한사코 붙잡는다. 이 작품은 조선
족과 한국인 사이의 문화적 차이와 그로 인한 갈등을 보여주는데 그
치지 않고 이야기를 갈등 해소 및 화해로 이끌어 간다. 작품에서 정호
와 우반장 사이의 화해를 가능하게 한 것은 물론 두 밑바닥 인생의
가슴속에 고여 있는 따뜻한 인간애와 민족적 동질성이다. 오늘날 한
국에 나가 있는 수십만 명의 조선족 가운데 대다수가 밑바닥 인생을
살고 있고 따라서 조선족과 한국인 사이에 다양한 갈등이 빚어지고
있는 현실을 감안할 때 이 작품이 시사하는 바는 크다고 할 수 있다.

　최국철의 단편 「양치기」[116]는 남대천이라는 조선족 마을의 사륙
구라고 부르는 남자 주인공이 한국에 나가 돈을 벌어 귀향한 후 양
치기를 하다가 실패하고 다시 한국으로 나가는 이야기를 그리고 있
다. 작품은 주인공 형상을 통해 피폐한 조선족 농촌마을의 현황을
잘 보여준다. 젊은 사람들, 여성들이 돈을 벌기 위해 도시로, 한국으
로 떠나면서 마을엔 도시로 나갈 능력이 없는 늙은이들만 남아있다.
사륙구가 한국에서 돌아와 양치기를 시작하지만 그를 도울 만한 젊
은 일꾼 하나 찾을 수 없다. 이 작품에서 특히 주목되는 것은 사륙구

116) 『연변문학』, 2014년 제1호. 이하 인용문은 페이지 수만 밝힘.

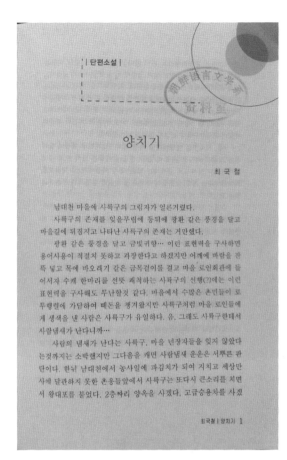

<사진 55> 최국철의 「양치기」

가족의 이야기를 통해 다민족 사이의 갈등과 통합의 문제를 제시하고 있는 점이다. 사륙구의 아버지는 한족이며 어머니는 조선족이다. 가정출신을 무엇보다도 중요시하던 중국의 '문화대혁명'시기 사륙구의 아버지 사(謝) 씨는 왕붓으로 눈썹을 그린 듯하고 코가 우뚝해서 남대천 아낙네들에게 한결같이 잘생긴 한족청년이라고 평을 받았지

만 가정출신이 '토비새끼들'이라는 사회적인 낙인으로 인하여 멸시와 기시를 받았다. 사륙구의 어머니는 늙다리 암소 한 마리가 있었다고 부농으로 획분된 강 씨네 딸로 태어나 역시 사회적인 기시를 받았다. 그리하여 사회적인 버림을 받은 두 남녀가 결합하게 되었는데 이들의 결혼을 남대천 사람들은 '다리 부러진 노루들끼리 만났다', '토비아들과 부농의 딸이 맞서면 비슷하지'(6쪽)하는 배타적인 통념으로 냉소했다. 그뿐 아니라 남대천 청년들은 밤마다 사 씨를 호되게 때렸다. 남대천 청년들에게 저항할 수 없는 사 씨는 아내의 몸을 상대로 분풀이를 했다. 그런 생활 속에서 사 씨는 성격이 조포한 인간으로 변화된다. 그리고 한족 아버지와 조선족 어머니 사이에서 태어난 사륙구의 형제들에게는 토비새끼도 모자라서 다시 '얼방귀', '짜그배'라는 낙인이 찍혀 사회적인 멸시와 기시가 뒤따랐다. 그러나 사륙구의 아버지와 형제들에게는 이러한 인격모욕에 저항할 힘이 없었다. 그들 가운데 사륙구 만은 "개소리라 해라"(7쪽)며 전혀 개의치 않고 제멋대로 홍글거리며 웃어넘겼으므로 "저 얼방뒤넘이 쇡에 글발만 잡아넣으문 자치주에서 한자리쯤 해볼 넘이여. 자치주 간부야 한족말, 조선말을 잘하문 되는거 아잉가?" 하는 긍정을 받게 된다. 작가는 이처럼 사륙구 가족의 이야기를 통해 부동한 민족문화의 갈등을 보여줌과 동시에 편협한 민족의식이 빚어내는 피해를 예리하게 보여주고 있다. 작가는 더 나아가 사륙구의 형상을 통해 다문화 공존과 공생의 문제를 제시하고 있다. "마을에서 수많은 촌민들이 노무행렬에 가담하여 떼돈을 챙겨왔지만 사륙구처럼 마을 노인들에게 생색을 낸 사람은 사륙구가 유일하다"(1쪽) 사륙구를 얼방귀라고 매일 비아냥거렸지만 사륙구는 한국에서 돌아와 마을에 들어서는 첫걸음에 마을 노인회관을 찾아가 늙은이들한테 인사를 하고 개 한 마리를 선사한다. 양치기 2년 동안에 돈 한 잎 벌지 못하고 되려 5만 원이나 밑지고 다시 한국으로 나가게 되었음에도 사륙구는 마을 노인들에게 양 한 마리 대접하는 것을 잊지 않는다. 그리하여 마을 노인들로부터 "그래도 사륙구한테서 사람 냄새가 난다"(1쪽)는 평가를 듣게 된다. 이처럼 작가는 사륙구의 이야기를 통해 다문화 사회로 들어서고 있는 오늘날 상대방의 존재와 가치를 인정해 공존과 화해를 이루어내는 것이 조선족 농촌공동체가 당면한 과제가 아닐까 하는 사고를 안겨준다.

5. 물질적 욕구와 윤리 도덕 간의 갈등

중국은 개혁개방 이후 시장경제의 도입, 산업화와 도시화를 거쳐 오늘날까지 놀라운 발전을 가져왔다. 국민경제가 급속도로 성장하고 국민들의 생활수준도 놀랍게 상승했다. 그러나 급성장하는 물질문명과는 반대로 정신문명은 날로 쇠퇴되어가고 사람들은 정신적 빈곤으로 방황하고 있다. 사람들은 날이 갈수록 물질주의, 향락주의에 매혹되어 전통과 윤리 도덕, 정신적 가치를 부정하고 금전의 노예로 전락한다. 바로 이러한 현실 앞에서 조선족 작가들은 물질적 욕구와 정신적 가치, 금전과 윤리 도덕 사이에서 갈등하는 사회적인 문제를 다양하게 형상화하고 있다.

장혜영의 「로씨야에서 만난 녀인」[117]은 한 가난한 농민이 윤리도덕관념과 실존 사이에서 겪는 고뇌와 갈등을 잘 보여주고 있다. 소

---

117) 『천지』, 1994년 제1호.

설의 주인공 홍수는 가족의 가난한 생존 환경을 개선하기 위해 러시아에 돈 벌러 갔으나 뜻밖의 생활난에 부딪히게 된다. 그러나 역시 가족을 위해 러시아에 돈벌이 하러 간 영희라는 여인의 도움을 받게 되면서 그는 삶의 애로에서 벗어나 힘을 얻게 되며 따라서 열정적이고 능력 있고 활력이 넘치는 영희에게 호감을 가지고 함께 생활하게 된다. 그렇지만 홍수는 고향에 있는 아내에 대한 미안함과 죄의식 때문에 끝내는 영희와의 애매한 관계를 정리하고 러시아에서의 돈벌이도 포기하고 아내와 자식에 대한 그리움을 품고 집으로 돌아온다. 아이러니하게도 오랜만에 상봉한 아내가 기다리는 것은 남편의 순결한 마음이 아니라 수단을 가리지 않고 돈을 벌어와 빚을 갚고 부유한 생활을 하는 것이었다. 소설은 주인공 형상을 통해 전통적 윤리 도덕관념과 현실의 생존 환경이 모순되는 상황 속에서 소외계층이 겪는 고뇌와 갈등을 잘 제시하고 있다.

최균선의 소설 「신음하는 령혼」[118]은 한 소학교 교사가 금전과 물질적 생활을 위해 인격과 양심을 저버렸다가 환상의 파멸로 인하여 절망하는 이야기를 쓰고 있다. 주인공 미옥에게는 그를 깊이 사랑해주는 남편과 귀여운 딸이 있었다. 비록 생활은 부유하지는 못하였지만 화목한 가정이었으며 인생의 가치를 실현할 수 있는 직장도 있었다. 그러나 사치한 물질생활의 유혹 앞에서 미옥은 끝내 남편과 딸을 저버리고 돈 많은 마도남 경리의 품에 안긴다. 허나 미옥을 데리고 미국에 가서 거주한다던 약속은 워낙 미모의 그를 점유하기 위한 마도남의 수단이었던지라 미옥의 출국의 미몽은 산산이 깨어지

---

118) 『천지』, 1990년 제3호.

고 만다. 결국 스스로 타락의 길을 택한 왜곡된 영혼은 고통의 심연에서 헤매게 된다. 소설에서 주인공이 겪는 영혼의 고통은 개혁개방이후 선진국의 풍요로운 물질적 생활을 선호하고 동경하는 현대 인간들의 고뇌와 갈등을 보여주고 있다. 소설은 자기 일개인의 물질적 생활을 위해 인격도 양심도 저버린 주인공의 삶의 선택이 환상의 파멸로 끝나는 결말을 통해 이기적인 물질적 욕망을 부정, 비판하고 있으며 아울러 인간의 양심과 도덕의 가치를 강조하고 있다.

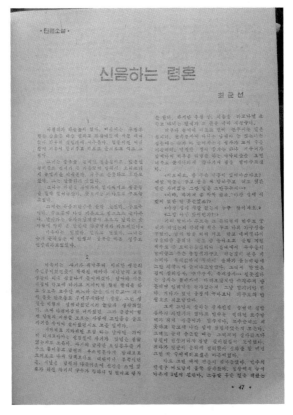

<사진 56> 최균선의 「신음하는 령혼」

<새시기조선족중견작가작품대계>

가람 건느지 마소

우광훈작품집

흑룡강조선민족출판사

<사진 57> 우광훈 작품집 「가람 거느지 마소」(1997)

우광훈의 중편소설 「가람 건너지 마소」[119]는 중국의 1990년대 현실을 살아가고 있는 주인공 진이와 그의 친구들의 도시에서의 삶과 의식을 보여준 작품이다.

소설에 나오는 주요 인물들은 매일 같이 먹고 마시고 향락을 즐기며 타락한 삶에 함몰되고 있다. 진이는 젊었을 때 적나라한 생존경쟁 마당에서 독립적으로 무얼 해보고 싶다는 생각에 신문사에 적을 두고 한국인이 꾸리는 회사로 들어갔지만 그가 한 일이란 먹고 마시고 회사 출납원 미스 장과 사랑 유희를 벌인 것이다. 미스 장이 임신을 알리며 결혼을 요구하자 진이는 뻔뻔스럽게 정신적 사랑을 빙자하여 중절수술을 하게 하며 한쪽으로는 또 다른 여성과 무책임한 관계를 가진다. 한편 진이는 감성과 이성, 향락과 도덕의 사이에서 심적 갈등을 겪고 있다. 출신으로 놓고 보면 진이는 대학을 졸업하고 신문사 기자로 있었으며 "작년까지만도 친구들과 리성이니 사회 비판이니 생명 본질이니 하면서 열을 낼 때가 있었"(67쪽)던 사람으로서 언제나 의식과 행동의 불가사의한 분리 때문에 당혹에 빠지기 잘한다. "누구든지 타락하고 썩을 수 있는 시대, 물욕과 섹스로 피범벅이

---

119) 『장백산』, 1995년 제6호.

된 거품 속에서 허덕거리는 인테리, 우리의 비틀거리는 삶의 걸음을 부추겨주는 리념과 리성의 지팽이는 어디에 있는 것일까?"(78쪽)라는 진이의 한탄은 타락한 삶을 살아가는 그의 심적 갈등을 단적으로 보여준다. 이러한 진이의 곤혹과 갈등은 인간본능의 충족과 물질적 생활이 인간의 삶의 전부가 아니며 인간의 정신적 가치의 추구를 대체할 수 없음을 말해준다. 소설은 타락된 삶을 살고 있는 소지식인의 심적 갈등을 통해 산업화, 도시화 시기의 사회적 혼란을 보여줌과 동시에 올바른 이념과 이성은 사회의 문명질서에 있어서 없어서는 안 될 길잡이로서 인류문명생존의 수요임을 보여주었다. 작가는 여기에서 물질문명과 정신문명의 공존을 유지하려는 태도를 취하고 있다.

박초란의 단편소설 「절골이 어딘지 아시나요?」[120]는 한국에 돈벌이하러 나갔던 주인공 그녀가 오래간만에 그녀가 태어난 절골이라고 부르는 고향을 찾아가는 이야기이다. 소설은 그녀의 이야기와 그녀 남편의 이야기를 교차시켜 전개하면서 그녀가 어찌하여 절골을 찾아가게 되었는지를 보여주고 있는데 전편에 그녀의 지난날 삶에 대한 회한을 관통시키고 있다.

---

120) 『연변문학』, 2014년 제3호. 이하 인용문은 페이지 수만 밝힘.

<사진 58> 『박초란의 「절골이 어딘지 아시나요?」

그것이 첫 시작이었다. 죽음, 그는 그 실체를 온몸으로 느끼고 있었다. 홀로 딱딱한 병원침대에서 일어날 때 그는 오랜만에 먼 곳에 있는 그녀가 그리워졌다. 안해, 그녀의 따스한 가슴이 그리워졌다.(5쪽)

결혼을 하여 아이 낳고 살던 집이 타고 있는 동안 그녀는 자신이 무엇을 했는지 알 수 없었다. (중략) 아이와 친정엄마까지 그 집에서 연탄가스에 중독되어 죽어가는 동안에 자신이 무엇을 했는지 알 수 없었던 그때처럼, 그녀는 아무것도 돌이킬 수가 없다는 걸 알았다. 두 식구의 뼈가루를 날리고서도 다시 그 집으로 발걸음을 돌리지 않고 재차 한국으로 떠난 것도 어쩌면 그 집이 영영 사라져버리길 바랐던 게 아닌 지 모른다. 그럼에도 다시 찾아올 때는 아이랑 엄마랑 찍은 사진 한 장이라도 건질 막연한 기대를 품고 있었다. (6쪽)

천방지축 들고뛰군 했다. 돈을 벌어서 뭘 하려구 한거지? 처음 큰돈이 모 아졌을 때 그녀는 고향에다 집을 살가 아니면 투자가능성이 있는 곳 에 집을 살가 고민을 했었다. 그냥 처음의 생각대로 고향에다 아파트 를 샀더라면 아이도 어머니도 살아있을지 모른다는 자책감이 이제 홀 로 남겨진 그녀를 평생 괴롭힐 것임을 그녀 자신도 잘 알고 있었다. 그녀는 남들이 그러듯이 그래도 수도가 좋겠지, 그렇게 중얼거리면서 남편과 아무런 상의도 없이 덜컥 거기다가 집을 사버리고 말았다. 그 곳에서 살 날이 있을지는 아무도 몰랐지만, 수도에 내 집 한 채가 있 다는 것만으로도 여태까지의 고생들이 보람차게 느껴졌다.(9쪽)

래일엔 꼭 물어봐야지, 했지만 정신없이 밀려드는 일 때문에 다시 집에 전화 를 걸었을 때는 거의 일주일이나 지난 뒤였다. 아무 일도 아니야. 신경 쓰지 마. 몸 건강하게 있구 … 아니라고만 하는 그에게서는 더 이상 아무것도 알 아낼 것이 없었다. 그때만도 그녀는 그다지 심각하게 생각하지 않았다.(11쪽)

위의 인용문에서 보다시피 두 살 난 어린아이를 친정어머니한테 맡겨두고 한국으로 돈벌이하러 나간 그녀는 모든 정력을 돈벌이에 몰붓는다. 작은 진소학교 교사인 그녀의 남편은 고향에 집을 사려는 꿈을 가지고 담배도 끊고 모든 술상을 외면하지만 큰돈을 번 그녀는 남편과는 아무런 상의도 없이 수도에 집을 사고, 자기도 수도에 집 한 채를 가지고 있다는 것으로 보람을 느낀다. 그녀가 열심히 돈을 벌고 있는 동안 그녀의 남편은 풍을 맞아 병원에서 죽음의 고비를 홀로 이겨내야 했으며 병든 생명을 자신의 의지대로 끝맺기 위해 농 약 한 병을 사서 숲속으로 들어가 자살을 시도하기도 한다. 결국 그 녀의 남편은 어린 자식과 장모를 집에 남겨두고 그녀 몰래 이혼신청 을 해놓고 속세를 떠나 먼 곳으로 출가하고 만다. 그녀의 불행은 이에서 끝나지 않는다. 연탄을 때는 낡은 집에서 살던 아이와 친정어머니가 연탄가스에 중독되어 죽게 된다. 이때에야 "그냥 처음의 생각대로 고향에다 아파트를 샀더라면 아이도 어머니도 살아있을지 모른다"고 자책하지만 후회막급이다. 그녀는 인생에서 가장 소중한 가족 모두를 잃어버렸으며 남은 것이란 평생토록 그를 괴롭힐 회한과 자책감이다. "결혼을 하여 아이 낳고 살던 집이 타고 있는 동안 그녀는 자신이 무엇을 했는지 알 수 없"으며 "아이와 친정엄마까지 그 집에서 연탄가스에 중독되어 죽어가는 동안에 자신이 무엇을 했는지 알 수 없"다는 표현은 물질적 욕망을 실현하기 위해 가정을 홀시한 그녀의 지난날 생활이 아무런 의의도 없음을 의미하는 것이며 그러한 생활에 대한 철저한 부정으로 된다. 그녀가 어린 시절에 살았던 집은 이제는 자취도 없다. 그런데 이때에야 그녀는 자기가 태어난 그 자리로 가고 싶어진다. 물론 개혁개방 이후 특히 한국과의 수교가 이루어진 이후 조선족 여성들의 희생적인 노동에 의해 수많은 조선족 가정들이 빈곤에서 벗어나 풍족한 삶을 영위할 수 있게 되었고 아울러 자녀들에게도 보다 다양한 교육을 마련해 준 것이 사실이다. 그러나 오늘날 대도시로의 이동, 특히 돈을 벌기 위해 대량의 여성들이 한국으로 떠나감으로 인하여 수많은 조선족 가정이 파탄되고 민족 공동체가 급속히 해체되어 가고, 많은 사회적 문제를 빚어내고 있는 것 또한 사실이다. 이런 점을 감안하면 박초란의 이 작품은 시사하는 바는 크다.

이상 제3장에서는 개혁개방 이후 조선족 문학, 그중에서도 1990년대와 21세기 조선족 문학의 중단편을 중심으로 조선족 문학에 나타난 갈등과 통합의 양상에 대해 몇 가지로 나누어 살펴보았다. 조선족 문학에 나타나는 도시와 농촌의 차이로 인한 갈등, 소외 계층의 고뇌와 갈등, 여성들의 고뇌와 갈등 및 자각, 디아스포라의 삶과 민족적 정체성의 갈등, 물질적 욕구와 윤리 도덕 간의 갈등 등은 개혁개방 이후 시대를 살아가는 중국조선족들의 삶을 그 삶의 현실적인 조건과의 긴밀한 연관 속에서 진실하게 묘사하고 있음을 알 수 있었다.

위의 소설들에서 보여주는 도시와 농촌의 차이로 인한 갈등, 소외 계층의 고뇌와 울분, 물질적 욕구와 윤리 도덕 간의 갈등 등은 중국 조선족 사회에서만 겪는 문제가 아니라 개혁개방 이후 중국사회의 보편적인 문제로서 산업화, 도시화가 급격하게 추진되고 있는 현실 속에서 중국인들이 겪는 보편적인 고뇌와 갈등을 대변한다고 할 수 있다.

여성들의 고뇌와 갈등 및 자각의 문제는 중국 주류 사회에도 존재하는 문제이기는 하지만 특히 조선족 사회에서 두드러지게 나타나는 문제라고 할 수 있다. 오랜 세월을 두고 가부장제하에서 생활해 온 조선족은 유교문화의 발생지인 중국 본토의 한족보다도 남성 중심의 유교문화를 보다 많이 보존하고 있으며 적지 않은 사람들은 현모양처를 여성들에 대한 사회적인 도덕평가 기준으로, 여성 자신이 지켜야 하는 규범으로 간주하고 있다. 이러한 점을 감안하면 여성들의 자아실현의 의지, 생명적 욕구, 생활에 대한 무의식적인 갈망을 강력하게 구현한 소설들은 조선족 사회에 존재하는 문제를 반영하는 한편 바야흐로 변화하고 있는 조선족 여성들의 정신세계를 구현하고 있다고 볼 수 있다.

디아스포라의 삶과 민족적 정체성의 갈등을 구현한 소설들은 디아스포라적 갈등과 함께 한국과의 인적교류가 활성화되면서 전통적

인 민족공동체가 급속히 무너지고 인구의 마이너스 성장, 민족 교육
의 위축 등 조선족 사회의 특수한 문제를 드러내고 있다. 실향의 아
픔, 망향의식이 이주민으로서의 조선족들에게 있어서 숙명적인 것이
기는 하나 이제 한국은 '아버지의 아버지의 고향일 뿐' 이민 3세의
고향은 아니며 조선족들이 뿌리를 내릴 삶의 현실적 터전은 중국이
라는 국민 의식을 뚜렷이 보여준다.

제4장

개혁개방 후 문학에
나타난 복합정체성

<사진 59> 조선족 시인 남영전

1. 남영전 시에 나타난 민족의식과 국민의식

1) 머리말

시인은 문학을 창작하는 한 개인이면서 동시에 사회의 구성원이다. 특정 시·공간에서 이루어지는 문학 작품에는 작가의 문화적 의식과 사회적 의식이 나타나기 마련이다. 특히 그 작가의 창작 행위가 정치적으로, 사회적으로 그가 살고 있는 사회 환경과 긴밀한 관계를 가질 경우 그의 작품에는 작가의 사회의식과 정체성이 더욱 뚜렷하게 드러날 수 있다. 이렇게 볼 때 조선족 시인 남영전의 시작품을 살펴보는 것은 조선족 문학에 나타난 정체성을 고찰함에 있어서

<사진 60> 남영전의 중국어 시집 『남영전 토템시』(2015). 이 시집에 중국어로 창작된 그의 토템시 52수가 실려 있다.

매우 유의미한 작업이라고 생각된다.

남영전[121]은 조선족 시인으로서 류하현 공업국, 현당위원회 선전부에서 근무하다가 중국 내 조선어 대형문학지인 『장백산』을 1980년에 창간하여 1981년에는 『장백산』잡지사로 전근하였다. 그 후 잡지사 사장 겸 주필을 역임하였으며 길림성에서 발행하는 조선어 공식 기관지인 『길림신문』사 사장을 역임하면서 문학창작을 계속했다. 1985년부터 창작 발표한 40여 편의 토템시를 묶어 2003년에 발간한 시집 '원융(圓融)'은 5권의 연구 해설서가 나올 정도로 중국 주류 문단에서 큰 반향을 일으켰으며 2010년 9월에는 중국 당대 10대 걸출한 민족시인의 영예를 수상했다. "천지인연·중국 당대 걸출한 민족시인 시가

---

121) 남영전(1948-) 중국 길림성 휘남현 소의산이라는 한 벽촌 마을에서 유복자로 출생. 남영전의 아버지와 삼촌은 모두 중국 해방 전쟁에서 희생되었음. 1971년부터 시, 소설, 수필, 기행문, 실화문학, 평론 등 작품 발표. 시집 『상사집』(1987), 『푸른 꿈』(1988), 『산혼』(1990), 『백학』(1990), 『남영전시선집』(1994), 『하늘과 땅과 사람』(1997), 『원융』(2003), 『꽃이 없는 이 봄날에』(2003) 등 15권, 수필집 『잊지 못할 사람들』(2000), 『존경스러운 사람들』(2000) 등 3권, 역작 『당송전기선』(1984), 『파금단편소설선』(1986), 『봉신방』(1992)을 펴냈다. 전국소수민족 문학창작상 3차, 전국 당대소수민족 문학연구상 4차, 중국작가협회 '민족 문학우수상' 3차, 길림성소수민족 문학상 3차, 길림성 정부 최고문예상 장백산문예상 2차 등 다양한 문학상 44차 수상, 중국 국무원특수수당금을 받고 있다. 길림신문사, 『장백산』잡지사 사장 겸 총편, 편심을 역임하였다. 이외에 미국 세계문화예술학원 영예문학박사, 중국작가협회 소수민족 문학위원회 위원, 중국당대소수민족 문학연구회 부회장, 세계시인대회, 영국국제전기협회 종신회원, 북경대학 조선문화연구소 연구원, 길림대학문학원, 동북사범대학, 연변대학 사범학원 겸직교수로 있다.

상"은 61년간의 중국 소수민족 시가창작의 성과를 회고하는데 취지를 두고 10명의 대표적인 걸출한 소수민족시인을 뽑아 부동한 민족의 내재적 문화특점과 민족정신, 생명에 대한 인식과 부동한 지역의 환경 및 모어 근원에서 표현되는 창조력 등을 염두에 두고 엄선한 것으로서 중국문단에서 차지하는 위치를 가늠하게 한다.

이처럼 그는 중국에서 행정 간부로도 활약했던 사람이며 조선족 시단에서 한어와 조선어 두 가지 언어로 창작하는 몇 안 되는 작가들 중의 한 사람이다. 그의 초기 작품은 모두 중국 한어로 창작한 것이며 남영전의 수상한 작품들은 모두 한어로 창작된 작품들이다. 오늘날 남영전의 대표작으로 인정받는 적지 않은 작품들은 한어로 창작된 것이다. 그는 조선족의 토템신앙을 소재로 체계적인 시 창작을 했는가 하면 중국에서 전염병 병독인 '사스'가 살판 치던 시기에 시대가 요구하는, 국민정신을 노래하는 시들도 적지 않게 창작했다. 오늘날 남영전의 토템시에 대한 연구는 사상, 예술적 특징 및 토템시학 연구뿐만이 아니라 문화적 측면, 인류학적 측면, 철학적 측면 등 다양한 측면에서 연구되고 있다.[122]

남영전의 시에는 조선족의 역사와 문화에 대한 지대한 관심이 나타나고 있을 뿐만 아니라 민족 정체성과 함께 국민 정체성을 다양하게 표출하고 있다. 남영전의 시에 나타나는 문화의 다양성과 복합적 정체성은 시대와 환경과의 긴밀한 관계 속에서 중국 내 소수민족으로 살아가는 조선족의 민족의식 및 사회, 문화적 의식의 한 양상을

---

122) 남영전의 토템시에 대한 다양한 연구에서 대표적인 성과들로 아래와 같은 연구서들을 들 수 있다. 栗原小荻、阿库乌雾等,『南永前图腾诗赏析』, 时代文艺出版社, 2004; 张顺富主编,『南永前图腾诗研究』, 文坛风景线, 2006年专辑; 마명규,『남영전토템시학』, 일엽 역, 흑룡강조선민족출판사, 2008; 吴思敬选编,『南永前图腾诗探论』, 时代文艺出版社, 2007; 马明奎选编,『南永前图腾诗论精粹』, 时代文艺出版社, 2007.

확인해 볼 수 있게 한다. 이에 본 절에서는 선행 연구 성과를 바탕으로 조선족 대표 시인으로 중국 주류 문단에서도 높은 평가를 받고 있는 남영전의 시작품에서 민족의식과 국민의식이 어떻게 표출되고 있는지를 살피기로 한다. 이를 위해 남영전의 조선어 시집 『백학』(1992)과 한어 시집 『꽃이 없는 이 봄날에』(2003)에 수록된 시를 주된 논의 대상으로 삼을 것이다.

2) 시집 『백학』에서의 민족의식의 표출 양상

1980년대 중기에 중국 문단에서는 문화의 뿌리를 찾는 열조가 나타났다. 일군의 작가들이 민족의 전통의식, 민족 문화 심리를 발굴하는 작품을 내놓게 되면서 '뿌리 찾기' 문학은 1985년에 이르러 하나의 사조를 형성했다. 조선족 문학도 1980년대 중반부터 민족의 뿌리 찾기에 대한 열망이 부각되기 시작한다. 1980년대에 줄기차게 추진된 중국 정부의 개혁개방 정책은 조선족 작가들에게 있어서 민족적 근원을 탐색하고 민족적 정체성 문제를 본격적으로 다루는 데 결정적인 요인이 된다. 민족의 다양성, 특수성을 인정하는 시대적 상황이

<사진 61> 남영전의 조선어 시집 『백학』(1992). 이 시집에 「곰」 등 조선어로 번역된 14편의 토템시와 민족문화유산을 노래한 시들이 실려 있다.

도래하자 적지 않은 조선족 작가들이 조선족의 역사와 문화에 관심을 가지고 민족의 역사와 전통, 소수민족으로서의 삶의 정서와 민족적 정체성 문제를 문학 속에 형상화하기 시작하였는데 남영전은 그 대표적인 작가 가운데 한 사람이다. 1992년에 출판된 시집 『백학』[123]은 그의 민족의식을 다양하게 표출하고 있다.

남영전의 시작품을 민족의식의 측면에서 고찰할 때 이 시집에서 무엇보다도 주목되는 것은 조선민족의 토템신앙을 시의 소재로 사용하여 조선족의 역사와 문화, 전통을 시 속에 형상화한 토템시이다. 시 「곰」(1987)은 단군신화를 소재로 조선민족의 토템문화와 민족정신을 재현하였다.

> 산악 같은 그림자 끄을고/ 엉기정/ 엉기정/ 엉기정// 가시넝쿨 우거진 심산 밀림 지나/ 갈대버들 음침한 벌방늪을 건너/ 긴긴 세월 엉기정기 걸어오다가/ 컴컴하고 적막한 동굴 속엔 왜 들었수?// 쓰고 떫은 약쑥 신물나게 맛보고/ 맵고 알알한 마늘 몸서리나게 씹을제/ 별을 눈으로/ 달을 볼로/ 이슬을 피로 받아/ 아리땁고 날씬한 웅녀로 변해/ 이 세상 인간들의 시조모 되었니라// 도도한 물줄기 현금 삼아 튕기고/ 망망한 태백산 신방 삼아서/ 신단수 그늘 밑에 천신 모셔 합환하여/ 수림속, 들판, 해변가에서/ 오롱이 조롱이 아들딸 길렀네/ 사냥질, 고기잡이, 길쌈하면서/ 춤절로 노래절로 웃음도 절로/ 그때로부터 세상은 일월처럼 환하고/ 금수강산 어디나 흥성했더라// 끓는 피와 담즙을 젖으로/ 무던한 성미와 도량을 풍채로/ 끈질긴 의지와 강기를 뼈대로/ 날카론 발톱마저 도끼와 활촉삼아/ 인간의 초행길 떳떳이 헤쳤나니/ 한숨도 구결도 없이/ 길 아닌 길을 찾아/ 첩첩 천도도 꿰뚫고 나갔더라/ 해와 달을 휘여잡는 자유혼으로/ 신단수 아래서 장고소리 울리던/ 시조모, 시조모여// 엉기정/ 엉기정/ 엉기정/ 산악같은 그림자 끄을고/ 태고의 전설/ 백의의 령혼 더듬어/ 오늘도 내일도/ 엉기정/ 엉기정/ 엉기정
>
> ‒ 「곰」 전문, 9‒11쪽

---

123) 남영전, 『백학』, 민족출판사, 1992. 이하 이 시집의 작품 인용은 시 제목과 쪽수만 밝힘.

단군신화는 조선민족의 신화 중에서 가장 영향력이 있는 족원신화(族源神话)이다. "쓰고 떫은 쑥맛 볼대로 보았고/ 창자 끊는 마늘맛 씹고 씹었다/ 별을 눈으로/ 달을 볼로/ 이슬을 피로 삼아 / 련꽃처럼 예쁘장한 웅녀로 변하여/ 이 세상 정령의 시조모 되었더라"는 표현은 조선민족의 토템문화를 보여줌과 동시에 조선 민족의 억센 의지와 끈질긴 성격을 보여주고 있다. 시에서 조선민족의 시조모 곰은 한탄하지도 않고 구걸하지도 않고 길 아닌 길을 헤쳐 죽음길도 뚫고 나아감으로써 "일월을 휘어잡은 자유의 넋이" 될 수 있었고 "신단수 아래서 장구 치며 춤 추"는 기쁨과 행복을 누릴 수 있었던 것이다. 이처럼 이 시는 곰 토템 신화를 빌어 조선민족 선조들의 끈질긴 생명의식, 그 어떤 간난신고도 두려워하지 않고 용왕매진하는 개척정신과 굳센 의지를 노래하고 있다. 작품에서 이러한 시적 장치를 통해 시인의 시적 상상력은 시조 신화로 거슬러 올라가 민족적 근원을 일깨워주고 있다.[124]

시 「백학」(1987)은 '백학'을 소재로 하여 민족의 역사를 되새기고 '백의 넋' 즉 백의민족이 지니고 있는 드높은 기상을 보여준다. 시 「곰」과 같은 시기에 창작된 이 시는 남영전 시인의 민족의 뿌리 찾기에 대한 정열과 민족의식의 자각을 확인할 수 있게 한다.

> 하아얀 학의 깨끗한 얼이 백의 넋입니다// 백의 넋/ 루루천만년/ 깊이 묻힌 피비림에 절었습니다/ 숨 막히는 질식속에 몸부림쳤습니다/ 묵중한 층암밑에서 터져나왔습니다/ 검은 삿갓/ 흰 두루마기/ 하아얀 명주/ 몽땅 태워 재로 남은/ 천지간의 희고흰 결정체입니다// 백의 넋/ 신단수 끝초리에서 너울거립니다/ 신비로운 천국을 이어놓았습니다/ 야수

---

124) 조명숙, 「중국조선족 시에 나타난 민족의식의 의미」, 송현호 외, 『중국조선족 문학의 탈식민주의 연구 2』, 국학자료원, 2009, 134쪽.

가 덮쳐도/ 보라매 노려도/ 갈범이 포효해도/ 겁낼 것 없어 너울너울
합니다/ 깊은 골에 홍수 넘치고/ 적막한 광야에 가물이 타번져도/ 두
렵지 않아 너울너울합니다/ 언제나 어디서나/ 오연히 고개들고 날아옙
니다/ 영원히 구걸을 모르는 자유의 얼입니다// 백학의 결백한것을 명
주치마로/ 백학의 사품치는 날음을 춤으로/ 백학의 굳센 날개를 뼈와
힘줄로/ 백학의 맑은 눈을 해와 달로/ 하늘땅사이 그 어디나/ 백의 넋
이 너울너울합니다/ 구름처럼 모였다 흩어지고/ 밀물처럼 왔다가 썰
물처럼 갑니다// 백의 넋/ 눈보라 몰아치는 허허벌판 꿰지릅니다/ 소
나기 쏟아지는 만경창파 헤가릅니다/ 쇠붙이에 부시돌 불꽃일구고/ 관
솔불에 그물질 별무리걸던 시절/ 동족상쟁 죄과를 가시고/ 독수리 발
톱을 경계합니다/ 결백속에 붉은피 방울방울/ 백두의 빙설속에 스며
도/ 목놓아 울지않습니다/ 돌틈에서 숲속에서/ 더더욱 많고많은 백의
넋을 기르웁니다// 백의 넋/ 언제나 언제나/ 강자를 약자로 보고/ 약자
를 강자로 봅니다/ 세월의 눈비에 덤불길 험하단들/ 아슬한 산발 바다
속에 잠긴단들/ 한번 메운 화살/ 또다시 살통에 걷어넣지 않습니다/
창천이 부릅니다/ 강산이 부릅니다/ 백의 넋/ 백의 넋/ 백의 넋이여!

―「백학」 전문, 3-5쪽

　　이 시에는 '백의 넋'이 내포한 드높은 기상과 '백의 넋'이 오랜 세
월 갖은 고난 앞에서도 비굴하지 않고 굳센 의지로 완강하게 생존해
온 비장한 정서가 잘 결합되고 있다. '백의민족', '백의 넋'은 조선족
들에게는 줄곧 조선민족의 상징으로 인식되어 왔다.

　　이 시는 먼저 '백의 넋'의 존재 자체가 오랜 세월의 수난의 세례를
거쳐 형성된 결정체임을 보여준다. "천만년 깊이 묻힌 피비림에 절"
고 "숨 막히는 질식 속에 몸부림"치고 "묵중한 층암 밑에서 터져나"
오며 "검은 삿갓 흰 두루마기 하아얀 명주 몽땅 태워"버리고 "천지
간의 희고 흰 결정체"로 남은 백의 넋은 다름 아닌 유구한 역사의
발전 속에서 우여곡절 겪으며 자랑찬 민족으로 우뚝 선 조선민족을
상징하는 것이다. 이 백의 넋의 활동 공간은 신단수와 연결된다. 이

는 시적 화자가 백의 넋의 생존을 민족 역사의 차원에서 바라보고 있음을 말해 준다.

시적 화자가 떠올리는 '백의 넋'의 생존 환경은 험난하다. "야수가 덮"치고 "보라매 노"리고 "갈범이 포효"하는 강자의 기시를 받는가 하면 깊은 골에 홍수 넘치고 적막한 광야에 가물이 타번지는 자연재해도 겪어야 한다. 시인은 이러한 장치를 통해 오랜 세월 거듭되는 고난을 이겨내고 여러 가지 속박에서 벗어나 완강하게 생존해온 조선민족의 역사를 상징적으로 보여주고 있다. 그러나 백의 넋은 그 언제나 고결함과 존엄을 잃지 않는다. 영원히 비굴을 모르는 자유의 넋으로서 "언제나 어디서나 오연히 고개 들고 날아옌다". "동족상쟁 죄과를 가시고 독수리 발톱을 경계"하며 심지어는 결백 속에 붉은 피 방울방울 백두의 빙설 속에 스며도 목 놓아 울지 않고 "돌 틈에서 숲속에서 더더욱 많고 많은 백의 넋을 기르"는 백의 넋의 대응양상, 그리고 "강자를 약자로 보고 약자를 강자로 보"며 험난한 가시덤불길 헤쳐 나가는 백의 넋의 남다른 인식과 굳센 의지는 독자들로 하여금 민족의 역사와 현실에 대한 무한한 상상력을 불러일으킨다.

도합 7개 연으로 구성된 이 시의 뜻은 층층이 깊어지는데 조선민족의 역사가 상당히 함축되어 있어 읽을수록 풍부한 역사적 상상력을 불러일으킨다. 그리고 시에서 반복되어 나타나는 "백의 넋"과 마지막에 연속 반복되는 "백의 혼이여"라는 영탄구는 시인의 민족에 대한 깊은 정서와 강렬한 민족애를 전달하면서 독자들의 많은 사색을 자아낸다.

시 「신단수」(1988) 역시 '뿌리 찾기' 문학에 속하는 작품이다. 위에서 언급한 시 「곰」 「백학」보다 1년 후에 창작된 이 시는 남영전 시인의 강한 민족의식을 또 한 번 확인할 수 있게 한다.

파아란 하늘 조각조각 받쳐들고/ 무연한 땅 갈래갈래 갈마쥐고/ 시베리아 마파람 휘감아 회오리 칩니다/ 회오리 칩니다/ 회오리 칩니다/ 천국의 사닥 다리/ 지상의 푸른 기둥/ 대지의 배꼽과 북두성 이어놓고/ 해와 달을 긴 아지에 꿰어/ 광막한 우주에서/ 지성을 깨칩니다/ 지혜를 부릅니다// (중략) 만물의 령험과 정수를 모아/ 세상의 패기와 의지를 모아/ 의젓하고 영준한 신으로 화해/ 아릿다운 웅녀와 인연 맺었습니다/ 하여/ 무연지경에 밥짓는 연기 오르고/ 명산대천에 노래가락 울렸습니다/ 수렵하는 사나이들/ 직포하 는 아가씨들/ 정좋고 힘좋고 섭리도 깨쳐/ 아늑한 인간락원 펼치였습니다// 신비론 신단수/ 천년간들 만년간들/ 칼바람에 찍히우랴/ 불갈기에 먹히우랴 / 물사태에 쓰러지랴/ 눈보라에 서 죽으랴/ 그 언제나 언제나/ 창천을 떠이 고/ 대지를 거머쥐고/ 떳떳이/ 떳떳이/ 솟았습니다

- 「신단수」 부분, 6-8쪽

　'신단수'는 단군신화에서 인간 세상에 뜻을 둔 환웅이 처음 하늘 에서 내려와 머물렀다는 신성한 나무를 일컫는다. 이 시는 과장적 수법으로 대지의 배꼽과 북두성을 이어놓고 해와 달을 긴 아지에 꿰 어 우주에서 지성을 깨우치는 신단수의 신력을 노래하고 있을 뿐만 아니라 그렇게 개척된 조선 민족의 삶은 "정 좋고 힘 좋고 섭리도 깨친 아늑한 인간낙원이었음을 보여준다. 시인은 더 나아가서 이 같 은 신력을 가진 신단수는 칼바람에도 끊어지지 않으며 불갈기에도 먹히지 않으며 물 사태에도 밀려가지 않으며 눈보라에도 얼어 죽지 않고 영원히 이 세상에 우뚝 솟아있을 것임을 노래하고 있다. 시인 은 이러한 장치를 통해 민족의 자긍심을 보여줄 뿐만 아니라 민족의 역사가 언제까지나 찬란할 것임을 보여준다.

　이처럼 조선민족의 신화를 소재로 창작한 남영전의 토템시는 민 족의 근원을 되새기면서 조선민족의 정신과 기질을 거듭 강조하여 보여주고 있다. 중국의 '문화대혁명' 10년간 '4인 무리'의 민족말살 정책에 의해 민족 역사, 민족 문화에 대한 교육이 여지없이 위축되

면서 전통적인 민족습관과 풍속을 잃어버리는 경우가 많고 민족의 말과 글을 모르는 신세대들이 나날이 늘어나고 있었다. 많은 조선족 청소년들은 단군신화가 무엇인지도 모르고 민족의 전통문화와 민족의 역사에 대한 관심조차 없었다. 이러한 배경하에서 조선민족의 토템신앙을 시로 형상화한 남영전의 토템시는 이러한 작품들이 발표된 시기의 조선족뿐만 아니라 다민족 국가인 중국 전역의 많은 독자들에게 새로운 느낌으로 다가왔다. 반우파 투쟁 이후 특히 '문화대혁명' 시기 소수민족의 역사, 또는 문화에 대한 구체적인 언급이 극히 한정되었던 상황에서 잊혀있던 민족의 문화를 다시 읽을 수 있다는 것은 중요한 변화이며 중국 타민족들에게는 조선족들의 토템신앙을 알게 해주는 내용과 형식의 측면에서 모두 신선한 느낌을 안겨주는 조선족의 토템시이면서 또한 중국 다민족의 전통 문화에 대한 주목을 불러일으키는 촉매제가 되는 것이다.

그런데 여기서 특히 주목되는 것은 그의 토템시가 민족의 근원을 복원하는 데에만 그친 것이 아니라 민족의 현실을 정시하고 있으며 미래를 지향하고 있다는 점이다. 남영전은 「나의 인생과 추구」라는 글에서 자신이 토템시를 쓰는 목적을 밝히면서 '토템문화의 현실적 의의'에 대하여 다음과 같이 말한 바 있다. "1. 토템문화는 우리들에게 '나는 어디에서 왔는가, 나는 누구인가, 나는 어디로 가는가?' 하는 물음에 답을 준다. (중략) 2. 토템문화는 우리들에게 자연에 대한 경외(敬畏)심을 갖게 한다. 사람은 자연에서 왔고 자연으로 돌아간다. 자연은 신비로운 힘을 가진 위대한 신이다. (중략) 아무튼 자연에 대한 경외심을 가지는 것은 우리가 자연을 보호하고 자연과 더불어 사는 생존의 길이다. 3. 토템문화는 사람의 인성회복을 호소한다. 토템관념은 사람은 자연과 혈연관계가 있다고 믿었고 자연을 친척,

한 가족으로 생각한다. 토템금기는 씨족 내의 혼인을 금지하고 다른 씨족과의 혼인으로 다른 씨족과 또 친척, 한 가족이 된다. 사람과 자연, 사람과 사람 간은 모두 친척관계를 이루는 토템관념은 인간생존의 정도라 해야 할 것이다. 하지만 사람은 문명을 창조하고 또 자신이 창조한 문명에 의해 소해(消解)된다. 과학기술이 발전하면 할수록 사람의 도덕은 하강선을 긋는다. (중략) 토템문화는 종교와 민족을 초월하는 범인류적인 문화이다. 어느 씨족이든 다 자신의 토템을 가지고 있다. 토템은 인류를 연결하는 고리작용을 한다. (중략) 토템문화는 민족 간의 우의를 도모하고 아름다운 인생을 고양하며 세계평화를 도모하는데 사람들에게 좋은 계시를 주고 있다."[125] 여기서 보다시피 남영전의 토템시는 민족의 역사, 그리고 갈수록 자아와 인간의 착한 본성을 상실해 가는 현실상황에 대한 깊이 있는 문학적 사고와 비판에서 비롯된 것임을 보여준다. 또한 남영전의 토템시에 내재된 의미는 상당히 다양하며 복합적임을 알 수 있다. 민족의 역사에 대한 관심과 찬란하였던 민족의 문화에 대한 긍지를 보여주지만 그가 추구하는 것은 또한 민족의 범위를 훨씬 초월한 인류의 화합과 평화라고 할 수 있다. "그의 시의 고귀한 점은 토템으로 민족정신을 부활시키고 궁극적으로 인류의 화해와 융합과 사랑을 도모하는데 있다."[126]

남영전의 민족의식은 또한 민족의 문화유산에 대한 관심과 선조들의 찬란하였던 민족 문화유산을 긍지 높이 노래하고 있는 데서도 나타난다. 1980년대 말에서 1990년 초에 시인은 선후로 민족의 문화와 역사가 깃들어있는 장백산과 집안현 고구려 유적지를 탐방하고 「온천」

---

125) 남영전, 「나의 인생과 문학의 추구」, 『도라지』, 2013년 제6호, 158~160쪽.
126) 김룡운, 「중국에서의 남영전의 문화현상」, 김춘선·강용택 엮음, 『개혁개방 이후 조선족 언어, 문학 연구 자료집』, 동덕여자대학교 한중미래연구소, 2014, 476쪽.

(1988), 「미인송」(1988), 「밀림 속의 담담한 꽃」(1988), 「다리쉼 쉬는 사람」(1988), 「호태왕비」(1990), 「장군묘」(1990), 「국내성」(1990), 「고구려 고분벽화」(1990) 등 시편들을 창작하였다. 시 「호태왕비」는 고구려 19대왕인 광개토대왕에 관한 비석을 탐방한 시인의 감수를 형상화하고 있다.

> 일월의 성스런 빛발/ 하백의 령험한 서기/ 은장도 날카론 서리/ 활궁의 강인한 탄력/ 피젖은 설음과/ 지성의 향불들이 모여모여/ 웅위로운 비석으로 우뚝 솟았다//미친듯한 비바람은 몇해였더냐/ 끔찍스런 눈서리는 몇해였더냐/ 포악스런 이끼는 몇해였더냐/루루천년/ 바람의 칼날도/ 눈비의 채찍도/ 이끼의 이발도/ 뿌리의 발톱도/ 찍을수 없었다/ 부실수 없었다/ 씹을수 없었다/ 허물수 없었다/ 타래치는 불길이 하늘 가린들/ 무너질수 있으랴/ 흩어질수 있으랴/ 산악인양 솟아 끄덕없었다// (중략)// 우뚝 솟아 거연한 너/ 천고풍상 이기고/ 만고원한 삼키며/ 묵묵히 묵묵히/ 세상을 굽어보고/ 세상을 깨우치며/ 불굴의 넋을 다시 기른다/ 영생의 넋을 다시 기른다//
>
> — 「호태왕비」 부분. 41-42쪽

위의 시에서 "일월의 성스런 빛발/ 하백의 령험한 서기/ 은장도 날카론 서리/ 활궁의 강인한 탄력"이라는 표현에서 보다시피 이 시는 고구려 시조 주몽의 외조부라고 하는 전설상의 인물인 수신 하백을 등장시키고 있다. 작품에서는 이러한 시적 장치를 통해 시인의 시적 상상력은 고구려 시조 주몽왕의 건국설화로 거슬러 올라가 민족의 기상을 크게 떨쳤던 과거를 회상하고 진취적인 민족정신을 일깨워주고 있으며 모든 풍상고초를 이겨내고 변함없이 거연히 솟아있는 호태왕비와 같이 그 불굴의 의지와 기상은 영원히 사라지지 않고 대대손손 전해갈 것임을 노래하고 있다.

시 「고구려 고분벽화」(47쪽)에서는 찬란하였던 민족 문화를 긍지 높이 노래하고 있으며 시 「국내성」(45-46쪽)에서는 "황성옛터에/ 흙

모래 씻겨가고/ 누각은 무너졌"고 푸른 벽돌과 붉은 기왓장은 여기 저기 잡초에 묻혀있고 옛 성곽에 "지금은/ 레루와 철교/ 아파트층집 즐비"한 현실 앞에서 "무거운 역사의 한 갈피 부여잡고/ 바라볼수록/ 생각할수록" 서글프고 안타까운 마음을 "무너진 국내성 옛터에/ 가냘픈 나팔꽃 분홍치마/ 주름마다 붉은 이슬 머금누나…" 라고 나팔꽃에 기탁하여 표현하고 있다.

남영전의 민족의식은 또한 한반도의 현실에 대한 관심에서도 나타난다. 시인은 이 시기에 한반도를 소재로 한 작품을 적지 않게 창작한다. 「판문점 1」(1987), 「판문점 2」(1987), 「끊어진 압록강다리」 (1987), 「선죽교」(1987), 「금강산」(1989), 「경복궁」(1990), 「왕릉」 (1990) 등이 그것이다. 이러한 작품들에서 시인은 한반도의 문화와 역사, 경물에 대한 지대한 관심을 보여주는데 주목되는 것은 이러한 작품들에서 시인은 한반도의 경물들을 감상의 대상으로만 노래하고 있는 것이 아니라 시인 자신의 민족적 정서를 강하게 투영하고 있는 점이다. 시 「판문점 1-2」(1987)는 한반도의 분단된 모습에 대한 시인의 안타까움과 마음의 아픔을 잘 보여주고 있다.

> 그때에 그만 이 금이 그어졌다/ 썩어빠진 모든걸 토해야 하고/ 상하였던 원기를 되살려야 하던 때/ 짓밟혔던 그 몸이 상모 돌리고/ 집집마다 훈기로 넘쳐나야 하던 때/ 바로 그 꿈결같은 시절에/ 그만 이 금이 그어졌다// 그때에 그만 이 금이 그어졌다/ 그때부터 실명하신 늙은 어머니/ 찌그러진 초가집에 발구르며 불러도/ 저쪽에 간 아들은 돌아올줄 몰랐다/ 그때부터 가엾은 안해 아기를 안고/ 찬바람속 밤마다 발돋움해도/ 이쪽에 온 남편은 찾을길이 없었다/ 그때부터 산은 동강나고 밭은 갈라지고/ 강은 허리 잘리고 길은 막혔다/ 아들은 어머니를 뵈옵지도 못하고/ 남편은 안해를 만나지도 못하고/ 하나의 조상에 족보는 둘이 되었다//그때에 그만 이 금이 그어졌다/ 그때부터 바람도 울고 비도 울었다 (하략)
>
> ─「판문점 1」 부분. 146-147쪽

위의 시에서 시인은 일제식민지 통치에서 벗어남으로써 이제 바로 "썩어빠진 모든 걸 토해"내고 "상하였던 원기를 되살려야 하"고 해방을 경축하고 그 기쁨을 만끽해야 할 해방기에 남과 북으로 분단됨으로 말미암아 부모와 자식이 헤어지고 아내와 남편이 생이별을 해야 하는 분단에 대한 안타까움과 남과 북이 통일되기를 바라는 마음을 표현하고 있다. 특히 이 시에서는 일제식민지 통치에서 벗어나고 아직은 남과 북으로 분단되지 않은 해방기를 "그 꿈결같이 황홀하던 시기"라고 노래함으로써 통일에 대한 염원을 보여주고 있으며 "그때에 그만 이 금이 그어졌다"라는 어구를 반복 사용함으로써 리듬감의 형성 및 형식의 완결성에 기여하고 있을 뿐만 아니라 분단에 대한 안타까움과 통일에 대한 열망을 강조하고 있다. 시 「금강산」(1989)에서도 한반도 분단에 대한 안타까움, 시인의 민족의식이 여실히 드러난다.

할아버님의 할아버님 그때부터 즐겼단다/ 닳아뜨린 짚신이 얼만지도 알수 없는/ 그분들이 엮어내신 이 노래를/ 할머님의 할머님 그때부터 즐겼단다/ 오르내린 산길이 얼만지도 알 수 없는/ 그분들이 등에 졌던 이 노래를/ 산에는 1만2천봉우리 솟아/ 1만2천봉우리는 저마끔 절경이고/ 산에서 상상봉은 비로봉인데/ 비로봉은 손저어 어서 오라 부른다고…/ 하건만 가는길 하도나 아득해/ 노래로만 부르며 마음에 서렸더니/ 내 이제 선인들의 숙원을 이루었건만/ 경희롭다 말하랴 슬프다고 말하랴/ 기묘한 산 절반만 선을 보이고/ 기이한 봉 절반만 얼굴 드러내/ 험한 령은 한쪽만 오르게 함을/ (중략)//할아버님의 할아버님 그 때로부터/ 명산은 인정을 알아준다 하였고/할머님의 할머님 그때로부터/ 산수도 사람 뜻 알아준다 하였거늘/ 백길벼랑 아스라한 구룡폭포여/ 너는 인적 없는 팔담에서 내려오누나/ 너는 갈라터진 산틈으로 내려오누나/ 너는 철조망의 쇠녹을 모아 쏟으랴/ 너는 파편들의 식은땀 모아 쏟으랴/ 쏟으라, 쾅쾅/ 그것은 눈물/ 그것은 피/ 그것은 웨침/ 돌홈에서 섯돌다 격류속에 부서지며/ 크나큰 둥글음을 그리거라/ 퍼붓는

소나기에/ 나는 반추한다/ 나는 되새긴다/ 할아버님의 할아버님, 할머
님의 할머님/ 그때부터 불러 끊임없는 그/ 온전한 노래/ 황홀한 노래/
아름다운 노래를//

- 「금강산」 부분, 143-145쪽

위의 시는 할아버님의 할아버님과 할머님의 할머님 그때부터 조
선족들이 즐겨 부른 금강산의 노래와 조선족들이 익숙히 알고 있는
금강산 팔담 전설 등과 결부시켜 금강산의 절경을 노래하면서 금강
산을 관람한 시인의 감수를 토로하고 있다. 드디어 선인들의 숙원을
실현한 시인으로서는 감격스러워야 하겠지만 한편으로는 "기묘한
산 절반만 선을 보이고/ 기이한 봉 절반만 얼굴 드러내/ 험한 령은
한쪽만 오르게"하는 남과 북의 분단된 현실 앞에서 시인은 경이롭다
말해야 할지 슬프다고 말해야 할지 모르는 착잡한 심정이다. 그리하
여 시인은 "할아버님의 할아버님 그때로부터/ 할머님의 할머님 그때
로부터" 팔담과 팔선녀도 갈라진 적 없었던 그 경건한 이야기를 되
새기면서 "할아버님의 할아버님 그때로부터/ 할머님의 할머님 그때
로부터" 불러 끊임없는 "그 온전한 노래"를 되새기면서 혼신을 몰부
어 부르짖는다. "너는 철조망의 쇠녹을 모아 쏟으라/ 너는 파편들의
식은땀 모아 쏟으라/ 쏟으라, 쾅쾅/ 그것은 눈물/ 그것은 피/ 그것은
웨침/ 돌홈에서 섯돌다 격류속에 부서지며/ 크나큰 둥글음을 그리거
라" 이처럼 시인은 금강산 절경을 단순한 자연경물로서 노래한 것이
아니라 금강산을 관람하면서 느낀 시인의 한반도 분단에 대한 안타
까움과 슬픔 마음 그리고 통일의 열망을 표현하고 있다. 시인은 "할
아버님의 할아버님"과 "할머님의 할머님" 그때부터 즐겨 부른 금강
산 노래이며 "할아버님의 할아버님"과 "할머님의 할머님" 그때부터
외운 팔담 전설임을 반복함으로써 시적 화자는 이 땅의 후손이며 이

땅의 사람들과 같은 정서, 같은 문화를 공유하고 있다는 강렬한 유대감을 보여준다.

　이상의 한반도를 읊조리는 시들에서 가장 중심적으로 나타나는 것은 남과 북의 분단된 현실에 대한 안타까움과 아픔의 정서이며 이러한 정서는 시인의 민족의식으로부터 자연스럽게 흘러나오고 있는 것이다.

3) 시집 『꽃이 없는 이 봄날에』의 국민의식의 표출양상

<사진 62> 남영전의 중국어 시집 『꽃이 없는 이 봄날에』(2003).

　2003년 봄 중국에는 전례 없던 급성전염병 병독인 '사스'라는 병마가 덮쳐들어 대륙 전역을 공포 속에 휘몰아 넣었다. 대륙의 전 국민이 준엄한 시련을 겪고 있던 이 비상시기에 남영전은 2003년 5월 16일부터 6월 19일 사이에 위험을 무릅쓰고 다방면으로 자료 수집을 하고 악전고투하여 『꽃이 없는 이 봄날에』라는 한 권의 시집을 펴냈다.

　중국어로 써진 시집 『꽃이 없는 이 봄날에』(2003)[127]는 남영전의 대표작의 하나이다. 이 시집에서 남영전은 2003년 중국에서 '사스'가 살판 치던 시기에 중국 인민들이, 특히 중국의 의료일꾼들이 어떻게 희생적인 노력으로 인민들의 생명을 구하고 '사스'를 물리쳤는가를 감격스럽게 형상화하고 있다.

이 시집의 대부분 시편은 의사와 간호사를 찬미한 것이다. 따라서 시인이 선택한 주인공은 모두 실재한 인물들이다. 「엽흔(葉欣)의 출정」에서는 한 간호장의 헌신정신을 노래하고 있다.

> 그녀는 감염되었다
> 동료들이 그의 폐를 검사 하자 했지만
> 동료들이 그에게 가래를 토하게 하려 했지만
> 그녀는 동료들이 자기 곁으로 오지 못하게 했다
> 그녀는 자기 혼자서 약을 갈아대면서
> 원장과 동료들이 그녀를 보러 왔건만
> 그녀는 그들을 들어오지 못하게 했다
>
> 같은 날
> 그녀에 의해 구원된 환자는 퇴원했건만
> 그녀는 고요히 인간 세상을 떠났다
>
> — 「엽흔의 출정」 부분, 9쪽

환자가 위급하다며, "여기는 위험하니 내가 한다"면서 동료들을 밀치고 앞에 나선 간호사 엽흔은 위급한 환자를 구하기 위해 구급치료를 하는 과정에 환자의 분비물을 뽑아내고 '사스'에 감염되며 동료들에게 전염시키지 않기 위해 단독으로 완강하게 사스와 싸우던 그는 자기가 구한 환자가 퇴원하던 날 죽는다. 시인은 엽흔의 이런

---

127) 南永前, ≪在这个没有花的春天≫, 时代文艺出版社, 2003. 이하 이 시집의 작품 인용은 시 제목과 쪽수만 밝힘.

비장한 헌신정신을 다음과 같이 노래한다. "수식어도 필요 없고, 과장도 필요 없다/ 하나의 진실한 과정이/ 인류 세계에 알린다/ 한 평범한 중국 의무일꾼은/ 어떻게 자기의 생명으로 써놓았는지를―/ 책임과 양지(良知)/ 평범함과 위대함을." 엽흔은 광동성 중의원 2사도 분원 구급과 간호장이다. 엽흔이 희생된 후 중국 중앙조직부, 국가위생부에서는 그에게 '전국우수공산당원', '5.1노동상장 수상자', '인민건강우수호위병' 등의 칭호를 수여했다. 「이효홍(李曉红)의 기탁」은 의사의 헌신정신을 노래한 것이다.

> 그녀는 쓰러졌다
> 손에는 아직도 한 쌍의 작은 신이 쥐여져 있었다
> 한 쌍의 작은 신
> 어린 딸을 위해 산 한 쌍의 예쁜 작은 신
>
> 하나의 벽이
> 집으로 돌아가는 길을 막았다.
> 하나의 벽이
> 어린 딸의 달콤한 미소를 막았다
> 하나의 벽이
> 딸의 가우뚱거리는 걸음을 막았다
> 하나의 벽은
> 모녀의 면면한 정만은 막지 못했다
>
> 그녀는 쓰러졌다
> 손에는 아직도 힘주어 힘주어
> 한 쌍의 작은 신을 틀어쥐고 있었다
> 딸에게 하고픈 수많은 말을 틀어쥐고 있었다
> ― 「이효홍의 기탁」 전문. 10-11쪽.

젊은 어머니인 군의 이효홍도 역시 환자를 구한 후 희생된다. 어린 딸에게 주려던 꽃신도 미처 주지 못한 채, 딸에게 하고 싶던 그 많은 말도 하지 못한 채 그녀는 조용히 인간 세상을 떠난다. 이효홍은 무장경찰북경본부병원 내2과 주치의사이다. 2003년 3월 25일, 그가 속해있는 내2과에서 처음으로 사스환자 치료임무를 맡게 되었는데 이제 28세밖에 되지 않은 그녀는 "나는 이 방면의 자료를 보았습니다. 사상준비가 되어 있으니 내가 합시다"(73페이지)라고 하며 선뜻 나섰던 것이다. 임종을 앞둔 그는 이미 말로써 의사들과 교류할 수 없게 된 상황에서 "나는 이미 말을 할 수가 없습니다. 하지만 사스환자를 구하고 치료하는데 참고가 되기 위해서는 나의 병증세에 대한 느낌을 필로써 기록해야겠습니다." 사망하기 전날 이효홍은 놀라운 의지력으로 천여 자에 달하는 자신의 병증세에 대한 느낌과 분석을 써내었다. 이효홍이 희생된 후 중앙조직부에서는 그에게 '전국우수공산당원'의 칭호를 수여했고, 무장경찰북경본부에서는 그에게 '1등공'을 수여했으며 '혁명렬사'로 결정하였다.

이 시집에서 찬미되고 있는 의무일꾼들이야말로 평범하면서도 위대하며 사랑스러운 사람들이다. 등련현(邓练贤)은 광주 중산대학교 부속 제3병원 전염과 당지부 서기이며 주임의사이다. 그는 "의사로 되기를 선택했다는 것은 희생을 의미하는 것이다"라는 한 마디 소박한 말을 사스를 물리치는 일선에서 실천한 사람이다. 그가 사망한 후 중국 중앙조직부에서는 등련현에게 '전국우수공산당원' 칭호를 수여했다(75-76쪽). 양세규(梁世奎)는 산서성 인민병원 구급과 부주임이며 주임의사이다. 첫 사례 사스환자를 당번서는 의사에게 맡길 수 있었음에도 불구하고 자진하여 치료를 맡아 나섰으며 일선에서 많은 환자를 구한 후 사스에 감염되어 희생된다. 그가 사망한 후 중국 중앙조직부에서는 양세규에게 '전국우수공산당원', '인민건강우수호위병' 등의 칭호를 수여했다(78-79쪽). 광동성 사스예방 의료구급 전문가 지도소조 조장이며 중국공정원 원사이며 현임 광주 호흡병 연구소 소장인 종남산(钟南山)은 광주 지역의 일선에서 사스와 싸우던 의료일꾼들이 대량으로 사스에 감염되어 쓰러지자 자진하여 가장 중한 환자들을 자기연구소로 보내줄 것을 신청하였으며 과학적인 연구방법으로 사스 진단표준 및 치료방법을 발명함으로써 전국의 사스를 물리치는 전투에서 커다란 역할을 하였다. 이로 하여 종남산은 2003년도 전국 5.1노동상장을 수여받았다(82-85쪽). 해방군 302병원의 원 전문가소조 성원인 강소춘(姜素椿)은 전염병전문가로서 74세의 고령으로 제1선에서 사스환자의 구급을 지휘하다가 사스에 감염되었다. 암치료까지 받은 그이지만 용감하게 사스환자 회복기의 혈청을 자기 몸에 실험함으로써 사스환자에 대한 혈청치료법을 발명하였으며 입원기간에도 그는 불굴의 의지로 9편의 글을 써내어 자신의 사스치료 경험을 소개하였다. 이로 인하여 그는 중국인민해방군 총부로부터 '전국 사스저항사업 선진 개인'의 칭호를 수여받았다(80-82쪽).

그들의 자아희생적인 정신은 시인을 깊이 감동시켰고 그들의 희생은 시인의 커다란 슬픔을 자아냈다. 그리하여 이들의 거룩한 영혼과 영웅적 사적을 시화하기 위해 시인은 온몸을 불태운다. 시「나의 고백」은 시인의 이러한 내면세계를 여실히 보여 준다.

사람들은 모두 나를 시인이라 부르건만
나는 좋은 시를 쓰지 못해 부끄럽노라

(중략)
피가 흐르던 그 나날을 어떻게 묘사할 것인가

그 가장 사랑스러운 사람들을 어떻게 쓸 것인가
내 끝없이 끝없이 생각하지만
내 밤을 지새우며 구상하지만
나의 언어가 너무도 창백하구나
나의 필이 너무도 무디구나

사람들은 모두 나를 시인이라 부르건만
종래로 있어 본 적 없던 이 생과 사의 감동 앞에서
나는 좋은 시를 쓰지 못해 부끄럽노라

　　　　　　　　　　　　－「나의 고백」부분, 1-3쪽

「나의 고백」에서 시인은 '사스'와 진행한 백의영웅들의 생사판결의 영웅적 사적을 제대로 쓰지 못할까봐 밤을 지새우며 고민하고 또 괴로워한다. 여기에서 분명히 드러나는 것은 시인의 중국 국민으로서의 입장과 시각이다. 그는 중국 국민의 시각에서 사스를 물리치기 위한 이 전국적인 전투를 관찰하고 있으며 중국 국민의 시인으로서의 사회적 책임감과 사명감을 깊이 자각하고 있다.

이로부터 남영전은 백의전사들에게 숭고한 경의를 지니고 그들의 영생불멸의 혼을 만고에 전하기 위해 「백의 영웅비」를 세운다.

비석 하나
결백하고 우람한 비석 하나
초연 없는 전쟁에서 우뚝 솟은 비석 하나
(중략)
그것은 영원히 무너지지 않는 불후의 비석
유구한 문명을 가진 중국에서
일떠선 이 비석
결백하고 우람한 이 비석
바로 이 비상 시기에
천백만 사람의 마음속에서 서서히 일떠선

새로운 비석-백의 영웅비

                    - 「백의 영웅비」 부분, 6-7쪽

  이러한 사스와의 싸움을 다룬 시들은 한편으로는 2003년 중국의
수난, 사스가 살판 치며 아름다운 생명을 빼앗고 위협하는 절박한
상황과 분위기를 형상화하고 생사를 초월한 중국 의료일꾼들의 희
생정신을 찬양하였으며 한편으로는 그러한 비상시기를 이용하여 자
기 일개인의 이익만을 챙기는 비도덕적인 행태와 생태파괴를 비판
하고 인성의 진선미(真善美)를 호소하고 자연과의 화합을 제창하고
문명한 사회 건설을 고취하고 있는바 명백한 국민의식을 보여준다.
  이 시집에는 '나'가 자주 등장한다. 시집의 표제로 되고 있는 「꽃
이 없는 이 봄날에」서 시인을 대변하는 시적 화자인 '나' 역시 확고
한 국민의식을 보여준다.

    꽃이 없는 이 봄날에
    가령 나의 시가
    한 떨기 꽃으로 될 수 있다면
    가령 나의 시가
    사랑의 입김이 될 수 있다면
    가령 나의 시가
    심령의 안식처로 될 수 있다면
    가령 나의 시가
    펄펄 휘날리는 기발이 될 수 있다면
    내 기꺼이 낮에 밤을 이어
    수많은 아름다운 꽃을 피워
    그 꽃이 가장 친애하는 사람들과 함께
    꽃 피는 봄날에 웃게 하리라

    꽃이 없는 이 봄날에
    가령 나의 심장이

한 떨기 꽃으로 될 수 있다면
가령 나의 눈이
한 떨기 꽃으로 될 수 있다면
가령 나의 손가락이
한 떨기 꽃으로 될 수 있다면
내 기꺼이 그들을 꺾어
순결하고 아름다운 꽃다발을 만들어
그 꽃다발과 쓰러진 친인들이
햇빛 아래서 미소 짓게 하리라
  － 「꽃이 없는 이 봄날에」 부분. 4-5쪽

남영전은 소수민족시인이지만 '사스'가 살판 치던 그 무서운 시기에 누구보다도 작가적 사명감을 자각하고 의식적으로 자료를 수집하고 심혈을 기울여 심금을 울리는 시편들을 내놓았다. 이 시집은 중국의 특수한 시대의 특수한 영웅적 인물들을 노래한 시집으로서 전국 인민이 힘을 합쳐 '사스'를 물리친 내용이 주를 이룬다는 점에서 당의 영도 아래 전민이 하나가 되는 국민정체성을 다룬 작품이 된다. 이 시집에서 찬미되고 있는 평범하면서도 또한 영웅적인 의료일꾼들, 장사 잘 되는 보석가게 문을 닫고 의사인 남편이 일하는 병원에 가서 사스를 물리치기 위해 무보수로 어떤 궂은일이든 맡아나서는 보석가게 사장, 사스의 위협에서 벗어나도록 지시를 내렸음에도 불구하고 주동적으로 사스와 싸우는 일선에 남아있게 신청하여 간호원이 부족한 북경 병원들에서 한 몫을 한 12명의 사평위생대학 수습생들, 이들은 모두 중국의 우수한 민족정신을 구현한 인간들이며 중국에서 제창하는 가치 취향, 도덕관념, 의사의 직업도덕(医德)으로서 국민 정체성이 강하게 표출되고 있다. 그러므로 이러한 시편들은 '사스'와 싸우던 그 시대적 요구의 산물이며 중국 국민으로서의, 작가로서의 사명감과 책임감의 산물이라고 할 수 있다. 때문에 한어로 창작된 이 시집은 출판되자마자 중국 주류 시단에서 거대한 반향을 일으켰고 독자들과 평단의 높은 평가를 받았다.

저명한 시가 평론가이며 중국작가협회 회원인 오개진(吳开晋) 교수는 이 시집의 성과를 높이 평가하면서 다음과 같이 말하였다.

> 『꽃이 없는 이 봄날에』는 바로 이 특수한 년대에 백의전사들이 용감하게 병마와 싸우고 전국 인민이 한 마음 한 뜻으로 일치단결하여 함께 예방하고 치료하며 위대한 승리를 취득한 사실을 기록한 기록적인 문학작품으로서 더욱 귀중한 것은 그것이 시의 형식으로 씌어졌다는 것이다.[128]

오개진의 이러한 평가는 이 시집이 이룩한 내용면에서의 의의와 시문학으로서의 예술적 성취를 말해주는 것이다. 저명한 시인이며 장춘작가협회 부주석인 양자침(杨子忱)은 이 시집을 논하면서 작품들에서 나타나는 남영전 시인의 박애 정신과 인도주의 정신 그리고 강렬한 사회책임감에 대해 높이 평가하였다.

> 이 작품은 시인의 진정한 사랑과 인도주의 정신, 강렬한 사회책임감을 보여준다.[129]

시가평론가인 북경대학교 사면(谢冕) 교수는 남영전의 토템시와 시인의 고귀한 인품에 대해 논하면서 다음과 같이 말하였다.

> 가령 『꽃이 없는 이 봄날에』라는 시집이 없었더라면, 가령 우리의 친애하

---

128) 吴开晋, ≪特殊年代的歌声-读南永前 <在这个没有花的春天> ≫, 南永前, ≪在这个没有花的春天≫, 时代文艺出版社, 2003, 第106页.

129) 杨子忱, ≪诗人与诗-南永前新著 <在这个没有花的春天>评述≫, 南永前, ≪在这个没有花的春天≫, 时代文艺出版社, 2003, 第106页.

는 조선족 형제가 필을 들어 '사스'와 생사결판의 전투를 진행한 영웅들의
사적을 쓰지 않았더라면 중국의 시가는 어떤 유감을 남겼을 것인가! 남영전
이 중국의 시인들로 하여금 더는 부끄럽지 않게 하였다.[130]

중국 주류 학계의 이러한 글을 통해서도 우리는 『꽃이 없는 이 봄
날에』라는 시집이 중국에서 얼마나 커다란 사회적 공감대를 형성했
는가를 알 수 있다.

4) 맺음말

이상에서 개혁개방 후 남영전의 시에서 나타난 정체성에 대하여
고찰하였다. 남영전의 시에서는 민족정체성과 함께 국민정체성도 뚜
렷이 나타나고 있다. 남영전 시인이 중국 내 조선어 대형문학지인
『장백산』을 1980년에 창간하여 중국 성급 문학지로 이끌어오면서
조선족 문학 창작의 발전과 민족문화의 번영에 크게 기여한 점에서
나 그의 시작품들에서 보여주는 민족의식의 측면에서나 남영전의
민족의식은 체화된 것이라 할 수 있다. 남영전 시인이 그의 작품에
서 그처럼 민족의 근원을 되새기고 찬란하였던 민족의 역사 및 민족
의 끈질긴 생명력과 억센 의지, 고결한 기상을 긍지 높이 노래하고
있는데서 그의 민족 정체성이 뚜렷하게 드러나지만 그의 이러한 민
족정체성의 표출이 지향하는 것은 민족의 더욱 찬란한 발전을 위한
것이며 더 나아가서는 더불어 살아가는 평화로운 인간세상을 만들
기 위해서이다. 「나의 고백」과 「꽃이 없는 이 봄날에」에서 보다시피
그의 시에서의 국민정체성의 구현은 그 어떤 강요에 의한 것이 아니

---

130) 谢冕, ≪南永前的诗歌追求≫, 吴思敬选编, 『南永前图腾诗探论』, 时代文艺出版社, 2007.

라 자각적이며 자연스럽게 나타나고 있음을 볼 수 있다. 이처럼 남영전은 민족정체성과 국민정체성의 문제를 작품 속에서 동시에 다루면서 특히 조선족의 역사와 문화에 대한 지대한 관심을 보인다. 남영전의 시에서 민족정체성과 국민정체성은 갈등하는 것이 아니라 자연스럽게 공존한다고 할 수 있다. 이같이 조선족과 한족을 비롯한 다민족의 공존이라는 국가적 이념과 함께 소수민족으로서의 조선족의 민족문화에 대한 관심을 동시에 작품화하는 것은 복합정체성의 한 양상으로 이해할 수 있다.

2. 박옥남 소설의 민족의식 표출양상과 의미

1) 머리말

개혁개방 후 산업화, 도시화가 줄기차게 추진되면서 중국의 전통적인 농경사회는 경제적인 측면에서나 문화적인 측면에서나 커다란 변화를 겪고 있다. 특히 조선족들의 경우는 한국 기업들이 대거 중국으로 진출하면서, 그리고 한국과의 인적교류가 활성화되면서 전통적인 조선족 농촌공동체는 급속히 해체되고 인구의 마이너스 성장, 민족 교육의 위축 등 심각한 문제를 드러내면서 그 어느 민족보다도 놀라운 변화를 보여주고 있다. 이러한 현실 앞에서 적지 않은 작가들이 민족의 앞날을 우려하며 문학으로써 적극적으로 대응해 나서고 있다.

박옥남[131]은 1981년에 등단하여 2000년대 조선족 문단에서 창작

---

131) 박옥남(1963-) 중국 흑룡강성 탕원현 승리향 양광촌에서 출생. 흑룡강성 오상조선족사범학원 졸업. 현재 상지시조선족중학교 교사로 재직. 1981년 단편소설 「설인사」로 등단 이래 수십

<사진 63> 조선족 작가 박옥남　　　　<사진 64> 박옥남 단편소설집 『장손』(2011)

활동을 가장 왕성하게 한 조선족 작가 중의 한사람이다. 그는 조선족 중학교 교사로서 민족교육의 일선에서 근무하면서 줄곧 조선족의 삶의 현실에 눈길을 돌리고 민족의 삶의 실태와 민족 교육이 직면한 위기 상황, 조선족 농촌공동체의 해체과정을 진실하게 파헤치고 민족의 운명에 대한 강한 우려를 보여준 작가이다. 그리하여 그는 "시대와 민족공동체에 대한 강한 책임감과 사명의식을 표현함으로써 우리소설의 품위를 한 단계 향상시"킨[132] 작가로 평가 받는다. 박옥남은 실

편의 단편소설과 수필을 발표. 2011년에 단편소설집 『장손』을 펴냈다. 흑룡강신문 진달래문학상, 흑토문학상, 김학철문학상, 윤동주문학상, 재외동포문학상, 장락주문학상 등 다양한 문학상을 수상했다.

132) 장춘식, 「청출어람」, 『도라지』, 2007년 5호.

제로 조선족 농촌마을의 조선족학교 교사로 재직했었고 현재도 조선족중학교 교사로 재직하면서 문학창작을 계속하고 있다. 따라서 그의 적지 않은 작품들은 그가 실제로 생활했었고 또 그가 잘 아는 농촌마을, 농촌 조선족학교를 소설의 무대, 배경으로 하고 있다.

이렇게 볼 때 박옥남의 문학에 나타나는 문화의 다양성과 복합적 정체성에 대한 고찰은 조선족의 민족의식 및 사회, 문화적 의식을 살펴봄에 있어서 유의미한 작업이라고 생각된다. 지금까지 박옥남 문학에 대한 연구는 주제적 특징 및 예술적 특징에 대한 연구가 진행되어 왔지만 2000년대에 왕성한 창작활동을 벌이고 있는 작가인 만큼 그에 대한 연구는 아직 많은 공간이 남아 있다. 이에 본 절에서는 선행 연구 성과133)를 바탕으로 박옥남의 작품에서 나타나는 복합정체성에 대해 분석하기로 한다. 이를 위해 박옥남의 소설「둥지」(2005), 「장손」(2008), 「내 이름은 개똥네」(2008), 「작은 진의 이야기」(2009), 「집으로 가는 길」(2011), 「고향」(2012)을 주된 논의 대상으로 삼을 것이다.

2) 민족공동체에 대한 깊은 우려의 표출

박옥남의 소설들은 조선족 농촌공동체를 형상화함에 있어서 많은 경우 민족의 전통문화가 고스란히 지켜지던 과거 민족공동체의 삶의 양상과 오늘날 해체되어 가고 있는 조선족 농촌마을의 삶의 양상

---

133) 박옥남 문학에 대한 대표적인 연구성과로는 다음과 같은 것을 들 수 있다. 오상순, 「민족 정체성 위기와 소설적 대응 양상-박옥남 소설의 경우」, 오상순 『조선족 정체성의 문학적 형상화』, 태학사, 2013. 김호웅, 「우리 문단의 재녀 박옥남」, 『연변문학』, 2008년 제12호. 장춘식, 「청출어람」, 『도라지』, 2007년 제5호. 천상규, 「팔도사투리로 엮어가는 중국조선족 삶의 현주소-박옥남의 팔도사투리를 따라 그녀의 고향을 가다」, 『도라지』, 2012년 제3호. 남서향, 「박옥남 단편소설 연구-2000년대 작품을 중심으로」, 중앙민족대학교 석사논문, 2013.

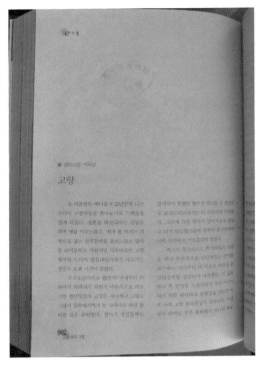

<사진 65> 박옥남의 실화소설 「고향」

이 비교되면서 그려지고 있다.

박옥남에게 고향으로 인식되는 전통적 농촌마을에 대한 회상과 묘사에는 작가의 민족의식이 가장 잘 드러나고 있다. 실화소설 「고향」134)은 작가의 성장시절 및 청년기에 대한 추억과 귀향체험을 바탕으로 한 작품이다. 이 소설에서 통하현 의산향 오사촌은 비록 그가 태어난 곳은 아니지만 태어난 지 6개월 때부터 청년기까지를 보낸 공간으로서 작가는 이곳을 자기의 고향, "자나 깨나 그립고 그래서 꿈속에서마저 늘 나타나곤 하던 엄마 품 같은 곳"(2쪽)으로 인식

---

134) 『도라지』, 2012년 제3호. 이하 페이지 수만 밝힘.

하고 있다. 이 소설에서도 작가가 성장하던 시절의 농촌마을의 삶과 오늘날 마을의 외형은 많은 변화발전을 가져왔지만 마을에 살던 조선족 사람들이 거의 떠나버려 서글픔을 금할 수 없는 현실을 비교하여 보여주고 있다. 박옥남에게 있어서 과거의 민족공동체적 삶은 "내 심신을 키워주고 내 정감을 발육시켜준"(7쪽) 그리움의 대상이며 아름다운 추억의 공간이다.

> 지나간 동년이 그리웠고 내 곁을 스쳐지나간 모든 것이 그리워 견딜 수가 없었다. 봄이면 호드기를 불어대며 벌판을 주름잡고 여름이면 마을 뒤 개울물에서 물장구를 쳤으며 가을이면 잠자리 떼를 쫓아 골목골목을 누비고 겨울이면 썰매놀이에 해 넘어가는 줄도 몰랐던 나의 동년이 살아서 돌아올 것만 같았다. 그리고 하루 일을 끝낸 어른들이 저녁노을에 물든 고샅길로 삼삼오오 떼를 지어 귀가하는 모습이 보이는 것 같았고 집집의 굴뚝에서 밥 짓는 연기가 모락모락 피어오르는 풍경이 보이는 것 같았으며 마당둘레에 모닥불을 피워놓고 오순도순 모여앉아 이야기꽃을 피우던 이웃들이 보이는 것 같았다.
>
> － 「고향」, 11쪽

위에서 보여주는 작가 동년 시절의 정경과 조선족 농촌마을 저녁의 정경은 평화로운 시골 풍경이다. 작가가 그리워하는 과거 고향에서의 삶은 전원에서 아름다운 자연과 더불어 사는 소박한 삶이다. 계절을 따라 아름다운 자연 환경 속에서 어린이들은 마음껏 뛰어놀며 성장하고 농민들은 부지런하며 따라서 그 속에서 사는 사람들 또한 소박하고 인정이 넘친다.

> 집안이 빠개지도록 "모야!" "뒤똘이야!" 하며 목에 핏대를 세우고 떠들어대던 마을아낙네들의 모습이 아직도 눈에 선하다. 생각대로 윷 사위가 나오면 개선장군들처럼 구들복판에 나서서 어깨춤을 추곤 하던 아낙들, 인도사람들

처럼 배꼽춤을 춘다며 옷깃을 말아 올리고 함지박 같은 엉덩이들을 흔들어 대어 배꼽을 잡게 했던 사람들. 마을치고도 제일 뚱뚱한 아낙 몇은 기록영화에서 본대로 일본의 스모선수들을 모방한다며 윷을 치다말고 윷판위에서 씨름판까지 벌여 좌중에 폭소를 안겨주기도 했었다. 흥을 몸으로 표현할 줄 알았던 우리 마을 아낙들은 술이 거나해지면 물을 담은 양푼에다 박바가지를 엎어놓고 장단을 치면서 저마다 재간껏 자기들의 기량을 자랑하기도 했으니 뭐니 뭐니 해도 가장 고단한 삶을 가장 재미있게 살다 간 사람들이 아닌가 싶다.

— 「고향」, 8쪽

해마다 농한기를 리용해 개최하군 하던 마을운동회도 번마다 이곳에서 열리군 했었다. 마을부녀회성원들이 준비한 집체무로 서막을 여는 마을운동회는 축구와 배구 같은 구류종목에서 그네타기, 널뛰기, 씨름, 줄다리기 등과 같은 민속종목은 물론 물동이 이고 달리기, 부인 찾아 업고 달리기, 담뱃불 붙이기, 새끼꼬기, 바느실 꿰기와 같은 오락종목들로 꼬박 이삼일간 이어지며 화합의 장, 단결의 장을 만들어내곤 했었다. 년래 행사처럼 행해지던 그 모임을 구경하기 위해 린근의 한족사람들은 떼를 지어 구름처럼 모여오군 했다.

— 「고향」, 15쪽

과거의 고향은 또한 민족의 전통 문화가 고스란히 지켜지는 곳이며 민족정신이 살아 숨 쉬는 곳이다. 윷, 윷판, 말을 가지고 편을 짜서 노는 윷놀이는 예로부터 전해 내려오는 한반도 고유의 민속놀이로서 중국의 조선족 마을에서도 누구나 어울리면서 함께 즐기는 놀이로 전승되고 있다. 그네뛰기, 널뛰기, 씨름, 줄다리기 등과 같은 민속놀이는 농번기를 피해 즐겨온 한반도의 가장 대중적인 놀이로서 조선족 농촌마을운동회에서도 그대로 유지되고 있다. 그러한 민속놀이는 흥을 돋우고 서로 즐기는 놀이로서의 의미뿐만 아니라 기아를 피해 고향을 등지고 타향살이를 하게 된 조선족들에게 있어서는 자기 민족의 문화를 전승하고 홍보하는 자부심뿐만 아니라 서로 돕고 의지하며 삶의 고난을 이겨나갈 수 있도록 강한 민족적 유대감과 건강한 생명력을 생성시킨다.

「고향」에서 회상되고 그리워하고 있는 것은 경제적으로 부유하지는 않지만 서로의 어려움을 도우며 민족의 후대를 양성하며 어울려 살아가는 민족공동체의 세계이다. 아직 경제적으로 낙후한 이 세계가 평화로운 "짜장 살맛나는"(11쪽) 삶을 영위할 수 있었던 것은 그 속에서 살고 있는 사람들의 순박함과 인정미 그리고 민족교육의 중요성에 대한 통일된 인식 때문이다. 작가는 과거의 순박한 심성과 인정미, 민족문화의 전통을 지켜가야 할 가치로 제시하고 그것을 기준으로 산업화, 도시화에 의한 조선족 농촌마을의 해체를 안타까워하고 서글퍼하고 있다. 이러한 묘사에는 작가의 민족문화에 대한 긍지감과 자부심, 민족공동체에 대한 긍정 및 강한 민족의식이 뚜렷이 드러나고 있다.

박옥남의 민족의식은 또한 조선족 농촌공동체에 대한 일관된 관심에서도 나타난다. 단편소설 「둥지」135)는 조선족 농촌공동체의 해체 과정과 조선족 문화교육이 직면한 위기상황을 진실하게 묘사하고 있다. 현성과 120리나 상거해 있는 교통이 불편한 편벽한 시골이며 이주초기엔 여덟 가구의 주민들이 세운 마을이지만 논농사가 잘되고 물고기가 흔하다는 소문이 퍼져 1970년대 초반에 이르러서는 주민호수가 100가구를 넘겼고 학생 수도 190명에나 이르렀던 벽동촌이다. 그러나 '산아제한'이 되면서 학생 수가 줄기 시작했고 개혁개방 후에는 학생들이 부모들을 따라 큰 도시로 전학해 가면서, 또 부모들이 외국으로 돈 벌러 떠나면서 친척집에 맡겨져 외지학교로 가버렸기에 일곱 명밖에 남지 않은 학생들은 학급이 다르고 수업 받는 내용이 달랐지만 한 교실에 모여 수업을 보지 않으면 안 되었다.

---

135) 『도라지』 2005년 제1호. 이하 인용문은 페이지 수만 밝힘.

벽동소학교의 붕괴과정에 대한 이야기에는 물론 소설로서의 형상화에 의한 허구가 들어있겠지만 산업화, 도시화 과정에 해체된 수많은 조선족 농촌소학교 가운데 한 사례라고 할 수 있을 것이다. 그런데 이러한 민족교육도 더는 유지할 수가 없어 결국 벽동소학교는 한족들에게 팔려 양 우리로 변하게 되어 "학교 간판이 도끼날에 두 쪽으로 쪼개져 교실 창문 위에 거꾸로 덧박혀"(29쪽) 그 막을 내리게 된다. 학교의 처량한 광경을 바라보면서 "문득 저 집에 들어올 양들이 나보다 훨씬 행복하다는 생각이 들었다. 나는 있던 집도 없어졌는데 양들은 이렇게 팔자에도 없는 좋은 벽돌기와집에서 살게 생겼으니 말이다."(29쪽)라는 소학교 3학년생인 주인공 진수의 생각은 조선족 농촌공동체의 해체와 더불어 겪게 되는 조선족 어린이들의 심적 충격과 상처를 그대로 보여주는 것이라 할 수 있다.

이 작품에서 또 한 가지 주목되는 것은 조선족 공동체 내에서의 권력층의 부패와 부정이다. 소설에서는 벽동촌 촌장네의 부유한 생활과 농민들의 가난한 생활이 소년 화자의 시각을 통해, 동네 농민들의 대화를 통해 다양하게 비교되고 있다. 벽동촌의 촌장은 촌장의 권위를 이용하여 남아도는 촌의 토지사용권을 남용함으로써 남들이 놓지 못하는 전화도 놓고, 남들이 아직 14인치 흑백텔레비전을 보고 있는데 촌장네는 25인치 컬러텔레비전을 보며 마을 네거리에다 2층으로 된 기와집까지 짓게 된다. 사철 논밭일은 일꾼을 대어 쓰고 촌장의 권위를 남용하여 번 돈을 이용하여 남편이 해외노무로 나가서 홀로 집을 지키고 있는 가난에 시달리는 동네 아낙네들을 유혹함으로써 가난한 농민들을 더욱 불행하게 만든다.

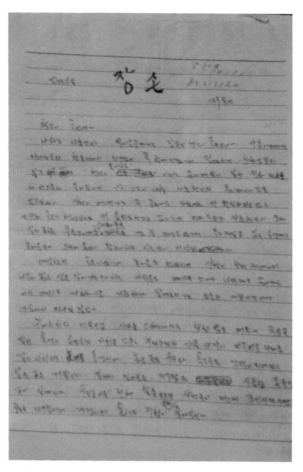

<사진 66> 박옥남의 육필 원고

　소설 「장손」136)은 조선족과 한족이 어울려 사는 잡거지역에서 방탕하게 살다가 조상의 영정조차 챙기지 못하고 거지같이 죽어간 한 조선족 가족 '장손'의 이야기이다. 이 작품의 주인공은 한 가문의 장

---

136) 『연변문학』, 2008년 제12호. 이하 인용문은 페이지 수만 밝힘.

손이지만 조선족 풍속에 의한 장손으로서의 책임과 의무 같은 것은 하나도 의식하지 못한다. 조선족 학교를 마다하고 한족 학교를 다녔고 친구도 한족 친구들을 더 많이 사귀었다. 음식도 조선족 음식보다 한족 음식을 더 좋아하며 그믐날 저녁에도 한족 동네를 찾아가 초하룻날 아침 차례제사를 지낼 때까지도 집에 돌아오지 않아 집식구들이 동네를 뒤져 찾아와야 한다. 이 소설에서 보여주는 '장손'의 이러한 삶의 양상과 성장 과정은 꼭 같지는 않지만 조선족과 타민족이 어울려 사는 잡거지역의 조선족 청소년들의 삶과 많이 유사하며 그 한 부류를 대표한다고 할 수 있다. 부모의 교육 또한 엄하지가 않아 제멋대로 자라난 '장손'은 먹고 마시고 담배 피우고 피를 토하면서도 여색을 즐기고 주패와 마작으로 세월을 보내다가 부모가 쌓아두고 간 재산을 다 말아먹고 끝내는 거지같이 죽어간다. 그의 죽음 앞에서 그의 마지막 아내는 눈물 한 방울 흘리지 않으며 한족 처갓집 조문객들은 문상을 와서도 열심히 마작을 놓고 있다. 여자는 많이 거쳐 갔어도 죽은 후 울어줄 상주도 없는 '장손'의 박복한 종말을 보면서 사촌동생인 '나'는 서글픔을 금치 못하지만 그렇다고 조선족 동네의 친척들이 한족 처갓집보다 별다르게 관심을 보여준 것도 아니다. "가문은 넓어도 한국이다 일본이다 하며 자기 가고 싶은 곳으로 다 가버리고 나니 문상을 올 사람도 없"(64쪽)어서 유일하게 사촌동생 '나' 한 사람이 문상을 왔을 뿐이다. 이것이야말로 개혁개방 이후 산업화, 도시화의 추진과 더불어 치부를 위해, 생존환경을 개선하기 위해 한국으로 일본으로 연해도시로 인구 대이동이 이루어지면서 급격하게 해체되고 있는 조선족 농촌공동체의 현실이다. 사촌형의 시체 옆에 홀로 앉은 '나'는 하고 싶은 말은 많았으나 들어줄 사람조차 없다. '나'는 억제할 수 없이 예전의 기쁨도 슬픔도 함께 나누며 사이좋게 지내던 조선족 농촌공동체의 삶을 그리워하게 된다.

"예전에 마을에 초상집이 생기면 동네어른들은 륜번으로 건너와서 상주와
더불어 령구를 지켜주며 상갓집 번을 들기도 했었다. 허나 요즘 어느 마을
이나 다 그러하듯이 인젠 그렇게 상갓집에 찾아와 상주의 슬픔을 나누어가
지고 허전함을 말려주며 함께 애도를 할 만한 이웃들도 없다. 이가 옮도록
다닥다닥 붙어살며 아기자기 한동네에서 생활했던 사람들이 모두 타향으로
떠나갔다. 타향도 정이 들면 고향이라 했지만 이렇게 상을 당하거나 서러운
날엔 그들도 지금 나처럼 무가내로 홀로 버티고 있을 것이 아닌가? 그러고
보면 기쁜 일이 있을 땐 함께 나누고 슬픈 일이 있을 땐 같이 슬퍼해주었
던 그때가 짜장 사람 사는 것 같은 좋은 세상이었던 것 같다."

－「장손」, 76쪽

소설은 시종일관 어려서부터 한동네에서 친형제처럼 자란 '사촌동
생'의 시점으로 모든 인물과 사건을 관찰하고 서술하면서 간간히 조
선족 문화와 이웃 동네 한족 문화를 대비적으로 묘사하는 가운데 해
체되고 있는 조선족 농촌공동체의 현황에 대한 안타까움과 서글픔,
그리고 "기쁜 일이 있을 땐 함께 나누고 슬픈 일이 있을 땐 같이 슬
퍼해 주"는 "좋은 세상"으로서의 조선족 농촌공동체에 대한 화자의
동경과 "자기 가고 싶은 곳으로 다 가버리고 나니 문상을 올 사람도
없"는 현실 간의 갈등을 보여주고 있으며 과거 전통적인 조선족 농
촌공동체에 대한 그리움을 내비치고 있다.

이 작품에서 또 한 가지 주목되는 것은 '장손'과 한족 처녀와의 자
유연애를 둘러싸고 벌어진 '장손'과 그의 부모와의 충돌이다. 의사에
대한 무한한 공경심을 갖고 있던 일색 한족인 중앙촌 사람들은 장손
아버지의 의술 하나를 보고 다섯 가구의 이민호를 조건 없이 받아들
였고 또 신풀이를 할 생땅까지 무상으로 제공했다. 그런 만큼 장손
의 부모들도 중앙촌을 비롯한 아래 윗동네까지 불려 다니며 모든 힘

을 아끼지 않았고 중앙촌 사람들은 장손의 부모를 구세주 모시듯 대접을 잘 했고 의사의 아들까지도 왕세자 모시듯 떠받들었다. 장손이네가 처음 이곳에 발을 붙일 때 집이 없어 한동안 곁방을 빌려 들었던 중앙촌의 한 과부는 맘씨가 후덥고 장손이 어머니와는 언니동생하며 무람없이 가깝게 지내온 사이이다. 그러나 장손이 그 집의 눈매 고운 무남독녀와 연애한다는 소문을 들었을 때 장손의 집에서는 매일 전쟁판이 벌어진다. 한족 동네 사람들과 그처럼 친절하게 오가며 지내는 '장손'의 부모이지만 한족 처녀를 며느리로 받아들이는 것만은 타협할 수가 없었다. 결과 '장손'은 사랑이 없는 결혼 생활을 하게 되면서 윤리적으로 타락하게 된다. '장손'의 타민족과의 사랑과 그로 인한 부모 세대와의 갈등은 개혁개방 이후 자유연애 및 개성해방의 추구와 함께 특히 잡거지역에서 보편적으로 부딪히게 되는 세대 간의 갈등의 하나로서 문화의 혼종성과 함께 이민 1세대와 신세대 간의 민족의식 및 문화의식의 차이를 보여준다.

박옥남의 이 부류의 소설들에서는 이민의 이야기와 조선족 농촌공동체가 성장하던 이야기가 많이 그려지고 있다. 소설 「둥지」, 「장손」, 「고향」[137)]이 대표적이다.

우리 벽동소학교는 평안북도 벽동이란 곳에서 살다온 여덟 가구의 집단이 주민들이 세운 마을입니다. 그래서 마을이름이 처음엔 〈팔가자〉로 불리기도 했지요. 벌이 너르고 마를 줄 모르는 송화강이 곁에 있어서 벼농사에 안성맞춤한 자리라고 여겼기 때문에 마을의 원로분들이 여기에다 봇짐을 풀었던 것입니다. (중략) 1954년에 마을에 소학교가 설립되었는데 그때부터 마을이름도 《벽동》으로 불렸고 6명의 학생에 두 분의 교사가 계셨답니다. 비록 교통은 말할 것 없이 불편했지만 논농사가 기막히게 잘되고 물고기가 흔하다는 소문이 퍼져서 이주민들이 쓸어들기 시작했는데 70년대 초반에

---

137) 『도라지』, 2012년 제3호.

이르러 마을의 주민호수는 100가구를 넘겼고 학생 수도 190명이나 되었다고 합니다. 교사분도 두 분에서 열한 분으로 불어났구요. (중략) 비록 70년대는 동란의 년대이긴 했었지만 우리 벽동소학교는 전에 없던 전성기를 누렸습니다.

— 「둥지」, 19~20쪽

큰아버지의 의술 하나를 보고 큰아버지가 이끄는 한 트럭의 이민부대까지 말없이 받아주고 신풀이 할 생땅까지 무상으로 제공했던 이웃마을의 중앙촌 사람들. 그 사람들에겐 죽어가는 사람도 되살려낼 만큼 좋은 의술을 가진 우리 큰아버지를 얻는 것이 다섯 가구의 이민호를 조건 없이 받아들이는 큰 대가를 치를 만큼이나 대단한 재부였던가 보다. 그렇게 발을 붙인 이민자들의 작은 부락으로 그 후 륙속 새 이민호가 밀고 들어오다 보니 자연 아이들을 가르칠 선생이 필요했던 것이다. 일색 한족인 중앙촌과 신작로 하나를 사이 놓고 이웃해 앉은 신립촌은 그때까지만 해도 열세 가구뿐이었다.

— 「장손」, 61쪽

예전에 늙은이들의 말을 들어보니 이곳은 원래 뒷마을 한족사람들의 공동묘지 자리였다고 한다. 새마을을 세워야겠는데 장소가 없어 뒷마을 한족사람들이 버린 터를 주어서 공그고 다듬기를 거듭해 만들어낸 자리가 바로 이 자리라고 했다. 애들이 공부할 자리라 꺼리는 사람도 있었으나 남의 땅을 얻어서 살아야 했던 그 절박했던 형편에서는 식은밥 더운밥 가릴 계제가 아니었단다. 그렇게 다듬고 가꾸어낸 자리에다 이제 우리만 짓던 벼농사를 한족 농민이 이어서 짓고 있는 것이다. (중략) 다섯 호의 이민식구가 맨먼저 이곳에 발을 붙였을 때 사람들은 자기들이 들 살림집보다도 학교를 앉힐 자리부터 운운을 했다 하니 후대교육을 중시하는 우리 민족의 덕목은 이곳에서도 반짝 빛을 뿌렸던 것만은 사실이다. 전 공사 8개 마을학교를 점검해 보아도 우리 학교만큼 100%의 보급률을 보장한 학교가 없다며 우리 민족을 치하하던 공사문교간부의 말이 생각난다.

— 「고향」, 제15~17쪽

이러한 인용문들에서는 조선족 농촌공동체의 형성과정이 진실하게 묘사되고 있다. 이러한 묘사는 생동하고 진실한 이야기로써 조선족의 역사를 인식시켜주며 조선족들의 끈질긴 생명력과 용감한 개척정신, 문화의 우월성 등을 다양하게 보여준다. 따라서 이러한 성장의 역사는 흔히 해체되고 있는 조선족 농촌공동체의 현재 모습과 비교되면서 묘사되고 있어 독자들의 마음을 더욱 아프게 하는데 이는 작가의 민족역사에 대한 지대한 관심과 민족문화에 대한 강한 자부심, 민족의 운명에 대한 교육자로서의 사명감 및 작가적 사명감과 관련된다고 본다. 박옥남의 민족어, 민족문화에 대한 애착심은 그가 8도 방언을 능란하게 구사하는 데서도 나타난다.

> 고향이 다르다고 얘깃거리가 없으란 법은 없다. 내가 살던 마을은 조선족만 모여 살던 집성촌이었는데 이민후기로 새로 건설된 마을이어서인지 집집마다 고향이 다 달랐다. 그래서 동네 빨래터에 모여 주고받는 동네아낙들의 말씨를 들어보면 조선8도의 녀인들이 다 모인 듯 하는 이야기가 구수할뿐더러 그들이 구사하는 말씨도 각양각색이여서 더더구나 재미있었다.
> "몽두끼리로 대갈통을 쳐부숼슬라무네 피가 사방 뙀수다."
> 평안도 아낙이 채소밭에 들어가 말썽을 부리는 씨암탉 때려잡던 소리를 하는데
> "무신 놈의 달구새끼를 몽디로 잡능교? 하고 경상도 아낙이 중을 뜨니
> "달그 잡는 데는 몽치보다 이 방치가 제격이 아니겠슴둥?"하고 함경도 아낙이 동을 달고
> "아 그래갖고 닥을 지대로 잡것어? 짜른 방매이보다 긴 꼬장가리가 백배 낫제." 하고 다른 아낙이 총결을 짓는다.
> — 「고향사람」[138], 28~29쪽

박옥남 소설에 나타나는 구수하고 감칠맛 나는 풍부한 방언은 민족어를 구사할 줄 아는 조선족 후대들에게 있어서 그것은 그대로 생동하고 풍부한 민족어 및 민족문화 교육이 될 수도 있는 것이다.

---

138) 박옥남, 수필 「고향사람」, 『도라지』, 2012년 제3호.

3) 다문화 사회와 다원공존의 양상

박옥남의 적지 않은 소설들에서 화자의 추억으로 나타나는 전통적인 조선족 농촌공동체는 소박하면서도 인정이 넘치는 "짜장 살맛나는 인간세상"으로 그려진다. 하지만 그 형상의 심층을 파헤쳐 보면, 그리고 독자가 처해있는 지리적 공간으로 조명했을 때 그러한 농촌공동체는 아름다움뿐만이 아닌 낙후한 이미지로 형성된다. 그리고 독자들은 그러한 이미지를 통해 오늘날 조선족 농촌공동체가 해체될 수밖에 없는 내적 원인을 발견하게 된다.

박옥남의 소설 「작은 진의 이야기」, 「집으로 가는 길」, 실화소설 「고향」 등은 전통적인 조선족 농촌공동체의 소실과 함께 다원공존의 사회로 변해가고 있는 그 과정과 추세 및 그 내적 원인을 객관적으로 제시하고 있다는 데서 주목된다.

소설 「작은 진의 이야기」[139]는 제목 그대로 작디작은 대산진의 이야기인데 대산진 부근의 조선족 시골 어린이들의 도회지에 대한 동경과 호기심으로 이야기가 시작되는 이 소설에서 중심을 이루는 것은 시골 출신인 주인공 '나'의 시골생활을 탈출하기 위한 노력과 성공의 이야기이다.

---

139) 『도라지』, 2009년 제2호. 이하 인용문은 페이지 수만 밝힘.

<사진 67> 박옥남의 「작은 진의 이야기」

우리는 모두 산산이를 부러워했다. 산산이가 받은 월급 28원으로 ≪인민음식점≫의 찐빵을 몇 개나 살 수 있을가를 환산해보면서 나는 우리의 부모님들은 왜 애초부터 월급을 받는 공인이 되지 못하고 일 년 365일 들에서 허리를 굽히고 하루에 40전 벌이를. 그것도 년말에 가서야 돈잎을 쥐여 볼 수 있는 농사짓는 사람이 되었는지 못내 한스럽기도 했다. 우리의 부모는 두더지처럼 엎드려 땅만 뚜지는 농민이지만 내 인생은 더 이상 궁벽하고 불편하고 락후해서 영화 한편도 마음대로 보지 못하는 농촌바닥에 탈아 박아 놓을 수 없다는 생각이 그때부터 집요하게 찾아들었다. 나가자, 시골을 뛰쳐나가자. 절대로 365일 엎드려 일만 하는 농민은 되지 말자. 나는 매일

그렇게 생각하며 15리 길을 통학하는 고초를 견뎌냈던 것 같다. 비록 고문을 가르치는 선생님이 수업 내내 알아들을 수 없는 고문을 랑독했지만 나는 하루도 빠지지 않고 학교에 다녔다.

— 「작은 진의 이야기」, 60쪽.

위의 인용문에는 그때 아직은 낮은 수준에서나마 전 국민의 평등을 지향했고 경제적으로 낙후한 중국이었음에도 불구하고 도시와 농촌 간의 격차 및 그로 인한 시골 학생들의 도시 생활에 대한 동경과 농촌 생활에 대한 거부감이 진실하게 나타나고 있다. 때문에 조선족 시골에서 태어난 '나'는 그 궁벽하고 불편하고 낙후해서 영화 한 편도 마음대로 보지 못하는 농촌을 벗어나기 위해 15리 길을 통학하는 고초도 마다하고 하루도 빠짐없이 열심히 학교에 다닌다. "그렇게 하루 스물네 시간을 쪼개며 공부"한 끝에 '나'는 성 중의약학원에 입학하여 드디어 시골생활을 탈출할 수 있게 되며 중의약학원을 졸업한 후 가목사시 중의원으로 사업배치를 받자마자 어머니를 비롯한 식구들을 모두 도시로 데려내 왔다."(61쪽) 주인공의 시골생활에 대한 불만과 도시생활에 대한 동경과 추구는 시골 사람들의 보편적인 심리라고 할 수 있다. 중국에서 개혁개방이 이루어지기 이전 시기, 시골 출신의 청소년들이 시골을 탈출하는 길, 신분상승을 실현하는 길은 이 같이 공부를 잘 함으로써 시골을 벗어나고 도시에서 취직을 실현하는 것이 일반적인 도경이었으므로 소설에서의 '나'의 심리와 도시로의 진입 과정은 전형성을 띤다고 할 수 있다. 한편 주인공 가족의 도시로의 진입은 주류문화에의 적극적인 수용과 적응을 의미하기도 한다.

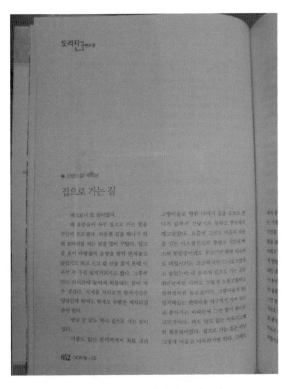

<사진 68> 박옥남의 「집으로 가는 길」

　　소설 「집으로 가는 길」[140)]에서도 도시와 농촌의 격차로 인한 조
선족 시골 사람들의 농촌생활에 대한 불만과 도시생활에 대한 선호
를 보여준다. 남편이 한국에 가서 돈을 벌어 부쳐온 덕에 시골에 살
던 순이는 고향 현성거리에 있는 최고급 아파트를 사서 딴살림을 하
고 있다. 그러한 순이에게 가난한 시집살이를 하고 있는 시골의 친
구 고봉자가 하는 말이다. "아파트에서 살아보니 좋체? 시걱때마다
북데기하고 씨름하지 않아 좋을테고 집안에서 똥을 싸니 엉덩짝 시

---

140) 『도라지』, 2011년 제2호.

리지 않아 좋을테고…"(64쪽) 시골 여성들이 일상생활에서 겪는 불편함과 고달픔을 가장 실감나게 보여주는 대화이다. 고향의 오빠가 현성으로 집을 옮긴다는 소식을 듣고 고봉자가 현성에 들어가서는 어떻게 살 것인가 하고 핀잔을 하자 순이는 "우리라고 한뉘 농촌에 코 틀어박고 살라는 법은 없잖아?" 하고 반발을 한다. 여성들만이 아니다. 고봉자의 오빠 고봉두는 그의 아버지가 극력 반대함에도 불구하고 현성에서 생활하기 위해 시골의 논을 한족사람한테 팔 뿐만 아니라 집까지 끼워 팔아버린다. 시골을 떠나기 싫어하는 자기의 아버지까지를 포함해서 시골에서의 철저한 탈출을 위해서이다. 아들의 이런 행위에 분노한 고노인은 목을 매 자살을 한다. 이는 농사일을 근본으로 알고 착실한 농군으로 일생을 살아온 늙은 세대와 편리하고 화려한 도시 생활을 추구하는 젊은 세대와의 가치관의 차이 및 치열한 갈등을 보여주는 것이 된다. 한족사람이 조선족 마을의 논과 집을 사서 이사를 온다는 것은 조선족 농촌공동체가 다문화의 사회로 변해가고 있음을 의미한다. 또한 서로 다른 언어와 문화를 지켜가는 조선족 농촌공동체에 한족들이 들어와 함께 살아간다는 것은 상호 간에 문화적 교류와 융합이 상당히 이루어지고 있음을 말해준다. 한국에 돈벌이 갔던 시골청년 동섭이는 작업과정에 오른팔 잃은 대가로 한국 돈 5천만 원, 중국 돈 "지금 시세로 치면 25만 원 좀 남짓한" 보상금을 받고 고향으로 돌아왔는데 아직 어떻게 살아갈 것인지 대책도 없이 무작정 현성에서 살림집을 물색하고 있다. 이 역시 농촌 사람들의 시골생활에 대한 거부와 도시생활에 대한 추구를 보여주는 것이다. 이처럼 도시와 농촌의 격차가 존재하는 한, 빈부 격차가 존재하는 한, 도시생활을 위한 농민들의 이농과 부의 축적을 위한 농민들의 이농은 계속될 것임을 소설은 객관적으로 보여주고

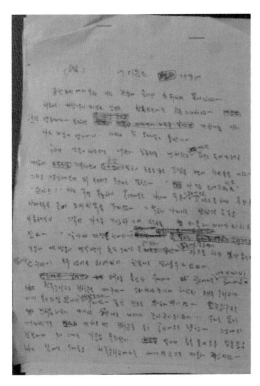

<사진 69> 박옥남의 육필 원고

있다. 그렇다고 할 때 전통적인 조선족 농촌공동체는 와해될 수밖에
없을 것이며 다문화, 다원공존의 사회로 변화될 수밖에 없을 것이다.

박옥남의 단편 「내 이름은 개똥네」[141]는 한국에 가서 육체노동으
로 돈벌이를 하고 있는 조선족 2, 3세대들이 다문화의 중국에서의
삶을 어떻게 인식하고 있는지 그 한 단면을 짚어볼 수 있게 하는 소
설이다. 소설은 시골 출신인 '나'가 한국에 가서 불법체류 중인 남편

---

141) 『연변문학』, 2008년 제3호. 이하 인용문은 페이지 수만 밝힘.

과 동창생들을 만나는 것을 소재로 주로 한국에 나가있는 조선족 불법체류자들의 애환과 고뇌를 다루는 가운데 중국에서의 그들의 지난날 삶을 추억으로 보여주고 있다. 편벽한 조선족 마을에서 나서 자라난 '나'는 출국은 물론 비행기도 처음으로 타본다. 그는 비행기 안에서 만난 통배추모양의 머리 스타일을 한 한국인 사내와의 문화적 마찰을 경험하기도 하고 인천공항에서 입국통관수속을 밟을 때 서양 사람들과 한 줄에 끼여 서서 입국심사를 받아야 하는 서글픔을 느끼기도 한다. 인천공항 상공에서 바다를 내려다보며 "이것이 아버지의 아버지가 살았었다는 그 땅이란" (19쪽) 생각에 가슴 한 곳이 무직해나고 코허리까지 시큼했었다. 그러나 입국심사를 받으면서 자기 자신은 한국에서 "환영을 받지 못하는 불청객"임을 절감한다. 특히 그녀는 3년 만에 만난 남편의 초췌한 몰골과 전전긍긍하는 모습에 놀란다. 불법체류자로 숨어사는 남편은 거리에서 우연히 만난 경찰을 보고는 놀라서 벌벌 떤다. 그리고 한국에서 어린 시절의 동창생들을 만나는데 그들은 모두 육체 하나를 밑천으로 부의 축적을 위해 한국에 나간 사람들로서 거의가 고된 일에 부대끼며 사람 취급을 받지 못한다. 동녀는 열 살 나는 아들을 떼어 놓고 한국에 온 지 10년째인데 한족들의 입국비자가 잘 나온다는 소문을 듣고 호구를 한족으로 고쳐서 온 까닭에 조선족 동포에게는 불법체류자 자진 신고에 의한 재입국제도가 도입되었지만 그 혜택을 받을 수 없는 몸이어서 중국에 돌아갈 수가 없다. 광식이는 일을 잔뜩 해놓고도 밀린 월급을 받지 못하고 있고 영순이는 교통사고로 완전마비가 된 병자를 돌보는 보모 일을 하면서 갖은 괄시와 수모를 다 받고 있고 춘화는 치매 노인이 있는 집 보모 일을 하면서 불안하게 살고 있고 불고기집에서 불판을 닦고 숯불관리를 하는 병달이는 중국에서 왔다고 해서 무시당하고 괄시당하는 삶으로 인하여 울분에 부대낀다.

소설에서는 조선족 불법체류자들의 현재 당면하고 있는 고난과 멸시 당하는 삶의 양상과 디아스포라인 것으로 인하여 타민족 어린이들과 마찰도 있었지만 즐겁고 행복하기도 했던 그들의 중국에서의 과거 생활에 대한 회상이 부단히 포개지고 있다. 그리하여 조선족 불법체류자들의 고달픈 삶을 더욱 선명히 보여줄 뿐만 아니라 "아버지의 아버지가 살았었다는 그 땅"이 이들에게 어떻게 인식되고 있는가를 뚜렷이 보여준다. "삶은 그렇게 고달프기도 하고 때론 즐겁기도 한 법"(35쪽)이라고 생각하는 '나'의 눈에 비친 조선족 불법체류자들의 삶이란 굴욕적이고 고달프기만 한 삶이다. "우리에겐 이 길 말고 정말로 다른 길이 없단 말인가?"(23쪽)라는 '나'의 한탄은 조선족 불법체류자들의 삶의 방식에 대한 회의와 함께 조선족 농민들이 나아갈 바람직한 길은 도대체 어떤 것인가 하는 질문을 던지고 있다. 소설에서 "명년까지만 벌고 난 돌아갈 거야. 돌아가서 초가집 지었던 자리에 아담한 기와집 한 채 지어놓고 소나 수십 마리 기르면서 농사짓고 그렇게 살 거야."(34쪽)라고 하는 병달이의 말은 조선족 불법체류자들의 보편적인 삶의 지향을 대변한다고는 할 수 없으나 적어도 조선족 농민들의 한 가지 바람직한 삶의 방식을 제시하고 있다고 할 수 있다. 조선족 동포에게는 불법체류자 자진 신고에 의한 재입국제도가 도입되었다는 것은 한국에서 조선족들에 대한 혜택이 정책적으로 개선되고 있음을 말해준다. 그러나 소설에서의 조선족 불법체류자들에게 있어서 한국은 돈을 벌기 위해 잠시 머무르는 곳으로 인식되고 있다. 인천공항을 떠나면서 "그래, 가자! 집으로 가자! 내 집이 있고 내 아들이 있고 내 터전이 있는 그곳으로 가자! 잘 있어라, 대한민국, 잘 있어라, 아버지의 아버지의 고향아.

잘 싸워라, 친구들아! 잘 견뎌라, 개똥네야!"(38쪽)라는 '나'의 부르짖음은 한국에 대한 인식과 함께 중국에 대한 인식도 뚜렷이 보여준다. 한국은 돈을 벌기 위해서는, 중국에서의 가난한 삶의 여건을 개선하기 위해서는 싸우면서라도 참고 견딜 수밖에 없는 곳으로, 이제 한국은 '아버지의 아버지의 고향일 뿐' 더는 이민 3세인 '나'의 세대의 고향이 아니라는 의식을 보여준다. 그리고 조선족들이 뿌리를 내릴 삶의 현실적 터전은 '내 집이 있고 내 아들이 있고 내 터전이 있는' 중국이라는 국민 의식을 뚜렷이 보여준다.

이 작품에서 계동녀의 별명이 '개똥네'로 설정된 것은 작가가 의도적으로 마련한 상징적 장치로 보아야 할 것이다. '개똥네'는 소설 속에 등장하는 특정 인물의 이름이라는 의미를 넘어서서 수모와 고난에 찬 삶을 살고 있는 조선족 불법체류자들의 인물 유형을 의미한다. 이처럼 이 작품은 조선족 불법체류자들의 한국에 대한 선망이 문화와 가치관의 차이에 의해 어떻게 환멸로 변화되며 그에 따른 국민의식의 자각을 깊이 있게 다루고 있다.

박옥남의 실화소설 「고향」142)은 작가의 어린 시절, 처녀 시절의 추억과 고향을 떠난 뒤의 귀향체험을 바탕으로 한 작품이다. 소설은 오늘날 조선족 농촌공동체의 현황을 진실하게 보여주면서 다원공생의 의미와 그 가치를 심각하게 되새기게 한다. 떠난 지 22년 만에 고향마을을 찾는 저자를 따라 우리는 그의 고향, 즉 통하현에 자리 잡고 있는 조선족 농촌공동체인 의산향 오사촌이라는 곳을 찾아가게 된다. 통하현성에서 송화강 강줄기를 따라 동으로 약 40리가량 떨어진 이 조선족 마을은 "예전엔 현성에서 고향마을까지 정해진 교통수단이란 아무것도 없었다. 기껏해야 지나가는 한족사람들의 말

---

142) 『도라지』, 2012년 제3호. 이하 페이지 수만 밝힘.

마차나 어쩌다 움직이는 마을의 경운기가 현성으로 가는 사람들이 이용하는 유일한 교통도구였다. 그것마저 얻어 타지 못할 때는 마을에서 현성까지 40리 길을 도보로 걸어야 했다"(6쪽) 그런데 지금은 고향마을 이름이 역 이름으로 대용되어 버스노선도의 한중앙에 버젓이 박혀있어 이게 꿈이냐 생시냐 싶을 정도다. 고향마을에 도착하니 눈앞에 들어오는 광경 또한 좀 예상 밖이어서 감탄을 마지 않는다. "생각밖에 집집마다의 터전 주위에 둘러져있던 버들울타리들이 모두 일매진 비술나무 울타리로 바뀌어버려 사뭇 정연하고 보기 좋았다. 마을길도 구석구석까지 시멘트로 포장이 되어있었고 중심길 양쪽엔 가로등이 즐비하게 서있었으며 타일로 겉벽을 바른 새벽돌 집들도 여러 채 보였다. 요 근래 들어서서 출국바람이 불면서 폭격을 맞은 것같이 나날이 폐허가 되어간다던 고향마을이 아니었던가?"(7쪽) 이처럼 저자의 고향마을은 개혁개방과 현대화의 혜택을 입어 생존환경이 많이 편리하게 발전되었다. 그러나 그 감개무량함도 잠깐이고 고향마을을 가까이 하며, 추억을 따라 깊이 파고들어갈수록 조선족 농촌공동체의 해체되어가는 모습으로 하여 저자의 마음은 서글프고 허무하고 아프기 그지없다.

마을을 돌며 구석구석에 널려있는 초가집의 수효를 세어 보니 아직도 원 자리에 남아있는 것은 모두 스무 채. 그중사람이 살고 있는 집은 겨우 11채. 나머지는 바야흐로 쓰러져 가고 있거나 이미 쓰러진 상태였다. 사람이 살고 있는 11채의 초가집을 찾아 들어가 보니 단 두 집만 면목 있는 조선족이 살고 있을 뿐 나머지 아홉 채는 모두 새로 이주해온 한족식구들이 살고 있었다. 원래는 110호가 운집해 살았던 마을에 호총이 줄어 이제 조선족은 17가구밖에 남지 않았고 그 인구는 24명. 그마저 운신을 못하는 로인네가 대부분이다 보니 중심거리에 한식경을 서있어도 아는 얼굴을 만날 수가 없었다. 17가구 중 2가구를 제외한 나머지 15가구는 80년대에 호도거리농사를 지을 때 지어올렸던 구식 벽돌집들에 살고 있었다. 원주인들이 버려둔 집이지만 명색이 벽돌집이라 아직 허물어지진 않고 있어 남아있는 사람들이 호상 하나씩 나누어가진 것 같았다. 호젓하니 큰 방에 혈혈단신이 아니면 고작해야 량주 두 식구가 살고 있는 집들은 사람의 온기가 부족해 쓸쓸하기 짝이 없었다.

- 「고향」. 8-9쪽

위의 인용문에 제시되어 있다시피 현재의 고향에는 조선족 사람들이 거의 떠나버려 조선족보다 한족들이 더 많이 살고 있다. 원래는 조선족이 110호나 운집해 살았던 마을인데 현재 조선족은 17가구밖에 남지 않았고 그 인구는 24명밖에 되지 않는다. 그마저 운신을 못하는 노인네가 대부분이다 보니 고향이라고 찾아왔으나 중심거리에 한식경을 서있어도 아는 얼굴을 만날 수가 없다. "사람의 온기가 부족"(9쪽)한 현재의 고향에선 과거의 인정미가 넘치고 삶의 활기가 차고 넘치던 모습, 민족의 전통 문화가 고스란히 지켜지던 모습을 더는 찾아볼 수가 없다. 조선족 농촌마을에 대한 조사 보고서와 같이 명확한 숫자로써 조선족의 농촌 인구와 사는 형편을 제시하고 있는 위의 인용문은 현재의 고향 현실에 대한 치밀한 묘사를 통해 조선족 농촌마을이 해체되어가고 있는 모습을 사실적으로 제시하고 있다. 이처럼 산업화, 도시화 시기의 조선족 농촌마을을 진실하게 묘사함으로써 잃어버린 민족공동체에 대한 그리움을 현재의 피폐한 삶에 대비시켜 강하게 환기시켜 준다. 그뿐이 아니다. 100%의 보급률을 보장하였을 뿐더러 200명 가까이 되는 학생들에 대한 우수한 교육으로써 조선민족의 후대교육을 중시하는 덕목을 빛내던 이 마을 조선족학교의 벽돌 교사는 돈사로 변했다가 방치된 상태이며 학교 운동장은 논밭으로 변해있다. 저자의 아버지가 20년이나 근무한 학교이자 그의 동심을 키워준 모교일 뿐만 아니라 아버지의 뒤를 이어 6년간이나 근무했던 유서 깊은 곳이 망가질 대로 망가져버린 폐허 속에서 저자는 "이곳에 우리말로 글을 배워주던 학교가 있었다는 사실은 이제 력사의 뒤안길로 사라져 전설로나 남을 것"이라며 허무함을 금하지 못한다.

이 소설을 통해 우리는 산업화, 도시화가 추진되고 있는 오늘날 해체되어 가고 있는 조선족 농촌공동체의 한 사례를 보게 된다. 이러한 점은 조선족 농촌공동체의 피폐화와 민족문화 교육의 위기를 일관적으로 주목하고 예술적으로 재현해온 박옥남 소설의 특징과 별반 다를 바 없다고 할 수 있다.

그런데 이 소설에서 특히 주목되는 것은 조선족 농촌공동체가 그 실존에 있어서 다원공생의 사회로 변화되고 있다는 점이다. "이제 우리만 짓던 벼농사를 한족 농민이 이어서 짓고 있는 것이다."(15쪽) 이 마을로 농사지으러 들어온 한족은 지금까지는 30호가 된다.

이웃에 사는 한족 새색시가 풋고추 뜯으러 왔다며 인기척을 냈다. 큰어머니 혼자서 채마전을 다룰 수도 없거니와 다루어낸다 하더라도 혼자서 얼마 먹지도 못하기에 한족 아낙더러 대신 채마전을 붙이게 하고 거기에서 나오는 남새는 두 집에서 나누어 먹기로 했단다. 그렇게 제집 채마전을 남의 집에 부탁한 집이 큰어머니네 말고도 여러 집이라고 했다. 모두가 하나같이 일흔을 넘긴 로인호들이라고 했다. 그중 두 집은 채마전은 물론 살림살이까지 몽땅 한족아낙에게 맡기고 사는 형편이란다. 반려를 잃고 혼자 사는 몸인데다 수족이 불편하여 밥 짓는 일도 할 수 없는지라 도급지를 내어주고 나오는 돈으로 한족아낙의 보살핌을 사서 살아간단다. 예전에 3대 4대가 한집에서 오구구 모여 살며 천륜지락을 누리던 민족공동체의 삶의 방식 또한 이 마을에선 영원한 력사가 되어버린 것이다.
― 「고향」, 18쪽

위의 인용문에서는 조선족 청장년들이 도시로, 한국으로 떠나버리면서 전통적인 조선족 농촌공동체의 삶의 방식이 깨어지고 문화와 민족이 서로 다른 조선족과 한족이 서로 의지하고 부축하고 협조하면서 공존 공생하고 있음을 보게 된다. 조선족 젊은이들은 거의 다 떠나버린 조선족 노인들에게는 일해주고 보살펴줄 수 있는 노동력이 필요하며 인구에 비해 땅이 부족한 한족들에게는 노동으로 수입을 늘일 수 있는 땅과 일감이 필요한 것이다. 이 마을 조선족 촌장을 보더라도 시골에 있는 기와집은 한족사람에게 세를 놓고 도급지와 개간지 20여 쌍을 손수 농사를 짓지 않고 몽땅 한족사람들에게 도급주어 일 년에 양도금만도 20만 원이 넘어 현성에다 새 주택을 장만해놓고 자가용을 끌고 다니며 별로 하는 일 없이 소일하며 지낸다. 그리고 조선족 처녀들이 시골 마을을 다 떠나갔기에 "한족 색시든 조선족 색시든 여자가 생겨 장가를 가는 것만으로도 만족하고 살아야 하는 세월이" 되었다. 한족 처녀와 혼약을 맺은 이 마을 조선족 총각이 신붓감을 데리고 부모가 일하고 있는 한국에 놀러 갔던 차 그곳에서 결혼식을 올리고 방금 돌아왔는데 마을에 남아있는 사람들을 위해 현성거리에 나가서 재탕으로 잔치 턱을 낸다고 한다. 이 마을 동창이 운영하는 음식점엔 동네사람들보다 현성에서 자가용을 타고 오는 사람들이 훨씬 많다고 한다. "현성에서 제일 가까운 조선족 마을이라 민족음식을 주요메뉴로 올리는데 희한하게도 주방장은 한족이었다."(25쪽)

이처럼 그들은 민족이 다르고 문화가 다르지만 상대방의 존재와 가치를 인정해 주는 한편 그들의 협조를 얻어 보다 나은 삶을 지향하며 생존을 유지하고 있는 것이다. 바로 이 같은 타협과 공존의 정신이 있기에 마을에 남아있는 조선족 노인네들이 생활의 어려움을 극복할 수 있는 것이다. 이러한 삶의 방식이 보편적으로 소망하는 삶의 방식은 아닐 수 있지만 이것이 바로 오늘날 조선족 농촌공동체의 현실이다. 이렇게 볼 때 조선족 농촌공동체는 오늘날 이미 다원공존의 사회로 들어서고 있다. 「고향」에서 촌장은 "땅만큼 실속 있게 자기를 부자로 만들어준 것은 없"다고 한다. "현성과 가까운 거리에 있는 우세를 빌어 민속촌을 운운하고 있다는 촌장은 명년엔 마을에 우선 상하수도를 놓고 하나하나 일을 벌여볼 심산이라고 속심을 털어놓았다. 고충이라면 이렇게 변해가고 있는 고향땅으로 돌아와 같이 일할 기미를 보이는 사람이 없다는 것이다. 남에게 내주었던 땅을 걷어 들여 정책 좋고 시세 좋은 농사일을 다시 한 번 본때 있게 해볼 사람들이 모여들었으면 좋겠단다."(26쪽) 고향을 떠나간 시골사람들이 고향마을로 돌아오지 않는 그 원인은 물론 다양하겠지만 무엇보다도 편리하고 화려한 도시생활에 익숙해진 시골사람들이 아직은 여러 가지로 불편하고 고달픈 농촌으로 다시 돌아가지 않으려하는 사정과 많이 관련될 것이다. 그렇다면 다문화 사회로 들어서고 있는 오늘날 상대방의 존재와 가치를 인정해 공존과 화해를 이루어내는 것이 조선족 농촌공동체가 당면한 과제가 아닐까 하는 사고를 안겨준다.

이러한 이농 현상과 고향 떠나기의 현상에 대해 「고향」에서는 화자의 시각이 이전 소설에 비해 상당히 개방적임을 보게 된다.

찾아가면 반갑다고 두 손을 잡아주는 사람이 있는 곳이 고향이요 지나간 추억거리를 들추어내며 함께 회포를 풀 수 있는 사람이 사는 곳이 고향일 것이다. 그런데 고향마을엔 그런 추억거리들이 하나 둘씩 사라져가고 있고 사람들은 하나 둘씩 떠나고 있다. 이제 이대로 좀 더 세월이 지나면 고향의 모든 것은 흔적도 없이 사라질 것이다. 고향땅을 지키는

것도 사람이요 고향의 이야기를 만들어내는 것도 사람이다. 고향마을
은 시나브로 사위여가고 있다. 그러나 보다 나은 삶을 위해 살던 마을
을 떠나는 고향마을사람들은 다른 곳에 가서 다시 자기의 보금자리를
틀 것이다. 그리고 그곳에서 장쾌한 삶의 서사시를 만들어낼 것이다.
그러면 그곳은 모름지기 그 사람들의 또 다른 고향이 될 것이다.

- 「고향」, 26쪽

박옥남의 많은 소설들에서 전통적인 조선족 농촌공동체의 해체에
대한 안타까움과 서글픔, 심지어는 비극적 색채가 뚜렷이 드러난다.
이 소설에서도 조선족 농촌마을이라는 전통적인 공간이 해체되고
있는데 대한 아쉬움과 서글픔이 나타나지만 이전 소설들에 비해 조
선족과 한족의 다문화공존, 보다 나은 삶을 위해 고향을 떠난 사람
들 및 타향에 대한 개방적이며 긍정적인 견해가 새롭게 나타나고
있다. 이는 산업화와 도시화의 물결 속에서 변할 수밖에 없는 농촌
사회 발전의 필연적인 추세에 대한 작가의 인식과 관련되지 않을까
싶다.

4) 맺음말

박옥남의 소설들은 산업화, 도시화의 물결 속에서 조선족 농촌공
동체가 겪고 있는 해체과정, 민족 교육이 직면한 위기 상황, 민족의
삶의 실태를 진실하게 파헤치고 민족의 운명에 대한 강한 우려를 보
여주고 있다.

박옥남이 소설에서 그려내고 있듯이 조선족들은 조선족 농촌공동
체에 대해 복잡한 인식을 갖는다. 박옥남의 경우 자신이 성장한 공
간인 조선족 마을은 '고향'으로 자리 잡혀 인간들의 심성이 소박하

고 인정이 넘치는 살맛나는 인간세상으로 회상되고 그리움의 대상으로 끝없는 아름다운 추억의 공간이며 언젠가는 또다시 가보고 싶은 공간이다. 이는 박옥남의 망향의식의 표출이며 민족의 전통문화가 살아 숨 쉬는 민족공동체에 대한 애착심과 긍정이 작용한 것이라 볼 수 있다. 그러나 실제로 시골에서 생활하는 조선족들에게 농촌은 낙후하고 불편하여 탈출하고픈 공간이다.

이런 현실인식은 중국에서 개혁개방 이후 특히 한중수교가 이루어진 이후 도시로, 한국으로의 진출이 자유로워지면서 많은 농촌사람들이 도시로 나가, 한국으로 진출하면서 일자리를 구해 경제적인 궁핍에서 벗어나고자 하여 농촌인구가 줄어들고 조선족 농촌공동체가 해체되었다는 사실과 밀접한 관련을 갖는다. 박옥남의 소설에서 조선족 3세들의 의식 속에는 한국은 할아버지의 고향으로 인식되고 조선족들이 뿌리 내릴 곳은 뿌리내릴 수 있는 땅과 가족이 있는 중국이라는 국민 의식을 뚜렷이 보여준다. 아울러 조선족 농촌공동체는 다문화가 공존하는 사회로 변화되고 문화가 서로 다른 타민족들과 함께 서로 이해하고 서로 도우며 공존하는 다문화 공존의 공간으로 변화되고 있다.

박옥남은 조선족 농촌공동체가 다문화 공존 공생의 사회로 변화되고 있는 양상과 그 필연성을 구체적인 형상화를 통해 객관적으로 보여주고 있으며 도시화의 물결 속에서 조선족들이 복합적인 문화 정체성을 형성하게 되는 현실적 상황과 함께 그 추세를 형상적으로 제시하고 있다.

3. 윤림호 소설의 민족의식 표출양상과 의미

<사진 70> 조선족 작가 윤림호

1) 머리말

윤림호[143]는 중국의 개혁개방기에 등단한 조선족 작가로서 1980
년대와 1990년대에 왕성한 창작활동을 벌여 흑룡강 문단에서 영향

---

143) 1954년 5월 23일 흑룡강성 동녕현 로흑산향 만보만에서 출생. 1973년 해림현 해남향 남라고
하촌으로 이주한 후 농업생산에 종사. 2003년 사망. 1985년 연변대학 문학반 졸업. 1979년
처녀작 「셋째사위」로 등단. 단편소설집 『투사의 슬픔』(1985), 『고요한 라고하』(1992)를 펴냈
다. 흑룡강성 소수민족 문학상과 『은하수』, 『천지』, 『도라지』, 『아리랑』 등 여러 잡지의 문학
상을 수여받았다. 단편소설 80여 편과 중편소설 10여 편을 발표했음. 박지혜, 「윤림호 소설의
민족의식 표출양상과 의미」, 송현호 외 중국조선족 문학의 탈식민주의 연구 2, 국학자료원,
2009, 94쪽 참조.

력 있는 작가로 자리매김하였다. 윤림호가 활발한 문학창작을 벌이던 1980, 90년대는 바로 중국에서 개혁개방 이후 시장경제를 실시하여 경제가 급성장하고 인간의 욕망과 권익이 합법화된 시기로서 중국 전역에서 거대한 변화가 일어나고 있던 시기이며 특히 중국의 조선족들에게 있어서는 혈육과의 왕래를 가로막았던 장벽이 무너지고 한국에 있는 혈육들과의 만남의 숙원이 이루어지는 시기이다. 이러한 시기에 농촌에서 생활하며 문학창작을 한 농민작가 윤림호의 소설들은 이 시기 조선족 농민들의 다양한 삶의 양상과 정신적 특징을 진실하게 반영하고 있으며 조선족들의 민족의식을 다각적으로 보여주고 있다. 개혁개방 이전까지 조선족의 대다수 인구가 농촌에서 살고 있었다는 점을 감안하면 농민들과 가장 가까이에서 생활하고 농촌에서의 생활체험을 바탕으로 창작활동을 벌인 윤림호의 문학작품에 나타나는 민족의식을 살펴보는 것은 조선족의 민족의식 및 정체성을 고찰함에 있어서 대표적인 한 사례가 될 수 있다고 생각된다.

지금까지 윤림호의 문학작품에 대한 본격적 연구로는 박지혜의 「윤림호 소설의 민족의식 표출양상과 의미」를 들 수 있는데 이 글은 탈식민주의 이론으로 윤림호 소설에서의 민족의식의 표출양상 및 그것이 가지는 의의에 대해 깊이 분석하고 있다.[144] 본고는 선행 연구 성과를 바탕으로 윤림호의 작품에서 나타나는 민족의식 및 그 의미에 대해 분석하기로 한다. 이를 위해 윤림호의 소설

---

144) 박지혜는 이 글에서 중국 북방의 조선족 소설문단에서는 비중 있는 작가임에도 불구하고 그간 중국조선족 문단에서도 윤림호의 문학에 대한 본격적인 연구가 진행되지 않은 원인을 조선족 문단의 중심지인 연변에서 멀리 떨어진 흑룡강지역에서 작품 활동을 해 왔기 때문인 것으로 보고 있다. 박지혜, 「윤림호 소설의 민족의식 표출양상과 의미」, 송현호 외, 『중국조선족 문학의 탈식민주의 연구 2』, 국학자료원, 2009, 94쪽.

「쌍고동」(1991), 「파란들 남쪽」(1995), 「해몽기」(1994), 「불로동」(1991), 「모래성」(1988), 「아리랑 고개」(1992)를 주된 논의 대상으로 삼을 것이다.

2) 민족의 운명에 대한 관심과 우려

개혁개방 이후 시장경제 실시와 함께 현대적이며 외래적인 각종 문화 사조가 다양한 형식으로 패쇄적인 조선족 농촌에도 물밀듯이 밀려 들어왔다. 이러한 충격은 너무도 급속도여서 농민들은 어느 것이 가장 자신에게 적합한 위치인지를 정확하게 이해하고 선택할 여유가 없었으며 과거에 자신이 삶의 의거로 삼았던 관념들이 얼마만큼 합리적인가를 분명히 정리할 여유가 없었다. 상품경제의 발전과 인간의 욕망과 권익이 합법화된 사회현실 앞에서 물질적 추구와 공리주의적 가치의식이 급성장하여 사회적 변혁과 생활의 개변에 따라 전통적 가치관과 충돌을 일으키게 되었으며 아울러 조선족 농촌 공동체는 변화 발전과 더불어 혼란스러운 상황에 처하게 된다. 조선족 농민작가인 윤림호는 예리한 안목으로 개혁개방 이후 조선족 농민들이 당면하고 있는 정신적 위기, 가치의식의 변화, 조선족 농촌 공동체의 피폐화 등을 예민하게 관찰하고 조명하고 있는데 이러한 소설들에는 민족의 운명에 대한 작가의 지대한 관심과 우려가 나타난다.

중편소설 「쌍고동」(1991)[145]은 시장경제의 도입과 산업화에 따라

---

145) 『송화강』, 1991년 제2기. 이하 인용문은 페이지 수만 밝힘.

<사진 71> 윤림호의 「쌍고동」

급변하고 있는 조선족 농촌마을의 피폐와 농민들의 우매 및 정신적 타락에 경종을 울려주는 작품이다. 7년 만에 고향땅을 다시 밟아보는 진성 중위의 눈에 비쳐드는 요동마을은 놀랍게 변해 있다. "그적 왔을 때 한 모습같이 보이던 초가집들 사이에는 어느새 뻘건 벽돌집들이 거인마냥 우뚝우뚝 키를 돋구고 섞여 서있었다. 그중에서도 동네 코머리에 '고려상점'이란 커다란 간판을 번듯하게 쳐들고 셈평 좋게 자리 잡은 벽돌집이 특히나 유표했다."(2쪽)는 요동마을에 대한 환경묘사는 개혁개방과 더불어 경제적으로 전보다 풍족해진 마을의 발전상을 보여준다. 그러나 고향의 이러한 외적인 발전과는 달리 마을사람들과의 거리가 가까워질수록 중위의 감개무량한 기분은 잡쳐지고 마음은 처연해지기만 한다. 외양간의 꼴짐도 산더미같이 등에 싣던 억척스런 장부였던 주홍코 영감은 자기 몫으로 분배받은 논까지 술에 다 말아먹음으로 인하여 아들과 며느리까지 등을 돌렸음에도 불구하고 여전히 비굴하게 외상술을 구걸하고 있다. 반겨줄 여동생 향실이를 상상하며 집에 찾아가지만 여동생의 삶의 현황은 오빠로서의 중위를 경악하게 한다. 논을 분배받아 한해 농사를 지어본 매부 형천이는 이웃 한족마을인 왕가툰에서 지불하겠다는 논 양도비가 농사수입보다 낮다고 생각하고 이웃마을 간의 화목을 도모하는 촌지도부의 동의를 거쳐 왕가툰의 모래부업기지로 논을 양도하게 되었는데 논 양도비를 계약대로 상환하지 않자 법을 모르는 중위의 매부 형천이는 화풀이로 이웃 한족마을사람들의 천막에 불을 질러 본전은커녕 오히려 배상금을 물어주고 구류까지 당하게 되면서 농민으로서의 근면함과 의지까지 잃어버린 폐인이 되다시피 하고 그로 말미암은 가난한 생활형편을 개선하기 위해 장사에 나선 향실이는 항구도시까지 진출하여 매음으로 돈을 벌어들인다고 한다. 조선족 마을의 민족교육도 위축되고 있다.

"우리 큰놈 보라우. 조선학교 다니구 나오니 그뿐이라우. 어떻게 하든 둘째 놈이야 대국글 왈왈 읽혀 출세시켜야지. 앞으로 보우. 애들은 애비애미들처럼 소똥에 코를 박자 안 할 거우."
"(중략) 이번 학기부터 우리 막동일 애당초 뚝 떼어 왕가툰 학교에 보내겠수. 제 에미 술 먹구 재웠는지 둔하게 생겨먹기라구야. 시험만 치면 먹지두 못할 만두를 받아온다우. 출세하지 못할바하군 일찍 대국말이나 쓰라쓰라하

게 배워두면 장땡이라니. 앞의 말이나 번지구 돈머리나 셀 줄 알면 그만이
지 뭐가 있다구? 진숙 그 앤 학생이 없으면 직업 떼울가봐 안달아 다니지
만 우리두 우리 살 도리를 해야지."

"우리 또래를 보우, 대국말 깜깜부지니 어디가 셈을 차릴 수 있나? 작년에
돼지새끼 사러 장에 갔던 이야길 할가?…"

- 「쌍고동」, 8쪽

위의 인용문은 이 마을 적지 않은 조선족 농민들의 민족교육에 대
한 인식이 어떠한가를 보여준다. 중국의 통용어인 한어를 할 줄 몰
라 현실생활에서 어려움을 겪고 있는 그들은 민족문화의 전승보다
는 현실적 이해관계에 더욱 관심을 가진다. 후대들이 출세를 하려면,
그리고 현실적인 삶을 위해서는 민족어보다는 한어를 잘 해야 한다
는 인식하에 학부형들은 자식들을 아예 한족학교에 입학시키거나
조선족학교에 있다가 한학기도 채우지 않고 한족 학교에 전학시키
기도 한다. 이로부터 조선족학교 학생은 점점 줄어들고 그와 반대로
한족학교는 해마다 학생 수가 불어나는 추세이다. 이러한 국면을 전
변시키기 위해 조선족학교 교장은 반주임들에게 학생 수를 얼마만
큼 담보하지 않으면 안 된다는 '호도거리계약'까지 맺게 되고 사범
학교를 졸업하고 고향마을의 요동소학교에서 교편을 잡고 있는 1학
년 반주임 진숙이는 학생 수를 보장하기 위해 학부형들을 찾아다니
게 되는데 조선족 교사들의 이러한 직업적 애착심과 책임감을 마을
사람들은 "제 밥통 잃을까 봐" 그러는 것으로 오해를 하며 이 마을
촌장을 맡고 있는 진숙이의 오빠조차 "한 때 추렴 값도 안 되는 월
급을 받지 말구 나오라고" "좋은 직업을 알선해 주겠다고"(12쪽)진
숙이에게 교사직을 그만 둘 것을 권고한다. 요동마을 조선족학교의
상황은 산업화와 더불어 나타나는 조선족 민족교육의 위축 과정을

구체적으로 보여주고 있다. 요동마을 학부형들의 민족교육에 대한 인식과 조선족 소학교 운영의 위기 상황은 오늘날 수많은 조선족 농촌소학교가 사라진 상황과 맞먹는 것이다.

진성 중위로 하여금 또한 곤혹스럽게 하게 하는 것은 조선족 농민들의 정신적 공허함과 윤리적 타락이다. 요동마을을 이끌어가야 할 촌장부터가 대낮에도 마작골패로 허송세월을 하면서 "전국적으로 보급된 오락공구"라고 당당한 태도를 보이는 것이다. "내가 알고 있는 고향은 전혀 이렇지가 않았어. 어느 총알에 죽을지 모르는 고지에서도 짬만 있으면 전사들에게 고향이야길 해준 나야. 옥토벌 우리 고향은 산 좋구 물 좋구 인심 좋구 오붓하다고 말이야. 원쑤를 족칠 때마다 고향의 부강을 위해 싸운다는 데서 늘 새 힘이 솟구쳤어. 화수, 내 말 리해할 만하지?"라고 정신적으로 타락해 가는 고향에 대한 안타까움과 분노를 토로하는 중위에게 촌장 화수는 도리어 "모기 보구 환도 뽑지 말라구. 사회발전법칙엔 모순이 따르는 거야. 그러나 어쨌든 주류가 주도적 지위를 차지하거든" 하고 등한시한다.

농민작가인 윤림호야말로 개혁개방 이후 조선족 농촌마을의 피폐상과 민족교육의 위기를 가장 가까운 거리에서 구체적으로 목격하고 체험한 작가라 할 수 있다. 그 자신이 조선족 농촌마을에서 나서 자랐고 민족교육을 받고 오늘날 민족어로 문학창작을 하는 그에게 있어서 민족의 우수한 문화를 계승 발전시키는 것이 민족의 생존에 있어서 얼마나 중요한 것인가를 작가는 절실히 자각하고 있음을 진숙의 형상에서 찾아볼 수 있으며 아울러 민족의 운명과 민족교육에 대한 작가의 깊은 우려와 관심이 그대로 나타나고 있다.

소설에 부각된 적지 않은 인물들은 서로 다른 측면에서 농민들의 낙후한 심리상태를 보여주고 있다. 책임제를 실시하자 2년 농사수입으로 기와집을 짓고 남부럽지 않게 살 수 있었던 설 과부네는 유리실 가공으로 큰돈을 벌 수 있다는 협잡꾼의 사기에 넘어가 뭉칫돈을 벌 타산으로 신수리쟁이 왕재를 찾아 기와집을 내걸고 계약서를 맺은 결과 남편은 울화로 운명을 하고 기와집은 왕재에게 넘어가고도 나머지 빚을 갚을 길이 없어 빚 대신 설 과부 딸이 왕재의 아내로 들어가게 된다. 그런데 그 딸은 왕재와 같이 살면서 피임약을 몰래 장복하고 돈을 살살 빼돌리고 나서는 달아나버린다. 이런 딸의 졸렬한 행위에 대해 설 과부는 도리어 "참새 굴레 씌우게 똑똑한 년"이라고 중위에게 자랑을 한다. 이러한 농민들의 낙후한 사상의식과 실패에 대해 농민작가로서 아쉬움과 동정, 비분과 우려를 보여주고 있는데 객관상 이는 농촌의 이러한 낙후한 면모를 어떻게 개변시켜야 하는가의 문제를 제기한 것으로 된다.

　단편소설 「파란들 남쪽」(1995)[146]은 농촌 처녀 초순이가 앓는 어머니를 위해 돈을 벌려고 현성에 올라가 술집에서 일하다가 경리의 간계로 순정을 잃고 겪는 고통과 노무수출로 한국에 갔다 돌아와 진상을 알게 된 초순이의 연인인 농촌 청년 백석이가 겪는 심적 고통과 복수를 그리고 있다. 작품에서 작가는 그 어떤 시비판단을 내리지는 않았지만 전반 묘사에서 가난한 농촌 청년 남녀들의 순진한 사랑과 그들의 순박한 심성, 윤리 도덕적 아름다움에 대한 긍정과 그들이 당하는 피해에 대한 동정이 뚜렷이 드러나고 있다.

---

146) 『송화강』, 1995년 제1기.

<사진 72> 윤림호의 「파란들 남쪽」

    윤림호의 적지 않은 소설들은 부동한 측면에서 농촌사람들의 순박함과 선량함을 보여주고 있다. 그러나 작가의 시각은 미래를 지향하는 만큼 민족의 현대화 문제에 직면하여 자신이 수용한 새로운 사상과 새로운 의식으로 고향을 조명했을 때 그는 또한 농촌의 우매함과 낙후한 정신 상태를 회피할 수 없는 것이다. 때문에 그의 작품들에서는 민족의 전통 문화 속에 존재하는 봉건적인 요소와 낙후한 사상의식에 대해 심각한 반성을 하게 된다.

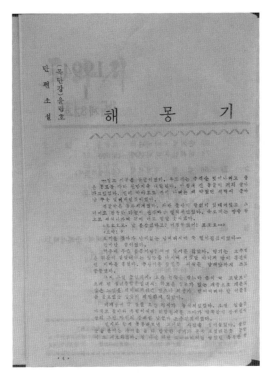

<사진 73> 윤림호의 「해몽기」

단편소설 「해몽기」(1994)[147]는 한 조선족 청년농민의 해몽의 이야기를 그리고 있다. 농촌 총각인 형기는 어느 날 악몽을 꾸게 되는데 꿈에서의 불길한 정경을 큰 도시에 들어가 재봉 학습반에 참가한 연인 옥림이와 연결시킴으로써 옥림이에 대해 많은 의심을 품게 되며 나아가서는 옥림이가 도시로 들어가기 전에 그를 점유하지 못한 것을 후회하게 된다. 이리하여 형기는 바쁜 농사철임에도 불구하고 연인을 찾아 도시로 들어가는데 옥림이의 애걸과 저

---

147) 『도라지』, 1994년 제1기.

항에도 불구하고 그가 병으로 침대에서 쉬고 있는 기회를 이용하여 그의 육체를 점유하며 이제 옥림이는 영원히 자기에게 속한다고 생각한다. 그러나 옥림이의 육체를 강점함과 동시에 형기는 옥림이의 사랑을 영원히 잃어버렸을 뿐만 아니라 법적 추궁을 받게된다. 소설에서 옥림이의 정조관은 여성의 자존과 순결한 애정에 대한 충성으로 나타나지만 형기의 정조관은 정조를 여성의 생명으로 보고 정조로써 여성의 운명을 얽매려는 봉건적 윤리 관념으로 나타난다. 소설의 이야기는 간단하지만 1990년대에 살고 있는 청년이 아직도 정조로써 여성의 운명을 조종하고 구속하려다 그 반대의 결과를 가져오는 이야기를 통해 작가는 아직도 조선족 농민들의 의식 속에 뿌리 깊이 남아있는 봉건의식에 대해 부정하고 경종을 울려주고 있다.

단편소설 「불로동」(1991)[148]은 한 조선족 산간마을 불로동의 구부락과 신부락의 반목과 화해를 다루고 있다. 고중승학 시험장에서 졸도하고 들려나온 후 휴양 진단을 받고 신통력이 무궁한 사통할머니를 찾아 불로동에 간 '나'의 시각으로 서술되는 불로동 동네는 신부락과 구부락의 외경부터가 번영과 빈궁으로 대조된다. 불로동의 신부락은 텔레비전 안테나가 은빛날개를 펼친 덩실덩실한 벽돌집들에다 짐승우리마저 전부 벽돌로 즐비하게 지었는데 상점도 있고 음식점도 있고 위생소도 있다. 그와는 대조되게 불로봉 가까이에 들어앉은 불로동의 구부락은 "고삭은 헌 갓을 눌러쓴 듯한 낡은 초옥들이 이덕저덕에 질서 없이 널려 앉았는데 뜨락이라 할 것 없이 키

---

148) 『송화강』, 1991년 제4기. 이하 인용문은 페이지 수만 밝힘.

<사진 74> 윤림호의 「불로동」

나무 숲이 꽉 우거져 들어섰다. 산토끼가 놀라 길을 건너뛰기 바쁘게 꿩무리가 후르르하고 머리 위로 풍겨 올랐다. (중략) 불로동의 구부락은 안연하게도 고색창연한 '토착생활'의 유적을 보존하고 있었다."(24쪽) 그런가 하면 신부락 위생소에서는 외지에서 이사 들어온 권 의사가 현대의학으로 버젓이 환자들을 치료하고 구부락에서는 사통할머니가 기공요법으로 환자들을 치료한다. 그런데 신부락을 지나고 또 다락 길로 더 올라가야 구부락에 도착할 수 있기 때문에 사통할머니는 환자들이 오솔길이 나무숲으로 뚫고나간 남쪽방향

으로 찾아올 수 있도록 태극음양도표를 그린 나무 팻말에 화살을
표기하고 그 아래에는 "들어오면 성하고 피하면 망한다"는 경구까
지 써놓았다.

> 할머니가 음미하고 있을 때 아래 신부락 쪽에서 열변에 가까운 목소리가
> 들려 올라왔다.
> "현대의학은 고도의 과학성을 근본으로 하기에 미신술과 절대적으로 구별
> 되는 거요. 그러기에 내 말은 미신이란 락후한 시대의…"
> 모깃불에 비춰진 할머니의 안색이 대번 흐려졌다.
> 나는 권 의사가 사람들이 모인 데로 와서 웅변을 토하고 있다는 걸 알았다.
> 그러자 애들은 어떤 "정치 기분"에 싸인 듯 숨을 죽이고 할머니의 눈치
> 만 살폈다.
> "… 나라가 개방되자 지금 사회상에는 한때 숨죽었던 별의별 미신편취활동
> 이 다 일어나고 있소. 그들은 존재하지도 않는 신화로 현대과학과 대항하고
> 있단 말이요. 말처럼 특이공능으로 만병을 약도 없이 근치할 수 있다면 의
> 학은 해서 뭘 하겠소? 귀로 글자를 알아낸다는 둥, 육안으로 오장을 들여
> 다본다는 둥…"
> 분명 도전적인 억양이었다.
> 할머니는 들고 있던 나뭇가지로 불 밑을 확 들추었다. 불기둥이 세괄게 솟
> 구치며 주위를 벌거우리하게 비춰주었다.
>
> ─「불로동」, 26쪽

위의 인용문은 신부락의 권 의사와 구부락의 기공요법을 행하는
불교신도 사통노인의 첨예한 대립과 모순을 보여주는 한 장면이다.
권 의사는 사통노인이 행하는 기공요법을 미신술로, 미신편취활동으
로 몰아붙이면서 현대과학에 대항하는 행동으로 완전 부정한다. 아
이러니하게도 권 의사에게는 정신병에 걸린 남동생 원두가 있는데
사통할머니에게 치료를 받으면 근치될 가능성이 있지만 권 의사는
사통할머니의 치료를 거부한다. 반대로 사통할머니는 눈병을 앓고

있는데 눈병에 용하다고 소문난 권 의사가 눈병을 고치라고 약첩을 지어주었지만 시력이 점점 못해감에도 "죽으면 죽었지"하고 오기로 권 의사의 약을 거부한다. 이 같은 두 부락 의사의 갈등과 대결로 인하여 불로동의 신부락과 구부락 주민들까지 오가지 않으며 불로동의 첨예한 대치모순을 모르고 병 보러 들어온 무고한 환자들 또한 적합하지 않은 치료까지 받아야 하는 고통을 겪게 된다.

소설은 권 의사를 찾아가는 눈병환자를 가로챈 사통할머니가 "신통한 기공요법으로 눈병을 고쳤다"는 허위적인 기사 사건을 참회하고 자기에게로 환자를 안내하는 나무 팻말을 없애버림으로써 팽팽하게 대결하던 두 사람의 충돌을 화해로 이끌어간다. 그러자 권 의사도 자기 남동생 원두의 정신병 치료를 부탁하기 위해 사통할머니를 찾아오는데 사통할머니의 눈병을 치료할 약까지 갖추어온다. 첨예하게 대립하던 그들도 서로에게 없어서는 안 될 소중한 사람들이었음을 깨달은 것이다. 그러나 이때는 사통할머니의 눈병도, 원두의 정신병도 때가 늦었다. 사통할머니는 세상 뜨기 전에 유언 한마디를 남겼는데 그것인즉 "고장(孤掌)이 난명(难鸣)이라"는 말이었는데 뜻을 인차 풀이한 것은 권 의사였다고 한다. 그 후 '나'는 불로봉의 구부락과 신부락이 '합병'했다는 소식을 들었다.

소설은 불로동 구부락과 신부락의 반목과 화해의 이야기를 통해 전통과 현대문명이 충돌하고 전통문화와 외래문화가 충돌하는 현실을 보여주면서 세상은 혼자 사는 것이 아니고 더불어 사는 것이라는 견해를 보여준다. 삶이란 혼자 사는 것이 아니고 더불어 사는 것이기에 서로가 이해해 주고 서로가 포용하면서 살아간다면 보다 살기 좋은 세상이 될 수 있다는 작가의 견해를 보여 준다.

3) 민족수난사 재현의 양상과 의미

1980년대 중반 중국 문단에서 '뿌리 찾기' 문학이 하나의 사조를 형성하였고 조선족 문학도 1980년대 중반부터 민족의 뿌리 찾기에 대한 열망이 부각되기 시작하였는데 윤림호의 소설에서도 '뿌리 찾기' 문학의 경향이 나타난다. 소설 「모래성」과 「아리랑고개」는 모두 이산의 아픔을 가진 인물을 통해 민족의 수난사를 재현하고 조선족이 걸어온 역사의 발자취를 보여주고 있다.

<사진 75> 윤림호의 작품집 「고요한 라고하」(1992)

단편소설 「모래성」(1988)[149]은 민족의 수난사를 재현하고 이민 제1세대의 이산의 아픔을 형상화하고 있다. 작품의 주요 등장인물로는 이민 제1세대로서 작품의 화자인 '나'와 뱃사공 노인 두 사람과 중국인 류 어머니가 등장한다. 소설의 화자인 '나'는 여덟 살 때 누님과 생이별한 아픔을 갖고 있다. 아버지가 목재부업을 하던 목재판이 일본재벌에게 넘어가게 되어 아버지는 식구들을 데리고 고향을 떠나 살기 좋다고 소문난 중국으로 오게 되는데 비 내리는 깊은 밤 강을 건너다가 아버지와 어머니는 수중고혼이 되고 누님은 행방불명이 되었다.

> 그것은 하나의 "정교"한 "성새"였다. 하나같이 일매진 돌을 선택하여 "성"을 둘러친 그 안에는 크고 작은 "집"들과 "산"과 그리고 "골짜기"와 "산굴"이 정연하게 배렬되어 있었는데 간격과 틈마디에 모래를 재워 넣어 이채감도 나고 견고감도 주었다.
> 하나하나의 "실물"에 유인되던 나의 시선은 무심중 소붙이가 자석을 만난 듯 끌려들어갔다. 초가삼간, 오불꼬불한 마을길, 마을 앞의 바위돌, 산마루… 생소한 것 같으면서도 또한 언젠가 한번 본 것만 같은 느낌을 주는 광경이었다. (중략)
> 그렇다! 나는 백사장에 담겨진 이 생활의 일각을 세상에서 누님과 그리고 내가 아니고는 재현시킬 수 없다고 단언했다.
> — 「모래성」, 300쪽.

위의 인용문은 누님과 생이별한 그때로부터 '나'의 나이 오십이 되도록 누님을 수소문하던 '나'가 라고하 백사장에 다져있는 '모래성'에서 누님의 자취를 발견하고 커다란 충격을 받게 되는 장면 묘사이다. 고향을 떠난 지 40년이 넘었지만 누님이 즐겨 부르던 "내가

---

149) 『고요한 라고하』, 흑룡강조선민족출판사, 1992. 이하 인용문은 페이지 수만 밝힘.

살던 고향은 꽃피는 산골/ 복숭아꽃 살구꽃…" 노래와 함께 동년시절 고향의 정경은 '나'의 기억 속에 깊이 새겨져 누님이 남겨놓은 '모래성'에서 확인하게 되며 아울러 류 어머니를 통해 누님이 아직 어디엔가 살아있음을 확인하게 된다.

소설의 다른 한 이민 제1세대 인물은 라고하의 뱃사공이다. 가족들을 한시에 다 잃어버린 충격으로 거의 실성하고 말까지 잃어버린 노인은 약정 없이 문득 찾아들 자식들을 기다리느라고 라고하에서 뱃사공으로 40년간이나 쓸쓸하게 인생의 쪽배를 저어오다 끝내는 자식들을 만나지 못하고 이산의 한을 품고 세상을 떠나게 되는데 뱃사공 노인의 이야기는 조선 민족의 수난사에 다름 아니다.

> "저분은 자네와 같은 조선 사람이라네. 듣는 말에 의하면 일본군대가 집단부락을 앓힐 때 이 마을엔 조선에서 건너온 류랑민들이 있었다네. 그들은 만주 땅이 좋은가 했던가보네. 헌데 정작 와보니 역시 일본놈들의 등살에 살 수가 없었네. 그래서 여덟 호 중 네 호가 오던 것처럼 솔가도주를 하였다는 거네. 나머지 네 호가 없어진 건 일본놈들이 망하기 직전이었다네. 그때 이 지댄 토비들이 득실득실했는데 어느 날 이 툰 사람들이 토비들의 악선동에 넘어가 조선 사람은 일본놈과 한종족이라면서 때려죽이는 사건을 일으켰다네. 그 바람에 불쌍한 조선 사람들은 밤도와 달아났다네. 그중 두 사람은 미처 피하지 못하구 몽둥이에 맞아죽구 말았다네."
>
> ─「모래성」, 298~299쪽.

류 어머니를 통해 전달되는 위의 뱃사공 노인 관련 이야기는 민족의 수난사를 다양한 측면에서 재현하고 있다. 우선 중국 동북으로 이민 온 조선인들은 당시 '만주 땅'을 일제강점하에 있는 고국보다 살기 좋은 곳으로 알고 이민을 왔지만 그들의 생각과는 달리 중국 동북에 와서도 그들은 일제의 침탈로 인하여 험악한 삶을 살지 않으면 안 되었다는 것이다. 다음 이주민들은 '만주 땅'에서 중국 현지인들의 모순 갈등에 이용되어 이중의 고통과 피해를 입어야 했다는 점이다. 이처럼 작품은 등장인물의 이야기를 통해 민족의 수난사를 다면적으로 재현하고 있다.

그런데 이러한 이민 1세대들의 혈육에 대한 그리움과 이산의 아픔, 그리고 고향이라는 과거 기억이 현재 공간에도 작용하기는 하지만 그것이 고국으로의 회귀로 이어지지는 않는다. 이점은 화자인 '나'와 중국인 류 어머니의 관계 설정에서도 뚜렷이 나타난다. '나'는 16살 어린 나이에 벌써 유격대에 가입하여 국민당 잔여비도를 숙청하는 전투에 참가했었다. 그리하여 국민당 잔여비도와의 접전에서 상처를 입었는데 중국인 류 어머니는 위험을 무릅쓰고 '나'가 완쾌되어 유격대에 다시 찾아갈 때까지 극진히 돌봐주었다. 이런 연고로 '나'는 류 어머니와 연락이 끊어진 이후 33년이란 기나긴 시간을 끊임없이 수소문하여 끝내 류 어머니와 다시 만나고야 만다. 이처럼 중국인 류 어머니는 '나'의 생명의 은인이며 한편 조선인인 '나'는 해방 전쟁에 적극적으로 참여하여 신중국의 성립을 위해 피 흘려 싸운 인물이다. 이러한 인간관계의 설정은 해방 전 중국인과 조선인들이 함께 어깨 걸고 싸워온 투쟁의 역사를 재현함과 동시에 중화인민공화국 성립을 위해 조선족들도 피 흘려 싸운 영광을 되새김으로써 오늘날 조선족들도 떳떳한 중국의 공민임을 보여주는 것이기도 하다.

단편소설 「아리랑 고개」(1992)[150]는 조선족 이민 1세대의 수난과 향수를 그리고 있다. 작품에 등장하는 인물들을 계층별로 보면 생존을 위해 한반도로부터 중국으로 이민 온 이민 1세대와 중국에서 나

---

150) 『고요한 라고하』, 흑룡강조선민족출판사, 1992. 이하 인용문은 페이지 수만 밝힘.

서 자란 이민 2세대로 이루어져 있는데 6.25전쟁으로 인한 이산의 아픔을 갖고 평생을 살아온 이민 1세대인 오 영감의 고국에 대한 향수와 뿌리내린 중국 현지에 대한 애착심을 중심으로 부각하고 있다.

작품의 주인공인 라고하의 뱃사공 오 영감은 청년시절엔 한국에서 어머니와 함께 진 씨 부잣집에서 머슴으로 살았었다. 그런 그가 6.25전쟁이 일어나자 머슴출신이라는 이유로 인민군이 주도하는 '위원회' 위원이 되고 집에서는 어머니와 함께 청산당한 주인집 무남독녀 방순이를 숨겨주고 보살펴주는 극적인 삶을 살게 된다. 유엔군 참전과 더불어 인민군이 철퇴하고 국군이 들어와 수복한다는 풍문이 돌자 그는 부득이 고향을 떠나기로 작정하는데 주인집 아가씨 방순이의 간절한 고백으로 두 청년 남녀는 냉수 두 그릇 떠놓고 성례를 하지만 결국 국군이 들어오기 전날 오 씨는 중국에 피신해옴으로써 살아남지만 그로부터 수십 년이 지나도록 어머니와 아내와는 소식도 모르게 되며 그는 중국에서 다시 가정을 꾸리고 뱃사공으로 살아가게 된다.

> 청산은 의구하고 류수는 길이 있는데
> 이내 일엽편주는 왜 끝이 없느노
> 저어라 사공아, 청해만리 젓느라면 고향등대 보겠지.
> — 「아리랑 고개」, 81쪽.

이 노래는 오 영감이 고국을 떠나던 날 아내가 찔러준 퉁소로 즐겨 뽑는 퉁소 곡의 내용이었다. 이렇게 볼 때 퉁소는 다름 아닌 방순이의 상징인 것이다. 고국 떠나 중국에 정처를 닦고 노대를 잡은 지도 거의 40년, 간다간다 끝내 못가고만, 방순이가 있는 고향이 그리울 때마다 목 터져 부르고 싶은 그 절절한 향수의 심정을 퉁소에 담아 무심한 물결에 떠나보내곤 하던 그였다. 드디어 세계적인 지각변동이 일어나면서 1980년대 말 고국방문의 길이 열리어 오 영감은 고국에 두고 온 아내의 만나기를 원하는 편지를 접하게 되고 미구하여 고국방문을 하기로 되었다. 그러나 중병으로 그는 고국방문의 숙원을 이루지 못하게 되는데 그에게 있어서 고국이 어떤 존재인가는 남촌의 고국 방문객 일행이 떠나는 날 오 영감의 행동에서 잘 나타난다. "너 좀 머리를 빗겨다구. 손톱두… 그리구 농짝에서 그 한복두 꺼내구… 손님들이 고국으로 가는 날인데…" (97쪽) 딸을 시켜 깨끗한 한복을 받쳐 입고 열어젖힌 창문을 마주해 단정히 앉아 고국방문객 일행을 바래주는 오 영감의 모습은 경건하다. 그에게 있어서 고국방문은 성스럽기까지 하다.

이 소설은 오 영감의 이야기와 더불어 이 마을 이민 1세대들의 고국에 대한 그리움을 다양하게 보여주고 있다.

> 웃음 뒤에 로인 하나가 또 건가래를 뗐다.
> "다들 내 말 들으소. 내 살던 고장엔 달구경터라는 잔디언덕이 있었다네. 아낙네들은 달떡같은 아들을 보게 해달라구 기도하구 처녀들은 달님같은 랑군을 점지해달라구 기도하구… 그때두 지금두 달은 하나겠지만 여적까지 고향 달만큼 크구 환한 달은 못보았다네. 그 달터에서 기도하구 본 아들이라네."
> 말하는 로인의 긴 여운조차 즐겁던 좌석에 서운한 기분을 드리워주었다. 분위기가 바뀌었다. 고향의 유채밭, 피마주, 미나리, 까치밭… 별의별 동심 시절의 이야기들이 다 추억의 감회에 뀌어져나왔다. 끝머리에 이르러선 약속이나 한듯 누구라 없이 허연 머리를 설레설레 저으며 비감한 회포를 탄식에 싣군 했다.
> (중략)
> "오 영감은 천지신명이 도와주어 고향땅을 밟아보겠지만 난 영영 이곳 귀신이 되구 말겠으니… 노래를 뽑자니 목부터 멘다니까. 다 자랑해두 내 고향만 못할 거네."
> "쯧쯧, 같잖은 소릴! 우리 고향만 낫다구? 말해봐라구!"

한 로인이 정색하고 걸고들자 모두들 그쪽으로 시선을 집중했다. 단반 해낼 듯한 태세였다.

- 「아리랑 고개」, 89~90쪽.

오 영감의 집에 마실 온 조선족 이민 1세대들의 고국에 있는 자기 고향에 대한 추억과 자랑, 그리고 비감한 회포와 탄식 등은 모두 이민 1세대들의 고국에 대한 변함없는 그리움과 태어난 고향에 대한 깊은 정을 잘 보여준다. 그런데 이 작품에서 또한 주목되는 것은 작중 인물들의 고향에 대한 인식은 복합적이라는 점이다. 주인공 오 영감은 고국의 아내로부터 편지를 받고 또 생각밖에 아들과 손군들이 있다는 소식을 듣고 감개무량하지만 그의 고국 방문의 계획은 고국으로의 귀환으로 이어지지는 않는다. 이는 그가 딸 고실이한테 한 말에서 뚜렷이 나타난다.

"울지 말어라. 이만큼 살아두 걸음이 앞선 네 에미만 복하지 않냐? 다리 놓는 걸 다 보구 고국길이 열리는 것두 보게 되구… 사람들은 내가 가면 안 올 줄루 알지만 나는 갔다가 꼭 오려구 했단다. 그렇게 보면 안가는 것 두 무삽방하지."
(중략)
"원래 없었던 거니 이것두 어디서 씨앗이 정처 없이 날려다니다가 내린 거겠지? 이런 곳에라두 뿌리를 박으니 얼마나 푸르싱싱하냐. 나서 자란 곳만 고향인 것이 아니구나. 뿌리내린 곳두 고향이지!"

- 「아리랑 고개」, 95쪽.

위의 인용문은 오 영감이 간경화 복수후기로 진단받고 고국방문을 할 수 없음을 알게 되었을 때, 그리고 먼저 사망한 아내의 봉분에서 원래 없었던 민들레를 발견하고 딸에게 한 말인데 조선족 이민 1세대의 복합적인 고향 인식을 잘 보여준다. 그에게 있어서 고향이란 그가 태어난 고국만이 고향인 것이 아니라 뿌리를 내린 중국의 라고하도 고향으로 인식된다. 이러한 고향 인식은 그가 라고하의 다리공정에 무척 신경 쓰고 지대한 관심을 가지는 데서도 나타난다.

전반 작품에서 이민 2세대인 오 영감의 딸 고실이에 대한 묘사는 많지 않다. 그러나 소설의 결말부분에서 이민 제2세대의 고향인식이 어떠한가를 뚜렷이 보여주고 있다.

> 아름다운 라고하! 아버지께서 뿌리내린 곳, 어머니께서 묻힌 땅, 내가 나서 자란 고향, 여기에도 우리 선조들의 슬기와 자랑과 피어린 투쟁사가 찬란하게 새겨져 있는 것이다.
>
> — 「아리랑 고개」, 97쪽.

중국 라고하에서 태어나고 성장한 조선족 2세대인 고실이에게 있어서 고향이란 아버지가 뿌리내리고 어머니가 묻히고 그 자신이 나서 자란 중국의 라고하이다. 나서 자란 곳만 고향이 아니라 뿌리를 내린 곳도 고향이라는 이민 1세대의 복합적인 고향인식을 강조함과 동시에 중국에서 나서 자란 이민 2, 3세대들의 고향인식을 확연히 보여줌과 동시에 "여기에도 우리 선조들의 슬기와 자랑과 피어린 투쟁사가 찬란하게 새겨져 있는 것이다."라고 함으로써 조선족도 중국의 떳떳한 공민이라는 국민의식을 보여준다.

윤림호의 여러 작품들이 이 같은 국민의식을 보여주는데 예하면 1988년에 창작된 소설 「모래성」에서는 국민당 잔여비도를 숙청하는 전투에 참가했다가 부상을 당해 중국인 류 어머니의 극진한 보살핌으로 대오에 다시 돌아간 이민 1세대 유격대원의 이야기가 그려지고 있는가 하면 1991년에 창작된 중편소설 「쌍고동」에서는 로산 반격전에 한 개 연대를 거느리고 나가 영용히 싸워 대공을 세움과 동시에 한쪽 팔을 잃은 조선족 중위를 부각하고 있다. 이러한 인물형상은 조선족의 존재 및 삶의 의미를 재확인하게 하고 조선족들도 신중국 성립 및 중국의 국가 보호를 위해 기여를 했다는 자긍심을 보여준다.

4) 맺음말

위에서 윤림호의 작품을 조선족 농민들의 현실적 삶에 주목한 작품과 조선족이 걸어온 역사의 발자취를 형상화한 작품으로 나누어 살펴보았다. 위의 분석에서 보다시피 윤림호는 민족의 수난사를 다양하게 다면적으로 재현함으로써 중국조선족들의 근원을 되새기고 고국에 있는 고향과 혈육에 대한 절절한 그리움을 보여줌으로써 이민 1세대들의 숙명적인 향수를 보여준다. 그러나 윤림호의 작품에 등장하는 이민 1세대들의 고국에 대한 그리움과 향수는 "반드시 고향에 대한 회귀를 의미하는 것은 아니다."151) 「아리랑 고개」에서 보다시피 이민 1세대들에게 있어서 고향이란 그들이 태어난 고국만이 고향인 것이 아니라 뿌리를 내린 중국도 고향으로 인식된다. 이는 조선족 이민 1세대들이 중국국민으로 살아오면서 중국의 소수민족으로서의 조선족이라는 국민정체성과 민족정체성이라는 상호 배타적이지 않은 이중정체성을 지니고 있음을 보여준다. 윤림호의 작품에서 조선족 이민 2세대들에게 있어서 고향이란 그들이 태어나고 성장한 중국이 고향으로 인식되고, 한국은 아버지의 고향, 이국으로 인식된다. 이렇게 볼 때 윤림호의 민족 수난사 재현은 이민 2세대,

---

151) 박지혜, 「윤림호 소설의 민족의식 표출양상과 의미」, 송현호 외, 『중국조선족 문학의 탈식민주의 연구 2』, 국학자료원, 2009, 112쪽.

3세대들에게 민족의 근원을 인식시켜줌과 동시에 오늘날 중국에서 뿌리내리기까지의 삶이 결코 쉽지 않았음과 조선족도 당당한 중국 공민임을 인식시켜주는 것으로도 된다. 그의 작품들에 신중국 성립 및 국가 보호를 위해 피 흘려 싸운 조선족 인물들, 국가 건설에 적극적으로 참여한 조선족 인물들이 자주 등장하는 것은 현실의 진실한 반영이면서 또한 작가의 이러한 국민의식과도 관련된다고 본다.

윤림호의 많은 작품은 조선족 농촌공동체의 피폐화, 민족교육의 위기, 조선족 농민들의 윤리 도덕적 타락과 정신적 공허함, 낙후한 사상 의식, 이러한 조선족들의 생존과 관련되는 모든 현실적 문제들에 작가는 주목하고 민족의 운명에 대한 짙은 관심과 우려를 보여주고 있다. 이러한 점에서 윤림호는 오히려 중국에서 이미 뿌리를 내린 조선족들이 삶을 어떻게 영위해야 하는가 하는 문제에 더욱 주력하고 있다고 할 수 있다.

제5장

결론 및 시사점

개혁개방 이후 조선족 문학의 변화 양상에 대한 본 연구는 개혁개방 이후 조선족 문학은 새로운 역사 시기 조선족들이 겪는 갈등과 통합을 어떻게 표현하고 있는지를 조명하고자 하였으며, 1990년대와 21세기의 조선족 문학에 대한 분석을 통해 복합적인 정체성이 어떻게 드러나는지를 제시하고자 하였다. 이러한 목적에 따라 본 연구는 우선 제2장에서 중화인민공화국 성립 이후 조선족 문학의 정착 과정을 살피고 각 시기의 변모 양상과 그 의미에 대한 고찰을 통해, 개혁개방 이전까지 조선족 문학은 주제의식이나 창작 방법, 문학사조 등에서 중국공산당 영도라는 정치, 사회, 문화적 영향에서 자유로울 수 없었음을 제시하였다. 건국 이후 정치, 경제적으로 국민의 대우를 받고 또한 민족어와 민족문화를 보장받게 된 조선족 문인들은 소박한 고마운 마음으로 중국공산당의 문예정책에 따른 작품들을 대량으로 창작하게 된다. 비록 그것이 사회주의 건설을 찬양한 작품들과 공산당과 수령을 노래한 송가 등이 주류를 형성하지만 그 속에는 조선족의 생활과 문화를 담아내고 있으며, 이를 통해 중국의 현실과 민족적 특징이 결합된 조선족 특유의 문학을 형성하게 된다. 그러나 1957년 반우파 투쟁이 본격화되면서, 그 후 거듭되는 정치, 사회 운동 속에서 개성 있는 작가들은 정치적 박해를 받고 요행 살아남은 작가들은 눈치를 보면서 조심스럽게 행동하지 않을 수 없게 되었다. 1976년 '4인 무리'가 무너지고 개혁개방의 새로운 역사 시기가 도래하면서 조선족 문단도 사상해방과 더불어 문학본체로 회귀하며 문학의 부흥기에 들어서게 된다.

제3장에서는 조선족 문학에 나타난 갈등과 통합의 양상에 대한 분석을 통해 조선족 소설들에서 보여주는 도시와 농촌의 차이로 인한 갈등, 소외 계층의 고뇌와 울분, 물질적 욕구와 윤리 도덕 간의

갈등 등은 조선족 사회에서만 겪는 문제가 아니라 개혁개방 이후 중국사회의 보편적인 문제로서 산업화, 도시화가 급격하게 추진되고 있는 중국의 현실적인 조건과의 긴밀한 연관 속에서 조선족들의 삶을 진실하게 묘사하고 있음을 알 수 있었다.

여성들의 고뇌와 갈등 및 자각의 문제는 중국 주류 사회에도 존재하는 문제이기는 하지만 한족보다도 남성 중심의 유교문화를 보다 많이 보존하고 있는 조선족 사회에서 두드러지게 나타나는 문제로서 여성들의 자아실현의 의지, 생명적 욕구, 생활에 대한 무의식적인 갈망을 강력하게 구현한 소설들은 조선족 사회에 존재하는 문제를 반영하는 한편 바야흐로 변화하고 있는 조선족 여성들의 정신세계를 구현하고 있음을 알 수 있었다.

디아스포라의 삶과 민족적 정체성의 갈등을 구현한 소설들은 디아스포라적 갈등과 함께 한국과의 인적교류가 활성화되면서 전통적인 민족공동체가 급속히 무너지고 인구의 마이너스 성장, 민족 교육의 위축 등 조선족 사회의 특수한 문제를 드러내고 있으며 실향의 아픔, 망향의식이 이주민으로서의 조선족들에게 있어서 숙명적인 것이기는 하나 이제 한국은 '아버지의 아버지의 고향일 뿐' 더는 이민 2, 3세대의 고향은 아니며 조선족들이 뿌리를 내릴 삶의 현실적 터전은 중국이라는 국민 의식을 뚜렷이 보여준다.

제4장에서는 복합정체성의 시점에서 남영전, 박옥남, 윤림호 세 작가들의 작품에 대한 분석을 통해 조선족 작가들의 작품에서 복합정체성이 어떻게 나타나고 있는지를 제시하였다. 남영전의 시에서는 민족정체성과 함께 국민정체성도 뚜렷이 나타나고 있다. 남영전 시인이 그의 작품에서 민족의 근원을 되새기고 찬란하였던 민족의 역사 및 민족의 끈질긴 생명력과 억센 의지, 고결한 기상을 긍지 높이

노래하고 있는데서 그의 민족 정체성이 뚜렷하게 드러나지만 그의 이러한 민족정체성의 표출이 지향하는 것은 민족의 더욱 찬란한 발전을 위한 것이며 더 나아가서는 더불어 살아가는 평화로운 인간세상을 만들기 위해서이다. 「나의 고백」과 「꽃이 없는 이 봄날에」에서 보다시피 그의 시에서의 국민정체성의 구현은 그 어떤 강요에 의한 것이 아니라 자각적이며 자연스럽게 나타나고 있음을 볼 수 있다. 이처럼 남영전은 국민정체성과 민족정체성의 문제를 작품 속에서 동시에 다루면서 특히 조선족의 역사와 문화에 대한 지대한 관심을 보인다. 남영전의 시에서 민족정체성과 국민정체성은 갈등하는 것이 아니라 자연스럽게 공존한다. 이같이 조선족과 한족을 비롯한 다민족의 공존이라는 국가적 이념과 함께 소수민족으로서의 조선족의 민족문화에 대한 관심을 동시에 작품화하는 것은 복합정체성의 한 양상으로 이해할 수 있다.

남영전은 중국에서 행정 간부로도 활약했던 사람이며 조선족 문단에서 한어와 조선어 두 가지 언어로 창작하는 몇 안 되는 작가들 중의 한 사람이다. 그가 수상한 작품들은 모두 중국의 통용어인 한어로 창작된 작품들이며 오늘날 남영전은 이미 중국에서 중국 당대 걸출한 시인으로 인정받고 있다. 남영전의 시작품이 중국의 전국적 범위에서 그토록 높은 평가를 받는 데는 그의 독특한 시적 발상 및 예술적 기교 외에도 그의 작품이 보여주는 시야가 넓고 함축된 의미가 깊으며 인류학, 문화학, 종교학 등 심각한 도리를 내포하고 있기 때문이며 한정적인 민족 문학에서 벗어나 인류의 보편적인 삶과 가치를 형상화한 것과 관련된다고 본다. 이렇게 볼 때 남영전의 창작은 중국에서의 조선족 문학의 위상을 확립함에 있어서, 조선족 문화를 인식시키고 홍보함에 있어서 커다란 역할을 하고 있음을 보여준다. 한편 조선족의 제2세대, 특히 제3세대의 많은 후손들이 민족어를 습득하지 못하고 민족문화를 잃어가고 있는 오늘날 중국어 창작 또한 조선족 문단이 감당해야 할 과제라 할 것이다. 이런 점에서 중국의 한어로 민족의 근원을 되새기고 민족의 고결한 기상을 노래함과 동시에 민족의 정신으로서 미래에도 전승되어야 함을 강조하고 있으며 현실에서의 삶의 지혜와 윤리적 교육의 가치를 제시하고 있는 남영전의 작품들은 중국어 창작이 가지는 커다란 의의를 보여주며 민족어를 구사할 줄 모르는 조선족 후대들에게 특별한 의미와 현실적 가치를 가진다고 할 수 있다.

박옥남의 소설들은 산업화, 도시화의 물결 속에서 조선족 농촌공동체가 겪고 있는 해체과정, 민족 교육이 직면한 위기 상황, 민족의 삶의 실태를 진실하게 파헤치고 민족의 운명에 대한 강한 우려를 보여주고 있다. 박옥남의 경우 자신이 성장한 공간인 조선족 마을은 '고향'으로 자리 잡혀 아름다운 추억의 공간이며 언젠가는 또다시 가보고 싶은 그리움의 공간이다. 이는 박옥남의 망향의식의 표출이며 민족의 전통 문화가 살아 숨 쉬는 민족공동체에 대한 긍정과 애착심이 작용한 것이라 볼 수 있다. 그러나 실제로 시골에서 생활하는 조선족들에게 농촌은 낙후하고 불편하여 탈출하고픈 공간이다. 이런 현실인식은 중국에서 개혁개방 이후 특히 한중수교가 이루어진 이후 도시로, 한국으로의 진출이 자유로워지면서 많은 농촌사람들이 도시로 나가고, 한국으로 진출하면서 일자리를 구해 경제적인 궁핍에서 벗어나고자 하여 농촌인구가 줄어들고 조선족 농촌공동체가 해체된 사실과 밀접한 관련을 갖는다. 아울러 조선족 농촌공동체는 문화가 서로 다른 타민족들과 함께 서로 이해하고 서로 도우며 공존하는 다문화 공존의 공간으로 변화되고 있다. 박옥남은 조선족 농촌공동체가 다문화 공존 공생의 사회로 변화되고 있는 양상과 그 필연성을 구체적인 형상화를 통해 객관적으로 보여주고 있으며 도시화의 물결 속에서 조선족들이 복합적인 문화정체성을 형성하게 되는 현실적 상황과 함께 그 추세를 형상적으로 제시하고 있다.

박옥남은 줄곧 조선족중학교에서 교사로 근무하면서 문학창작을 해온 사람이다. 그러므로 그의 소설들에는 민족 교육에 대한 남다른 관심과 우려가 뚜렷이 드러나는데 이는 교육자로서의 사명감과 관련된다고 생각된다. 박옥남의 소설에서는 또한 민족공동체의 형성과 관련되는 이민이야기가 많이 그려지며 조선족문화의 우월성을 은근히 드러내고 있는데 민족공동체가 급속히 무너지는 현실에서 민족의 역사를 환기시키고 민족의 문화를 이해시키는 작업은 조선족 후대들에게 민족의식을 강화시키고 민족의 문화를 인지시킴에 있어서 큰 의의를 가지는 것이다. 한편 팔도방언을 누구보다도 능란하게 사용하여 조선족들의 삶을 생생하게 재현하고 조선족 역사에 길이 남을 조선족 관련 이야기들을 살아 숨 쉬는 듯 구수하고 풍부하게 엮어내고 있는 박옥남의 소설은 조선어를 구사할 줄 아는 조선족 후대들에게는 그대로 아름다운 민족어교육이 되고 문화교육이 되는 것이다.

윤림호는 조선족의 수난사를 다면적으로 재현함으로써 조선족들의 근원을 되새기고 이민 1세대들의 숙명적인 향수를 보여준다. 그러나 윤림호의 작품에 등장하는 이민 1세대들의 고국에 대한 그리움과 향수는 "반드시 고향에 대한 회귀를 의미하는 것은 아니다."[152] 이민 1세대들에게 있어서 고향이란 그들이 태어난 고국만이 고향인 것이 아니라 뿌리를 내린 중국도 고향으로 인식된다. 이는 조선족

---

152) 박지혜, 「윤림호 소설의 민족의식 표출양상과 의미」, 송현호 외, 『중국조선족 문학의 탈식민주의 연구 2』, 국학자료원, 2009, 112쪽.

이민 1세대들이 중국국민으로 살아오면서 중국의 소수민족으로서의 조선족이라는 국민정체성과 민족정체성이라는 상호 배타적이지 않은 이중정체성을 지니고 있음을 보여준다. 윤림호의 작품에서 조선족 이민 2세대들에게 있어서 고향이란 그들이 태어나고 성장한 중국이 고향으로 인식되고, 한국은 아버지의 고향, 이국으로 인식된다. 그리고 그의 작품들은 신중국 성립 및 국가 보호를 위해 피 흘려 싸운 조선족 인물들, 국가 건설에 적극적으로 참여한 조선족 인물들을 부각하고 있으며 개혁개방 이후 조선족 농촌공동체의 피폐화, 민족교육의 위기, 조선족 농민들의 윤리 도덕적 타락과 정신적 공허함, 낙후한 사상 의식 등 민족의 운명과 관련되는 현실적 문제들을 예리하게 파헤치고 있다.

윤림호는 농민작가로서 개혁개방 이후 조선족 농촌공동체의 변화와 농민들의 의식을 그 누구보다도 잘 알고 진실하게 재현했다고 할수 있다. 이렇게 볼 때 윤림호의 민족 수난사 재현은 조선족 이민 2세대, 3세대들에게 민족의 근원을 인식시켜줌과 동시에 오늘날 중국에서 뿌리내리기까지의 삶이 결코 쉽지 않았음을 보여줌으로써 중국의 조선족들에게 오늘의 삶을 소중히 여기고 보다 굳건하고 지혜롭게 영위해 나가야 함을 환기시키고 있다.

참고문헌

기본 자료:

南永前, ≪在这个没有花的春天≫, 时代文艺出版社, 2003.

박옥남, 『장손』, 연변인민출판사, 2011.

윤림호, 『고요한 라고하』, 흑룡강조선민족출판사, 1992.

『북방조선족 문학작품집』, 흑룡강조선민족출판사, 1992.

『새시기조선족중견작가작품대계』, 흑룡강조선민족출판사, 1998.

『연변우수작품선집 1982-1992』, 연변인민출판사, 1992.

『조중대역판-중국조선족명시』, 민족출판사, 2004.

『도라지』, 『연변문학』, 『천지』, 『장백산』, 『송화강』, 『아리랑』등 잡지.

단행본:

김춘선·강용택 엮음, 『개혁개방 이후 조선족 언어, 문학 연구 자료집』, 동덕여자대학교 한중미래연구소, 2014.

김호웅·조성일·김관웅 공저, 『중국조선족 문학통사(상·중·하)』, 연변인민출판사, 2011-2012.

김호웅, 『디아스포라의 시학』, 연길: 연변인민출판사, 2014.

김호웅. 『중일한문화산책』, 흑룡강조선민족출판사, 2005.

리광일, 『해방 후 조선족 소설문학연구』, 경인문화사, 2013.

리해영, 『중국조선족 사회사와 장편소설』, 도서출판 역락, 2006.

마명규, 『남영전토템시학』, 일엽 역, 흑룡강조선민족출판사, 2008.

송현호 외, 『중국조선족 문학의 탈식민주의 연구 1』, 국학자료원, 2008.

송현호 외, 『중국조선족 문학의 탈식민주의 연구 2』, 국학자료원, 2009.

서영빈,『서사문학의 재조명』, 민족출판사, 2004

오상순 주필,『중국조선족 문학사』, 민족출판사, 2007.

오상순,『조선족 정체성의 문학적 형상화』, 태학사, 2013.

오양호,『일제강점기 만주조선인 문학연구』, 문예출판사, 1996.

장춘식,『시대와 우리 문학』, 흑룡강조선민족출판사, 1993.

장춘식,『일제강점기 조선족 이민 작가 연구』, 민족출판사, 2010.

조성일 · 권철 주필,『중국조선족 문학사』, 연변인민출판사, 1990.

조일남,『시대와 문학-중국조선족 문학에 대한 사고』, 연변인민출판
사, 2011.

전성호 · 림연 · 윤윤진 · 조일남 공저,『중국조선족 문학비평사』, 민족
출판사, 2007.

정덕준 외,『중국조선족 문학의 어제와 오늘』, 푸른사상, 2006.

한연,『김철 시문학의 주제학적 연구』, 민족출판사, 2012.

陈思和主编,『中国当代文学史教程』第二版, 复旦大学出版社, 2008.

关纪新主编,『20世纪中华各民族文学关系研究』, 民族出版社, 2006.

洪子诚,『中国当代文学』, 北京大学出版社, 1999.

孔范今主编,『20世纪中国文学史』(下), 山东文艺出版社, 1997.

栗原小荻、阿库乌雾等,『南永前图腾诗赏析』, 时代文艺出版社, 2004.

马明奎选编,『南永前图腾诗论精粹』, 时代文艺出版社, 2007.

吴思敬选编,『南永前图腾诗探论』, 时代文艺出版社, 2007.

张顺富主编,『南永前图腾诗研究』, 文坛风景线, 2006.

『建国以来毛泽东文集』第7책, 中央文献出版社, 1992.

논문:

김관웅,「가치관의 혼란과 선택의 곤혹」,『도라지』, 1997년 제2호.

김관웅,「사랑의 가객-김응준의 시세계」,『장백산』, 2007년 제4호.

김병민,「민족의 력사와 삶의 현장 그리고 문학적 성찰」,『문학과 예
술』, 1995년 제5호,

김룡운, 「중국에서의 남영전의 문화현상」, 김춘선·강용택 엮음, 『개혁개방 이후 조선족 언어, 문학 연구 자료집』, 동덕여자대학교 한중미래연구소, 2014.

김성호, 「흔들림속에서 몸부림한 우리의 소설문학-80년대 중국조선족 소설문학의 경우」, 『연변일보·해란강문예부간』, 1989년 9월 5일.

김영란, 「중국조선족 소설과 재일조선인소설 비교연구」, 중앙민족대학교 박사논문, 2011.

김정일, 「한국 문학과 중국조선족 소설의 관련성 연구」, 중앙민족대학교 박사논문, 2014.

김현철, 「조선족 작가 박선석과 한국 작가 이문구 소설에서 보여지는 "한"의 양상 비교연구」, 중앙민족대학교 박사논문, 2014.

김호웅, 「근대에 대한 성찰과 조선족 문학의 주제」, 『중일한문화산책』, 흑룡강조선민족출판사, 2005.

김호웅, 「우리 문단의 재녀 박옥남」, 『연변문학』 2008년 제12호.

남서향, 「박옥남 단편소설 연구-2000년대 작품을 중심으로」, 중앙민족대학교 석사논문, 2013.

남영전, 「나의 인생과 문학의 추구」, 『도라지』, 2013년 6호.

리호옥, 「한국의 민중문학과 중국의 저층문학 비교연구」, 중앙민족대학교 박사논문, 2012.

문혜, 「조선반도 문학과 중국조선족 시문학의 관련성 연구」, 중앙민족대학교 박사논문, 2014.

박지혜, 「윤림호 소설의 민족의식 표출양상과 의미」, 송현호 외 『중국조선족 문학의 탈식민주의 연구 2』, 국학자료원, 2009.

방룡남, 「전통의식, 당대의식 및 민족의식의 관계」, 『문학과 예술』, 1988년 제2호.

서영빈, 「력사, 사회, 삶과 우리의 소설」, 『도라지』, 2001년 제5호.

신영호, 「중한 산업화시기 이농민소설 비교연구」, 중앙민족대학교 박사논문, 2014.

오상순,「민족 정체성 위기와 소설적 대응 양상-박옥남 소설의 경우」,
　　오상순,『조선족 정체성의 문학적 형상화』, 태학사, 2013.

오상순,「20세기 80~90년대 조선족 소설에 나타난 비판의식」,『문학
　　과 예술』, 2005년 제4호.

엄정자,「새시기 조선족 소설형식의 변화, 발전에 대한 고찰」,『문학
　　과 예술』, 1992년 제5호.

장정일,「세기말의 심적고뇌-두 양상의 장편으로부터」,『문학과 예술』,
　　2004년 제6호.

장춘식,「우리문학의 그제, 어제와 오늘」, 장춘식,『시대와 우리 문학』,
　　흑룡강조선민족출판사, 1993.

장춘식,「력사소설을 통한 민족정체성의 확인」,『문학과 예술』, 2006
　　년 제3호.

장춘식,「청출어람」,『도라지』, 2007년 제5호.

장춘식,「'두번째 이민'과 우리 작가들의 대응」,『도라지』, 2009년 제3호.

전성호,「작가와 정감과 작품-정세봉과 그의 "상처·반성"계열 작품
　　을 두고」,『중국조선족 문학예술사연구』, 이회문화사, 1997.

조명숙,「중국조선족 시에 나타난 민족의식의 의미」, 송현호 외『중국
　　조선족 문학의 탈식민주의 연구 2』, 국학자료원, 2009.

조성일,「우리 문학의 좌표계를 어디에」,『문학과 예술』, 1988년 제1호.

천상규,「팔도사투리로 엮어가는 중국조선족 삶의 현주소」,『도라지』,
　　2012년 제3호.

최병우,「우광훈 소설에 나타난 "고향"의 의미」,『연변문학』, 2008년
　　제8호.

최삼룡,「새시기 중국조선족 문학의 총체 변화」,『문학과 예술』, 1994
　　년 제1호.

현동언,「새로운 시기 조선족장편소설에 체현된 민족의식」,『문학과
　　예술』, 1992년 제5호.

郭泉,「前苏联 "解冻文学"对中国' "百花文学"的影响」,『南京师大学报(社会科学版)』, 2001年 第三期.

吴开晋,「特殊年代的歌声-读南永前 <在这个没有花的春天>」, 南永前,『在这个没有花的春天』, 时代文艺出版社, 2003.

谢冕,「南永前的诗歌追求」, 吴思敬选编,『南永前图腾诗探论』, 时代文艺出版社, 2007.

杨子忱,「诗人与诗-南永前新著 <在这个没有花的春天>评述」, 南永前,『在这个没有花的春天』, 时代文艺出版社, 2003.

김춘선 金春仙 —————————————————

중국 흑룡강성 눌하현에서 출생. 중앙민족대학교 조선언어문학학과 졸업. 조선 김일성종
합대학 문학 준박사. 한국 성균관대학교 현대문학전공 박사과정 수료. 중앙민족대학교 문
학박사. 현재 중앙민족대학교 조선언어문학학부 교수, 조선-한국학연구소 소장. 저서로
는『조선-한국당대문학개론(개정판)』(2009),『외국인을 위한 한국 문학사』(공저)(2013),
『한국-조선현대문학사』(2001),『17세기후반기 국문장편소설 연구』(1991) 등이 있음.

개혁개방 후 중국조선족 문학의
변화 양상 연구

초판인쇄 2018년 11월 30일
초판발행 2018년 11월 30일

지은이 김춘선(金春仙)
펴낸이 채종준
펴낸곳 한국학술정보㈜
주소 경기도 파주시 회동길 230(문발동)
전화 031) 908-3181(대표)
팩스 031) 908-3189
홈페이지 http://ebook.kstudy.com
전자우편 출판사업부 publish@kstudy.com
등록 제일산-115호(2000. 6. 19.)

ISBN 978-89-268-8625-0 93330